왕비와
수도사와
탐식가

# 왕비와 수도사와 탐식가

## 세상을 보는 가장 큰 시선들의 대립

샤피크 케샤브지 지음 | 김경곤 옮김

궁리
KungRee

죽음이 가족들의 품에서 앗아가버린 시몽과 수많은 어린이들을 기억하며
또 언젠가 재회의 날이 있으리라는 희망을 안고서.


언젠가 시몽이 무신론자와 불가지론자와 신앙인 간의 차이가 무엇이
냐고 물었을 때, 무신론자는 신을 믿지 않는 사람이고, 불가지론자는 신이
존재하는지 아닌지 모르는 사람이며, 신앙인은 신을 신뢰하는 사람이라고
설명해준 적이 있었습니다.
그러자 시몽이, 그렇다면 우리 각자 안에는 무신론자와 불가지론자와
신앙인이 모두 함께 존재하는 것 같다고 답했던 일이 기억납니다.

이 책은 이미 출간된 『세계 종교 올림픽』(원제: 임금과 현자와 광대) 그리고 『공주와 예언자』와 무관한 이야기라고 볼 수도 있겠지만, 독자 여러분의 이해를 돕기 위해 이 두 전편에 등장했던 주요 인물들의 이름과 성격을 간략히 소개한다.

### 『세계 종교 올림픽』에서는

현명한 군주이자 스포츠광인 임금,

침착한 고문이면서 물리학자이자 철학자인 현자,

무언가를 깨달은 것만 같은 농담꾼이자 기발한 선동꾼인 광대,

원래 신학자였다가 무신론 철학자가 된 알랑 타니에,

스리랑카 출신의 라훌라 스님,

힌두교 라마크리슈나 교단의 수도자 크리슈나난다,

이스라엘에서 온 독신 랍비 다비드 할레비,

이집트 출신의 이맘이자 아름다운 아미나 양의 부친 알리 벤 아흐메드,

그리스도교 신학자이자 교회 일치론을 강의하는 크리스티앙 클레몽 교수,

익살꾼 광대가 데리고 다니는 번개처럼 빠른 거북이 엘로이즈 등이 등장했다.

### 『공주와 예언자』에서는

인도 뭄바이의 판자촌에 사는 거지 소녀이자 니샤의 언니인, 일명 공주라는 우샤,

탈세계화 운동가이자 예수와 간디의 선례를 따르고자 하는, 일명 예언자라고도 불리는 조셉 제슈다산,

인도인 어머니와 신원을 알 수 없는 서양인 아버지 사이에서 태어난, 다국적 기업 버들리의 여성 간부 매리 로이,

버들리 기업의 인도 지부장이자, 오펠리아의 남편인 카를 피탈,

버들리의 경쟁 기업인 필립 이스모어의 간부 매튜 아몬,

조셉 제슈다산과 함께 정의와 평등을 위해 투쟁하는 마흐무드, 아이샤, 셸라, 우 조우, 토냐 등 이 등장했다.

# 차례

## 토론회 둘째 날.
## 나는 무엇을 인식할 수 있는가?

## 토론회 셋째 날.
## 나는 무엇을 경험할 수 있는가?

# 결국 진리란 무엇인가?

## 부록

우리 나라 왕비님께서 본인에게 여러분을 위해 이 글을 남기라고 부탁하셨다. 이미 알고 있을지 모르겠으나, 예전의 종교 대회를 주최하신 분이 바로 우리 임금님이시며, 상당한 호평을 받은 이 종교 대회의 내용은 『세계 종교 올림픽』이란 제하의 책에 잘 실려 있다.

그런데 한 종교 전문기자의 표현대로 '왕국을 위한 축복'이었던 이 행사가 치러진 후로 여러 참혹한 사건들이 뒤따랐다. 대부분의 사람들이 대화와 평화가 아주 중요하다는 것에 동의했지만 우리 왕국 내에서는 알력이 끊이지 않았고 마음을 상하게 하는 사건들이 이어졌다. 많은 사람들이 사회와 각 개인의 삶 안에 그리고 심지어 왕가 내부에도 심각한 균열이 생겼음을 알게 되었고, 그래서 이런 약점들을 극복할 견고한 토대를 찾아 나서게 되었다.

우리 왕국에서 개최한 '신념 토론 대회'가 바로 이런 사실을 확인시켜 주는 사건이었다. 그리고 임금님을 시해하고자 했던 테러 사건과 공주님이 암에 걸린 일로 인해 국민들의 생각은 깊어졌다.

그러면 이제 지체하지 않고 어떤 일이 생겼는지 여러분에게 소개하고자 한다. 모든 것의 시발점은 축하연이었다.

# 축하연

임금은 자부심을 느끼고 있었다. 아주 대단한 자부심이었다. 자신이 주최한 종교 대회가 성황리에 끝났기 때문이다.

종교 대회 1주년을 기념하기 위해 임금은 왕국의 각료들을 초대해 축하연을 베풀고자 했다. 말하자면, 다른 이들과 함께 성공에 대한 기쁨을 나누기 위해서였다. 사뭇 자아도취에 빠진 임금은 현자나 익살꾼 광대에게 조언을 청하지도 않고서 장관, 대사, 기업주, 은행장, 종교 지도자, 주요 기자, 유명 연예인, 예술가들을 축하연에 초대했다. 모두가 이런 주요 행사에 초대받은 것을 영광으로 생각하며 기꺼이 응낙했다. 단 한 사람만을 제외하고. 그는 다름 아닌 현자였다. 무언가 좋지 않은 느낌을 받은 현자는 양해를 구하고서 이 축하연에 참석하지 않았다.

음식 준비와 행사 진행에 대한 모든 것이 완벽하도록 조치가 취해졌다. 임금은 자신이 직접 준비 작업을 주관하고자 했다. 지난 종교 대회처럼 이 축하연 역시 잊을 수 없는 행사가 되길 바랐다. 결국 이 행사는 잊지 못할 사건이 되어버렸는데 임금 자신과 축하연 기획자들의 의도와는 전혀 무관한 이유들 때문에 그렇게 되고 말았다.

처음에는 모든 절차가 제대로 진행되었다.

하객들은 정장 차림에 궁전의 대연회장에 자리를 잡았고 관현악단은 토론 대회 찬가를 열성적으로 연주했다. 임금 내외와 공주가 입장하자 하객들이 모두 자리에서 일어났고, 임금은 하객들에게 온화한 미소를 지으며 인사했다. 임금 내외와 공주는 귀빈석에 앉았고 하객들은 감격스러운 마음으로 찬가의 마지막 부분을 경청했다. 임금도 눈을 지그시 감고서 이 감격스러운 순간을 만끽했다. 임금의 머릿속에서는 지난 종교 대회에 대한 기분 좋은 기억과 이번 축하연으로 인한 기쁨이 교차되고 있었다. 찬가의 마지막 선율이 잦아들자 임금은 자리에서 일어나 하객들에게 인사말을 전했다.

"존경하는 하객 여러분, 우리 왕국은 세계 최초로 종교 대회를 개최한 이유로 말미암아 세계적으로 유명세를 타게 되었습니다. 여러분께서도 잘 기억하시겠지만, 토론회 참가자들의 활약은 참으로 대단했습니다. 물론 폭력적인 언동 등으로 행사 진행에 약간의 지장이 있었던 것도 사실입니다만, 우리 왕국 경찰국의 협조와 또 토론회 진행을 담당했던, 오늘 이 자리에 동참하지 못한 현자 덕분에 그런 몰지각한 처사들에 잘 대처할 수 있었습니다. 그리고 종교 대회를 지원해주셨던 모든 분들과 기자 여러분 덕분에 그 행사를 성공적으로 마칠 수 있었습니다. 그리고 우리 익살꾼 광대도 역시……."

그 순간, 임금은 익살꾼 광대가 아직 도착하지 않은 것을 알아차렸다.

"그리고 우리 익살꾼 광대의 해학 덕분에 종교 대회의 분위기가 딱딱하게 되지 않았습니다. 짐은 이 모든 것에 심심한 감사의 마음을 전하며 오늘 이 축하연이 여러분 모두에게 참으로 즐거운 자리가 되기를 바랍니다. 세계 각지에서 온 요리사들이 오늘 이 자리를 위해 정성스레 음식을 준비했습니다. 그리고 만찬 사이사이에는 세계 주요 문화와 종교전통의 음악과 시, 노래와 무용들이 소개될 것입니다. 여러분 모두……."

갑자기 출입구 부근에서 들려온 비명 때문에 임금은 축사를 중단해야만 했다. 곧바로 경비 요원이 임금에게 보고를 했다. 걸인인지 집시인지 알 수 없는 사람이 천연덕스럽게 축하 연회장에 들어서려고 여러 번 시도하다가 결국 접대실에 무단으로 침입했다는 것이었다. 물론 경비원들이 이 뜻밖의 침입자를 제지했다.

임금은 소란을 피우는 사람이 걸인일 뿐이라는 사실에 안심하며 축사를 마감할 수 있었다.

"오늘날과 같은 국제화 시대에 여러분은 금융의 국제화뿐만 아니라 문화 · 영성 · 요리의 국제화도 누려보시길 바랍니다. 입과 마음을 모두 즐겁게 하는 만찬이 되길 기원합니다. 맛있게 드십시오!"

임금은 박수갈채를 받으며 기쁨과 만족감에 젖어 자리에 앉았
다. 축하연 분위기 덕분에 임금은 무단 침입하려 했던 걸인을 투옥
하지 말고 멀리 떨어진 시내까지 호송하여 놓아주라는 아량을 베
풀기도 했다.

그날 밤의 향연은 만찬을 음미하는 것으로 시작되었고 하객들
은 몸과 마음, 입과 눈을 즐겁게 하는 다양한 맛들을 체험했다.


## 왕가 王家


하객들이 얼마나 즐겁게 만찬과 공연을 즐겼는지는 독자 여러
분의 상상에 맡기겠다. 그래도 그다음에 발생한 사건들과 또 그로
인한 예상하지 못한 결과들을 이해할 수 있도록, 왕가에서 일어난
일들을 몇 가지 전하고자 한다.

임금은 종교 대회가 끝나고 나서 성서와 인류 문명 역사상 주요
한 문헌들을 탐독하기 시작했다. 처음에는 왕국 내에 있는 다양한
그리스도교계 교회에 정기적으로 나가기도 했다. 일요일에는 다양
한 종교 의식에 참여하기도 했다. 개신교의 설교에 매력을 느꼈고
동방정교회의 전례의식, 가톨릭교회의 미사, 카리스마를 받은 람
든이 한히 든에 대해서도 좋은 인상은 받았다. 시간이 어느 정두 지

나고 임금은 다양한 신앙 공동체들에게 한 달에 한 번씩 왕국 대성당에서 공동 의식을 개최해줄 것을 제의하기도 했는데, 신앙 공동체 지도자들은 의외로 냉담한 반응을 보였다. 임금에게 감히 그렇게 할 수 없다거나 좋다고 말하지도 못하면서 말이다. 그 대신 아주 외교적인 태도를 취하며, 종교들 간에는 차이점이 많아서, 말하자면 교리상의 차이와 제도상의 다양성 때문에 공동 의식은 시기상조라는 식의 설명을 곁들였다고 한다. 하지만 임금이 상당히 언짢아할 것을 감지한 종교 대표자들은 공동 의식을 한 차례 개최하기는 했다. 그런데 놀랍게도 행사가 아주 좋은 호응을 얻었다.

이후로 몇 개월 동안 공동 의식이 계속 진행되었는데, 시간이 흐를수록 준비상의 어려움과 각개 교회들의 소홀함 때문에 점점 흐지부지하게 되어버렸다. 임금도 그런 실상을 인정하고서 더 이상 강요하지 않았다. 그리고 임금 자신도 다양한 종교 의식에 참여하기를 점점 소홀히 하게 되었다.

그런데 이는 왕비에게 아주 기쁜 일이었다. 다름이 아니라, 불가지론자인 왕비는 임금이 '신비주의에 도취'하는 것을 탐탁지 않게 여겼기 때문이다. 임금이 종교에 심취하여 국정을 경시할까 염려했던 것이 아니었다. 아니, 정반대로 임금은 신앙에 근거해 왕국의 정의와 평화에 더욱 신경을 기울였다. 왕비가 걱정했던 바는 다름이 아니라 임금의 '광적' 성향이었다. 마치 임금이 예전에 스포츠에 광적으로 빠졌던 것처럼 종교에도 그렇게 열광하지 않을까 걱정했던 것이다. 주요 경기나 국제 대회의 일정이 가까워지면 임금은 사실 정사를 거의 팽개쳐놓다시피 했다. 농촌 출신인 왕비는 자신의 출신을 부정하지도 않았고 또 그로 인해 수반되는 비판들을 견뎌낼 수 있는 강인한 성격의 소유자였다.

임금과 왕비는 서로 간의 차이점을 느끼기 시작했고, 처음에는 양쪽 언덕을 가르는 조그만 개울물 같았던 이런 감정은 결국 큰 강물처럼 되고 말았다. 가까이 있으면서도 서로를 이해할 수 없게 되었고 그래서 또 마음의 상처도 입게 되었다. 그러다가 결국 그런 상태에 서로 익숙해지고 말았다. 두 사람은 각자 이런 관계에서 빚어지는 문제를 회피하기 위해 나름대로의 방안을 세웠다. 임금은 해결책이 보일 것 같다는 식으로 열성적인 태도를 보였던 반면에, 왕비는 완벽하지만 차갑게만 느껴지는 미모 뒤에 자신을 은폐했다.

임금 내외의 외동딸인 살로메 공주에 대해서도 말하자면, 그녀는 극적인 사건들로 인해 이 이야기의 주인공이 되다시피 했다. 이 자리에서 공주의 삶은 양극으로 나뉘었다는 점도 말해야겠다. 공주는 물질적인 풍요와 특권을 누렸지만, 아주 특출하지도 않고 미진하지도 않는 그런 정도의 학과 성적을 받으면서 여느 대학생들과 마찬가지로 인문학을 전공했다. 대학 교수진의 열성과 그녀 자신의 정신상태에 따라 성적이 오르락내리락했던 것이다. 공주의 인간관계는 본인도 이상스럽게 여길 정도로 아주 협소했다. 주위 사람들이 그녀에게 보이는 관심에 신뢰감을 느낄 수 없었기 때문이다. 진솔한 마음으로 자신에게 관심을 보이는 것인지 아니면 자신이 공주이기 때문에 관심을 보이는 것인지 의문스러웠고, 그래서 사람들과 자연스럽게 만나기가 어려웠다.

그 결과, 공주에게는 친구들이 많지 않았다. 2년 전부터 알고 지내는 비비안 양을 제외하고는. 참으로 특이하면서도 불행한 삶을 살았던 비비안 양에 대해서는 잠시 후에 알게 될 것이다. 동화에 등장하는 아름다운 공주들과 달리 살로메 공주는 미인이 아니었다. 그래도 무엇인가 마음을 끄는 매력이 있었다. 당당하면서도 연약해 보이고, 다정해 보이면서도 근엄해 보이는 얼굴이 눈길을 끌었다.


## 익살꾼 광대를 조심하라 ⋯⋯


축하연이 한창 진행되고 있을 때 익살꾼 광대가 나타났고, 어느 누구도 이를 간과할 수가 없었다.

아름다운 인도 여인 셋이 우아한 춤으로 하객들의 관심을 사로잡고 있었다. 임금 역시 눈길을 주었다. 무용수들은 아주 관능적인 몸짓을 통해 힌두교 크리슈나 신과 목동 소녀들 간의 애정을 표현했고 하객들은 이에 심취했다. 또한 현란한 반주 음악이 공연에 더욱 빠져들게 했다. 하객들은 자신들의 종교적 신념과는 무관하지만, 이런 예술적 표현을 통해 신앙을 전할 수 있는 힌두교도들에게 찬사를 보내지 않을 수 없었다. 그리고 무용수들과 악사들에게 기립박수를 보내며 앙코르를 요청했다. 관중들의 찬사와 환호에 기쁘기도 하고 조금은 어색한 듯 무용수들과 악사들은 서로 눈길을 주고받았다.

그렇게 하객들이 기립박수를 보내고 있을 때 익살꾼 광대가 등장했다. 누군가가 그의 모습을 알아차리고 소리쳤다.

"익살꾼 광대가 왔다. 광대 만세!"

하객들은 계속해서 박수를 치면서 외쳤다.

"광대, 광대, 광대!"

평상시에는 아주 점잖았던 귀객들이 마치 초등학교 학생들이 학교 운동장에서 어떤 친구의 이름을 불러대는 것처럼 "광대, 광대" 하고 환호하는 모습은 참 낯설었다. 익살꾼 광대가 그들과 다른 존재이고 또한 예측할 수 없는 광대의 행동에 휩쓸리지 않기 위해 이렇게 즐겁게 소리를 지르는 것이었을까? 어찌되었든 이 자리에서 군중 심리를 논할 필요는 없을 것이다.

익살꾼 광대가 반응하기 시작했다……. 광대가 아니고서 누가 감히 그럴 수 있겠는가. 하객들의 고함에 주눅이 들기는커녕 오히려 그 소리에 맞춰 춤을 추기 시작했다. 힙합과 인디언의 춤을 혼합시킨 상당히 세련된 춤이었다. 하객들은 광대의 춤사위에 놀라움을 금치 못했고 그에 매력을 느껴 열광적인 박수를 보냈다. 타악기 악사들은 광대의 몸짓에 장단 맞추어 열기를 돋아주었다. 광대는 웃음거리가 되는 것에 전혀 신경 쓰지 않았다. 그래서 광대는 그렇게 자유로운지도 모른다. 그렇지만 자기 혼자만 웃음거리가 되고 싶지는 않았던 모양이다. 능란한 몸짓으로 인도 여성 무용수들에게 다가가 함께 춤을 추기 시작했던 것이다. 그러고는 수줍어하지 않을 것 같은 하객 몇 사람을 춤판에 끌어들였다. 몇 분이 지나 거의 모든 하객들이 임금과 왕비와 공주를 위시해 함께 춤을 추었다……. 그것을 춤이라고 해야 할지 아닐지 모르겠지만 말이다. 아주 즐거워하는 사람들이 있는 반면에 억지로 끌려나온 듯한 사람들도 있었다. 어찌 되었든 모두가 나름대로 몸을 움직여댔다.

그런데 기자들이 사진을 찍기 시작하자 대다수는 어색해했다. 전혀 무관하다는 듯 계속 즐겁게 춤추는 사람들도 없지 않았다. 이렇게 생동감 넘치는 분위기가 15분 정도 지속되었다. 그리고 하나둘 제자리로 돌아갔다.

그때 임금이 말문을 열었다. "여보게, 익살꾼 광대. 오늘 저녁에 춤을 추리라고는 전혀 생각도 못했네."

"춤추는 일이 전하의 마음에 들지 않으셨습니까?"

"아닐세, 사실 짐은 춤을 상당히 좋아하지만 기회가 그리 많지 않았네. 그나저나 자넨 우리를 매번 놀라게 하는군. 자네가 이 자리에 함께한 것을 참으로 기쁘게 생각하네. 현자도 함께했더라면 더 좋았을 터인데……."

그 순간 임금은 광대가 전혀 예기치 않은 물건을 목에 걸고 있다는 것을 알아차렸다.

"아니, 이것은 뼈다귀 아닌가? 어떤 사람이 마치 나비넥타이처럼 뼈다귀를 걸고 있는 것을 본 적은 있는데…… 자네는 무엇 때문에 뼈다귀를 목에 걸고 있는 것인가?"

"전하, 뼈다귀는 먹기 위해서 있는 것입니다. 어째서 제가 뼈다귀를 장식용으로 선택했는지 한번 맞추어보시지요."

임금이 혼란스러운 듯 머리를 긁고 있을 때 왕비가 답을 제시했다.

"그것은 바로 익살꾼 광대, 그대가 파렴치한 사람이기 때문이지요. 견유학파 철학자를 의미하는 그리스어 '쿠니코스'는 '개'라는 의미를 지니고 있고, 또 개들은 뼈다귀를 먹기 때문이지요. 그렇기 때문에 그대는 이런 이상한 나비넥타이 같은 뼈다귀를 달고 있는 것이지요."

"왕비님, 대단하십니다. 참으로 현명하신 답변입니다. 그런데 정답은 아니옵니다. 좀 더 숙고해보시지요."

아무도 정답을 찾지 못했다는 것은 너무나 당연한 사실이었다. 광대는 임금 내외를 당황하게 만든 것에 흥이 겨워—그것이 익살꾼 광대의 역할이 아닌가?—다음과 같은 힌트를 주었다.

"이 뼈다귀는 삶과 죽음의 문제이자 사랑과 증오의 문제이고 또한 수용과 거부의 문제입니다."

그런데 이런 힌트도 사실 수수께끼를 해결하는 데 아무런 도움이 되지 못했다.

그때 중국 요리가 나왔고 새큼달큼한 향내가 장내에 퍼졌다. 하객들이 서둘러 이 새로운 요리를 맛보고자 하고 있을 때, 임금이 무언가 알아차렸다는 듯 밝은 얼굴로 광대를 돌아보았다.

"자네의 뼈다귀가 무엇을 의미하는지 알았네. 삶과 죽음, 사랑과 증오, 새큼달큼한 맛, 음과 양, 바로 그것이라네."

"아주 그럴듯한 답변이지만, 그래도 아직 정답은 아닙니다. 계속 찾으시지요. 전하, 하객들에게 제가 몇 말씀 올려도 되겠습니까?"

임금은 광대의 요구에 놀라기도 했지만 혹시 뼈다귀에 관한 정답을 얻을 수 있지 않을까 싶어 승낙했다. 그로 인해 얼마나 처참한 결과가 생길지는 전혀 상상도 못했다.

"고귀하신 하객 여러분, 여러분과 함께 이렇게 맛진 중국 요리를 만끽할 수 있게 되어 얼마나 기쁜지 모릅니다. 먹느냐 마느냐, 사느냐 죽느냐, 티베트냐 아니냐, 이것이 바로 문제입니다"라며 광대는 말을 시작했다.

중국 대사는 이 말에 거의 체할 뻔했다. 뼈다귀도 없이 말이다. 공식 통역관들은 광대의 말에는 정치적 의도가 전혀 없다고 어렵사리 해명해야만 했다. 임금이 점점 종교에 관심을 갖게 된 점에 응하려고 '토비트냐 아니냐'라고 해야 할 것을 발음을 잘못해 그런 것이라고 해명했다. 성서에 나오는 토비트는 모든 그리스도인들이 인정하는 그런 인물이 아니었다. 그런데 이런 식의 해명이 먹혀들었을까? 아무도 알 수 없었다. 어쨌든 중국 대사가 연회장을 떠나지 않은 것만으로도 만족해야 했다. 특히 기업주들의 입장에서 보자면 그랬다.

"고귀하신 하객 여러분, 여러분 모두 잘 알고 계시는 일입니다만, 종교 대회 이후로 우리 임금님께서는 점점 종교적인 분이 되셨습니다. 우리 임금님을 위해 제가 두 가지 문구를 인용해보겠습니다. 첫 번째 것은 우리가 지금 막 실행한 것과 관련 있습니다. 브라츨라프의 나만이라는 유명한 랍비가 '매일매일 춤을 추십시오. 상상을 통해서라도 말이오'라고 했습니다.

조금 전에 무엇을 했습니까? 바로 춤을 추었습니다. 그리 달갑게 한 것은 아닐지라도 말이지요. 그런데 육신의 춤은 영혼의 춤을 향한 왕도가 아닐까요? 두 번째 문구는 나사렛 예수라고 하는 유명한 랍비의 말입니다.

'당신이 점심이나 저녁 식사를 베풀 때는, 친구나 형제나 친척이나 부유한 이웃을 부르지 마시오. 그러면 그들도 다시 당신을 초대하여 당신은 보답을 받게 됩니다. 당신은 잔치를 베풀 때 오히려 가난한 사람, 장애인, 다리 저는 사람, 눈먼 사람을 초대하십시오. 그들이 당신에게 보답할 수 없으니 당신은 행복할 것입니다. 의인들이 부활할 때 하느님/하나님께서 당신에게 보답해주실 것입니다.'

고귀하신 하객 여러분, 임금님께서 여러분을 초대하셨으니, 여러분은 모두 가난한 사람들이고 장애인이며 절름발이이자 장님인 것이 분명합니다. 자, 그러면 이 특별 요리를 아주 맛있게 드시길 바랍니다."

하객들은 모두 기가 막혀버렸다. 살로메 공주만이 혼자 미소를 띠고 있었다. 임금은 화가 치밀어 올랐다. 물론 그도 이 성서 구절을 잘 알고 있었지만, 어떻게 그 내용을 실천에 옮길 수 있을지는 알지 못했다. 임금은 아연실색한 마음을 추스르려고 성서 구절을 문자 그대로 해석하면 결국 근본주의자가 되고 만다며 혼잣말을 했다. 종교인이 되고 싶었지만 결코 광신도가 되고 싶지는 않았기 때문이다. 임금은 현자가 있었더라면 익살꾼 광대의 이런 무모한 행위를 잘 무마시켰으리라 생각하면서 현자의 불참을 아쉬워했다.

임금이 광대를 퇴장시킬까 말까 생각할 틈도 주지 않고 광대는 추스르지 못할 엄청난 일을 저지르고 말았다. 접시에 음식을 엄청나게 담고는 그 음식을 자기 옷에 퍼붓고 있었다.

"아니, 자네 지금 제정신으로 하는 짓인가?"라고 임금은 화가 나 언성을 높였다.

"미치광이들이 자신을 현자라고 생각하는 그런 세상에서 어쩌면 광대의 광기는 지혜 자체인지도 모를 일이지요. 제가 걸인으로 변장하고 이 연회장에 들어서려고 했더니 경비원들이 저를 내쫓아 버렸지요."

"아니 그럼, 그 침입자가 바로 자네였단 말인가?"라고 임금은 숨을 몰아쉬며 물었다.

"그러고는 점잖은 옷을 입고 이 연회장에 들어서니 모두 제게 환호를 보냈습니다. 결국 이 자리에 초대받은 것은 저 자신이 아니라 제 옷이란 말씀이지요. 그러니 당연히 이 음식을 맛보아야 할 자는 제가 아니라 제 옷이란 말입니다."

해도 너무한 일이었다. 어쩌면 인간은 극단적인 것을 참지 못하도록 만들어진 존재인지도 모를 일이었다. 광대짓거리뿐 아니라 지혜 역시 참지 못할 일이었는가 보다. 양극단은 서로 통한다고들 하지만 임금은 그런 문제에 신경 쓸 기분이 전혀 아니었다. 그는 단호하게 익살꾼 광대에게 밖으로 나가라고 손짓했다. 그때 지금껏 익살꾼 광대의 호주머니 속에 숨어 있던 거북이 엘로이즈가 머리를 빼고 밖을 내다보았다. 주인의 옷에 묻은 음식물 냄새 때문이었다. 광대는 그 순간을 놓치지 않고 아주 근엄한 목소리로 거북이에게 말했다.

"엘로이즈야, 어서 이곳을 떠나자꾸나. 이곳에는 마치 사형장 같은 살벌한 기운이 돌고 있구나."

광대는 엘로이즈에게 줄 배추 잎 한 조각을 잡아채고 연회장을 떠났다.

# 안 좋은 소식

문이 다시 닫히고 나자 모두가 안도의 숨을 내쉬었다. 그제야 차분하게 이 맛난 요리들을 즐길 수 있게 되었던 것이다. 약 한 시간 동안 하객들은 온갖 쾌감을 만끽할 수 있었다. 물론 한시도 놓치지 않고 각자가 '비즈니스'에 열중하기도 했다. 사업 계약을 체결하거나, 차후 선거 운동의 준비 작업을 하거나, 고위층 사람들과의 만남을 회상한다든지 하는 등, 말하자면 상위층 사람들끼리 서로의 삶을 윤택하게 해주는 그런 일들에 열중하고 있었다.

그때 현자가 모습을 드러냈다. 그는 조금 어색한 표정을 지으며 임금을 향해 발을 옮겼다. 그 순간 숨죽이는 듯한 침묵이 흘렀다. 현자는 임금과 왕비에게 정중하게 인사를 드리고서 공주 옆으로 다가갔다. 그러고는 공주 말고는 아무도 듣지 못할 정도의 낮은 목소리로 말했다.

"공주님, 한 가지 아주 안 좋은 소식을 전해드려야겠습니다. 공주님의 친구 분인 비비안 양에 관한 일입니다. 오늘 밤의 분위기를 깨고 싶지는 않습니다만……."

공주는 격한 두려움에 사로잡혔고 무의식중에 몸이 경직되었다.

"무슨 일이지요? 혹시 교통사고라도 났나요?"

"어쩌면 더 심각한 일인지도 모르겠습니다만, 현재로서는 비비안 양이 혼수상태에 빠져 생사를 다투고 있다는 것 외에는 아는 바가 없습니다. 담당 의사들에 따르면 상태가 아주 좋지 않다고 합니다. 생존할 가능성이 희박해 보입니다. 참으로 유감입니다."

"안 돼요, 그럴 수는 없어요!"라고 공주는 자신도 모르게 소리쳤다.

그러고는 연회장을 성급히 떠났다.

그 소식을 전해들은 임금 역시 충격을 받아 어찌할 바를 몰랐다. 임금이 비비안을 안 지는 거의 1년도 되지 않았지만, 처음 본 순간부터 무언가 알 수 없는 편안하면서도 모호한 인상을 받았다.

임금은 자신이 '애지중지하는 장관'과—현자를 질투 · 시기하는 사람들이 그에게 붙여준 별명이다—상의를 하고서 본인이 직접 하객들에게 사실을 전하기로 결심했다. 쓸데없는 소문이 나돌게 하는 것보다는 진실을 알리는 것이 낫다는 생각에서 한 결정이었다.

"신사 숙녀 여러분, 제 여식의 절친한 벗인 비비안 양이 혼수상태에 빠졌다는 소식을 막 전해 들었습니다. 어떤 정황에서 그렇게 되었는지는 아직 알지 못하지만, 담당 의사들의 견해에 따르면 생존 가능성이 아주 희박하다고 합니다. 어찌 이 영특한 여성이 겨우 24세의 젊은 나이에 세상을 떠나야만 하는지……."

임금은 목소리가 떨려 더 이상 말을 잇지 못했다.


그날 저녁 행사가 어떻게 마무리되었는지는 그 후에 일어난 일들에 비하면 아무것도 아니었다. 우선, 행사 참석자 대부분이 '젊으

이들이 겪는 인생의 비극', '대중매체가 전파하는 폭언', '현 사회의 가치관 부재', '행로를 찾지 못하고 있는 현 세계' 등등에 관해 서로 의견을 나누었다는 것만을 언급하겠다.

비비안 양과 관련된 비극적 상황이 임금의 가정과 왕국에 얼마나 심각한 영향을 미칠지는 아무도 예측할 수 없었다.


## 병문안


"직접 볼 수 있을까요?"

공주는 눈물을 주체하지 못하면서도 단호히 물었다. 마치 이 참혹하고 비현실적인 소식을 믿을 수도 없고 인정할 수도 없다는 듯 말했다.

공주를 안내하는 의사는 어찌해야 할지 몰랐다.

"불가능합니다……."

"아니, 왜요? 그냥 볼 수도 없단 말인가요?"라며 공주는 언성을 높였다. 자신의 권위적인 언사에 스스로 놀라면서 말이다.

동행 의사는 어찌할 바를 몰라 결국 병원장에게 도움을 요청했고, 병원장은 주저하지 않고 누구도 현상태로서는 환자를 방문할 수 없다는 입장을 표명했다. 공주의 거듭된 요청에도 불구하고 불가능했다. 비비안 양이 심한 충격을 받은 상태라서 곧바로 뇌 사진을 찍어야 했기 때문이다.

대기실에는 비비안 양의 친족들이 근심스런 얼굴로 앉아 있었다. 무언가 알아들을 수 없는 혼잣말을 되뇌는 사람도 있었고, 이리저리 수소문하여 어떻게 사건이 발생했는지 이해하려는 사람도 있었다. 이런 상황에서 살로메 공주는 자기 친구가 교통사고를 당했다는 것은 이해할 수 있었지만, 도대체 사고의 원인이 무엇이었는지는 알 수가 없었다. 그리고 비비안의 어머니가 보이지 않는다는 사실을 깨달았다. 공주는 비비안의 어머니를 잘 몰랐지만, 그녀가 홀로 비비안을 키웠다는 것은 알고 있었다. 비비안의 아버지가 알 수 없는 이유로 가족을 남겨둔 채 떠났기 때문이다.

이런 기다림이 끝도 없을 것처럼 느껴졌지만, 공주는 궁전으로 돌아가고 싶지 않았다. 임금 내외는 상태를 알아보려고 여러 차례 전화했지만 전혀 새로운 소식을 들을 수가 없었다. 의료진들은 꿀벌들이 벌집 안에서 왔다 갔다 하듯 이리저리 분주하게 움직이고 있었다.

새벽 5시경에 주치의가 지친 얼굴로 나타나 검사 결과를 설명해 주었다. 그의 경직된 자세만으로도 희망이 거의 없는 상태라는 것을 감지할 수 있었다.

"최선을 다하고 있습니다만, 안타깝게도 현재로서는 비비안 양의 상태가 아주 좋지 않습니다. 생사의 기로에 놓여 있습니다."

친족들의 울음소리 때문에 주치의의 목소리가 더 이상 들리지

도 않았다. 여러 질문들이 제기되었지만 현재로서는 아무런 답변
도 얻을 수 없었다. 시기상조였다. 아니 어쩌면 너무 늦었는지도 몰
랐다.


## 편지 세 통


슬픔에 지친 공주는 정오경에 비비안이 어머니와 함께 사는 집
으로 발길을 옮겼다. 병원에서는 비비안의 상태를 자세히 설명해
줄 수 있는 아니 어쩌면 설명해주고자 하는 의사가 없었기 때문에,
자신이 직접 답을 찾기로 결심했던 것이다.

살로메 공주가 비비안의 집에 이르러 초인종을 누르자 놀랍게
도 사복 경찰 두 명이 문을 열어주었다. 그들은 막 집을 떠나려던
중이었다. 공주에게 정중하게 인사하며 그들은 사건의 내막이 명
확하게 드러났다고 말해주었다. 수신인이 살로메 공주로 되어 있
는 편지 한 통을 보여주며 조사 때문에 어쩔 수 없이 편지를 열어
보았다고 말했다.

"공주님의 친구 분께서는 편지 세 통을 남겨놓았습니다. 그중에
이 편지가 공주님에게 보낸 것입니다. 저희가 보기에는 친구 분께
서 생을 마치고자 시도한 것이 분명하며, 이 편지들에서도 그 사실
을 확인할 수 있었습니다."

"자살이라고요? 비비안은 절대 그런 행위를 할 사람이 아니라고 요!" 공주는 언성을 높였다.

"아직 조사가 끝나지 않았지만 사고 상황과 이 편지들에 근거하 자면 친구 분께서는 더 이상 삶을 지속할 의사가 없었던 것 같습니 다. 친구 분의 어머니께서 필적도 확인해주셨습니다."

공주는 자기 친구가 목숨을 끊으려고 했다는 사실을 이해할 수 가 없었다. 집 안으로 들어서자 비비안의 어머니가 아주 낙심한 상 태로 앉아 있었다. 마치 해일에 모든 것이 휩쓸려버린 상태 같았다. 외동딸을 잃는다는 것은 상상할 수도 없는 일이었다. 더군다나 자 살이라니. 그런 상처를 안고 살아간다는 것은 자기 힘으로는 도저 히 감당할 수 없는 일이었다.

한참 동안 두 여인은 부둥켜안고서 눈물을 쏟았다. 한 나라의 공 주와 평범한 여성 국민이 이렇게 서로 동병상련하는 것을 보자니 참으로 이상했고 심지어 감격스럽기까지 했다.

비비안의 어머니는 의료진으로부터 전해들은 바를 공주에게 전 했다. 자기 딸이 너무 심한 뇌 충격을 받아 혼수상태에서 회복되기 가 거의 불가능한 상태라 했다.

공주는 곧바로 말을 이었다.

"우리 왕국의 의료진이 비비안을 살리지 못할 것 같으면 더 나 은 해결책을 강구할 거예요."

그러나 공주는 말을 마치기 무섭게 이런 희망은 호랑이 발밑에

눌린 토끼처럼 그 생존 가능성이 빈약하기 그지없다는 느낌을 감추지 못했다. 난생처음으로 부와 권력도 죽음의 위협 앞에서는 무용지물이라는 것을 의식하게 되었다.

"살로메에게"라고 적힌 편지 봉투를 보면서 눈물이 앞을 가려 편지를 읽지도 못하다가 얼마 정도 시간이 지나고 나서야 겨우 편지 내용을 읽어보았다.

> 삶이 너무 힘들어.
> 그는 나를 영원히 모욕했어.
> 내 인생이 너무나 지겨워.
> 용서해줘.
> 더 나은 세상에서 다시 만나길 바라며.
> 비비안

공주는 곧바로 알아차렸다.

"나쁜 인간! 엘리아스 때문임에 틀림없군. 몇 주 전에 비비안은 자신의 약혼자가 바람을 피웠다고 말해주었어요. 결혼을 몇 달 앞두고서 다른 여자와 바람을 피운다는 것은 짐승만도 못한 짓이지. 그래도 비비안은 참아낼 수 있다고 말했는데…… 만나기만 해봐라, 그냥 놔두지 않을……."

그 순간 초인종이 울렸다. 힘없이 일어난 비비안의 어머니가 문을 열어주었다. 고통으로 완전히 무기력해진 모습의 남자가 문 앞에 서 있었다. 다름 아닌 비비안의 약혼자였다.

고함 소리와 비명이 오고 간 것에 대해서는 굳이 설명할 필요가 없을 것이다. 공주가 그 자리를 곧바로 떠나지 않았던 것은 엘리아스 역시 고통스러워하고 있음을 느꼈기 때문이다.

분위기가 조금 가라앉자 엘리아스가 물었다.

"아니 어떻게 비비안이 그럴 수 있었단 말입니까?"

"아니, 비비안을 배신한 사람이 누군데 그런 질문을 할 수 있는 거죠?"

"사실은 생각하시는 것보다 복잡합니다."

비비안의 어머니는 청년에게 비비안이 남긴 편지를 건네주었다. 엘리아스는 떨리는 손으로 편지를 열어보았다.

제가 당신을 속였고 또 당신도 저를 속였어요.

이제 당신은 자유인이에요.

저도 그렇고요.

비비안

"하지만 난 비비안을 사랑한단 말이에요." 엘리아스는 소리쳤다.

그는, 자기 약혼녀가 몇 달 전에 본인과 더 이상 결혼할 의사가 없고 또한 다른 사람을 사랑하고 있다고 선포했다는 것을 애써 설명하려고 했다. 그래서 화가 나서 복수를 하고자 알지도 못하는 여성과 바람을 피웠다는 것이었다.

그렇지만 이런 밑도 끝도 없는 해명이 공주를 납득시킬 수는 없었다.

갑자기 전화가 울렸다. 병원이었다. 비비안의 어머니를 다급하게 찾는 전화였다. 의료진이 비비안의 임종이 다가온 것 같다고 판단하여 어머니를 급히 병원으로 호출한 것이었다.

## 다양한 종교들의 공동 의식

축하연과 비비안의 사고가 있은 지 어느덧 1년이 지났다.

예상했던 것과는 반대로 비비안은 계속 숨을 쉬고 있었다. 물론 의식은 전혀 없었다. 그래도 의료진과 친족들은 그녀가 언젠가는 정신을 차릴 것이라는 희망을 잃지 않고 있었다. 몇 년 동안이나 혼수상태에 놓여 있다가 다시 건강을 회복한 사례들이 있었기에 이런 기대를 버릴 수 없었던 것이다.

비비안의 어머니와 살로메 공주는 거의 매일 비비안 곁에 와 있다 가곤 했다. 이런 참극의 이유를 이해하지 못했던 엘리아스도 꾸준히 그녀를 보러 왔다.

언론도 처음에는 이 사건에 많은 관심을 가지고 보도를 실었지만, 독자·시청자들의 관심이 점차 줄어들자, 결국 판매 부진의 이유를 들어 다른 사건들과 참사들을 보도하기 시작했다.

임금 내외의 관계는 더욱더 악화되었다. 여식이 겪는 괴로움 때문에 둘 사이의 관계가 어느 정도 호전되는 것 같았지만, 시간이 흐를수록 임금은 점점 더 침울해졌고 왕비는 점점 더 냉랭해졌다. 그래도 공식석상에서는 이런 관계를 드러내지 않았지만, 임금 내외가 한방을 쓰지 않는다는 것은 이미 누구나 아는 비밀이 되었다.

현자는 교회와 종교 공동체 지도자들에게 비비안과 왕국의 다른 병자들을 위해 기도해달라고 부탁하기도 했다. 사석에서는 임금 가정을 위해 기도하는 것 역시 좋은 일이라고 말하곤 했다. 굳이 꼭 필요한 사항은 아니라고 설명을 곁들이면서 말이다. 몇 해 전에 종교 대회가 개최되었던 수도원 강당에서 엄청난 규모의 집회가 이루어졌다. 거의 한 시간 동안 각개 종교 대표자들이 고유 의상을 차려입고서 모든 이들의 행복을 위하는 고무적인 발언들을 해주었다.

수많은 사람들이 호응을 보였다. 심지어 종교 행사에 별 관심을 보이지 않는 언론들도 이 사실을 보도했다. 어쩌면 그 기간에는 다른 스포츠나 정치·경제 행사가 없었기 때문이리라. 그리 중요한 일은 아니었지만 기사거리를 찾을 수밖에 없어서 그랬으리라 볼 수도 있다. 다양한 사람들을 한자리에 모이게 하고 또한 자못 큰 성과를 거둔 그런 긍정적인 이미지에도 불구하고, 임금 가족은 실망감을 감추지 못했다. 각자 다른 이유 때문이었다.

공주는 비비안의 건강상태가 호전되지 않았기 때문에 그랬다.

임금은 자신의 확신에 혼란이 생겼고 또한 여전히 무엇에 억눌린 느낌을 받았기 때문이다.

그리고 왕비는 그런 공동 의식 같은 것에는 아무런 기대도 하지 않았기 때문이다.

사실, 공동 기도는 아무런 영향도 미치지 못했다, 아니 기대한 바는 전혀 이루어지지 않았다. 그런데 익살꾼 광대는 또다시 왕가의 입장에 반대를 하고 나섰다.

"기뻐하십시오. 세상이 더 좋아지지 않더라도 상관없어요. 더 악화되지만 않으면 되지 않겠습니까? 그리고 여러분 중에 누가 선과 악을 규정할 수 있습니까? 다음 이야기를 들어보십시오. 어떤 사람이 실직을 하게 되었습니다. 안 좋은 일이지요. 그래서 그는 여행을 하기로 결정했습니다. 좋은 일이지요. 그런데 선택한 비행기에 자리가 없었답니다. 안 좋은 일이지요. 그래도 아주 싼 가격의 여객선 표를 구할 수 있었습니다. 좋은 일이지요. 그런데 그 여객선이 난파를 당했고 그 사람은 어떤 무인도에 살아남게 되었습니다. 안 좋은 일이지요. 동굴에 피신하려 하다가 그곳에 숨겨진 보물을 발견했습니다. 좋은 일이지요. 그런데 병이 나서 희망을 잃게 되었습니다. 안 좋은 일이지요. 이 난관을 극복하고서 해변에 보기 좋은 움막을 지었습니다. 좋은 일이지요. 기다리는 것은 끝도 없었습니다. 안 좋은 일이지요. 그러다 자신의 내면을 심화시킬 수 있었습니다. 좋은 일이지요. 그런데 움막에 불이 나버렸습니다. 안 좋은 일이지요. 마침 멀리 지나가던 배 한 척이 그 연기를 보고서 섬으로 다가왔습니다. 좋은 일이지요. 선장이 그 난파당한 사람을 구해주었지만 보물은 빼앗았습니다. 안 좋은 일이지요. 집으로 돌아간 그는 다시 직업을 구했습니다. 좋은 일이지요. 하지만 몇 달 후에 실직을 하게 되었습니다. 안 좋은 일이지요. 그래서 그는 여행을 하기로……."

"그만 하면 됐네. 자네는 도대체 무슨 말을 하려는 것인가?" 하고 임금이 짜증스러운 목소리로 말했다.

"이게 좋으면서 안 좋을 수도 있지요. 그리고 이게 안 좋으면서 좋을 수도 있을까요?"라고 익살꾼 광대는 대꾸했다.

"그렇게 계속해서 어리석은 말들을 늘어놓는다면, 바로 자네가 실직을 하게 될 것이네."

"아, 정말 그렇게 될 수만 있다면…… 엘로이즈와 저는 여행을 대단히 좋아한답니다. 그리고 태평양 한복판에 있는 아주 아름다운 무인도도 알고 있답니다. 그곳에 머물게 되면 얼마나 좋을까……. 전하께서도 피곤해 보이시는데, 혹시 실업자가 되어 은수자의 삶을 사는 것이 어떻겠습니까?"


## 수도사


임금이 '실업자가 된다'는 말은 좀 기괴했다. 하지만 임금은 외진 곳에서 홀로 지내면서 진정으로 중요한 것들이 무엇인지 성찰해보고 싶었다. 그런데 도대체 어디로 가야 한단 말인가? 일상의 형식적인 절차들에서 자유로운 곳이 어디에 있을까? 사실, 임금은 자신의 역할에 싫증을 느끼고 있었다. 그저 홀로 자유롭게 있고 싶었고 그래서 개인적인 문제와 걱정만 신경 쓰는 그런 일상인으로 지내고 싶었던 것이다.

갑자기 아주 획기적인 생각이 떠올랐다. 만일 일주일 동안 임금의 역할을 중지하고 외딴 곳으로 떠난다면 어떨까? 현자가 얼마 전에 왕국 내 어떤 수도원에 있는 수도사가 쓴 명상에 관한 서적을 임금에게 선사한 적이 있었다. 그 책의 저자는 자기 신분을 밝히지 않고서 단지 겸손하게 '약간 유별난 수도자'라고만 적어놓았다.

임금은 희열을 느끼면서 결정을 내렸다. 아무도 모르게 이 수도사가 있는 수도원에 가서 일주일 동안 지내기로 했다.

단지 현자에게만 이 결정을 알렸다. 왕비조차 자기 남편이 어디에 머무는지 알지 못했다. 약간 신비스럽기도 하고 또한 애매모호한 임금의 침묵으로 인해 앞으로의 일이 복잡해질 것이었다. 현자가 임금을 한밤중에 수도원에 모셔드리고서, 사람들에게는 임금이 독감에 걸려 누워 있다고 말하기로 결정되었다.

이런 어처구니없는 탈출 이야기는 자세히 설명할 필요가 없으므로 독자 여러분의 상상에 맡기겠다. 하지만 그래도 그 수도원에서는 그 기간 동안 피정이 이루어졌다는 점은 밝히겠다. 즉 외부 손님을 받지 않았다는 것이다. 그 수도원은 수도 규칙들을 맹종하기보다는 수도 규칙들이 의도하고자 했던 바를 따르는 자유로운 수도원이었기 때문에, 가족상을 당해 우울증에 걸린 어떤 수사의 부친도 예외적으로 그 수도원에서 지낼 수 있었다. 현자를 통해 특별한 손님이 수도자들과 함께 피정에 참석하고자 한다는 소식을 전해들은 수도원장은 다른 형제 수사들에게 공지했다. 그 내용은 자매결연을 맺은 수도 공동체에 속한 지원기 수도자 한 사람이 그들과 함께 피정에 참여하게 되었다는 것이었다. 그런데 종교 지도자로서 그런 거짓말을 해도 될까? 알 수 없는 일이다. 그럴 수도 그렇지 않을 수도 있다. 사실 임금은 수도자처럼 혈혈단신으로, 자신이 돌보아야 하는 수많은 국민들에게 방향성을 제시할 의무를 지닌 것이 아닐까?

공동체 구성원 모두가 임금이 지원기 수도복으로 변장했음을 알아차렸다는 것은 이 자리에서 따로 설명할 필요도 없다. 그들은 수도원장을 신뢰했다. 그리고 그런 특별 손님이 함께한 것을 영광으로 생각했고, 그 손님이 자신들과 함께 지내고자 하는 것은 그에게 자신들의 기도가 필요하다는 것임을 알아차렸다.


임금은 독방에 들어서자마자 자신의 결정에 후회했다. 독방이 어느 정도 장식도 되어 있고 편안하기도 했지만 왕실과는 비할 바가 없었기 때문이다. 그리고 다음 날이 금식의 날이라는 것을 알게 되었을 때, 도대체 어떻게 그런 고통을 참아낼 수 있을지 걱정스러웠다. 그래도 밤에는 잠을 잘 잘 수 있었다.

아침에는 정해진 시간에 수도복을 입고서 수도원의 성당을 향했다. 그러고는 엄청난 충격을 받았다. 성당 안에는 여자들뿐 아니라 심지어 아이들과 젊은이들도 있었다. 마치 가족회의가 있는 장소처럼 보였던 것이다. 모두가 침묵하며 앉아 있었다. 기도용 의자에 앉아 있거나 성당 바닥에 양탄자를 깔고 앉아 있었다. 온화한 분위기가 감돌았고 사람들에게서는 편안함을 느낄 수 있었다. 빨간색 초와 오렌지 색상으로 인해 또 화려한 꽃들과 금빛의 성화들로 인해 편안함과 고요함을 느낄 수 있었다.

전례 참석자들의 단조로운 기도 멜로디가 하늘로 올라가는 듯 느껴졌고, 임금은 그 소리에 사로잡혔다. 그러고는 지그시 눈을 감고 성가를 음미했다.

> 라우다떼 도미눔 옴네스 젠떼스 라우다떼 도미눔
>
> 라우다떼 도미눔 옴네스 젠떼스 라우다떼 도미눔
>
> 주 찬미하라 모든 백성들아 주를 찬미하라
>
> 주 찬미하라 모든 백성들아 주를 찬미하라

임금은 궁전 발코니에 서 있는 자신과 수많은 군중들이 "우리 지도자, 임금님 만세!"라고 환호하는 장면을 상상해보았다. 그런데 갑자기 누가 자기 옆에 있다는 것을 알아차렸다. 그게 사람인가? 군중들은 그를 볼 수 없었지만, 그는 임금에게 자애로우면서도 슬픈 눈길을 주고 있었다. 임금은 몸서리를 쳤다. 눈을 뜨자, 몇 미터 떨어진 곳에 걸려 있는 성화가 주의를 끌었다. 그리고 조금 전에 느꼈던 그 시선을 확연히 알게 되었다.

전례가 끝나고 나서 수도원장은 임금을 성당 옆에 있는 작은 방으로 모셨다. 그는 고귀한 손님의 지위에 아무런 주눅도 들지 않은 것 같았다. 몇 분 정도 침묵하면서 서로 얼굴을 맞대고 앉아 있었다. 임금은 수도사의 얼굴을 자세히 볼 수 있었다. 대략 50세 정도 되어 보였고 흰머리가 제법 많았다. 편안하게 웃는 얼굴이었지만 고생으로 생긴 듯한 주름이 조금 보였다. 임금은 수도사가 낀 여러 개의 반지도 보았다. 금반지와 주석반지였다. 그 이유를 물을 틈도 없이 누군가가 문을 두드렸다.

"들어와요." 수도사는 친절하게 답했다.

아주 밝은 얼굴에 약간 통통한 체격의 여인이 방 안으로 들어왔다. 여인은 임금에게 정중하게 인사를 올리고서 수도사에게 물었다.

"실례가 되지는 않는지요?"

"전혀 그렇지 않소. 이리 와서 우리와 같이 앉으시오." 수도사가 답했다.

"전하, 제 처를 소개하겠습니다."

임금은 잘 알아듣지 못하겠다는 듯 물었다.

"지금 누구라고 하셨소?"

"이 사람은 제 처이고 미라벨이라고 합니다."

전혀 이해를 못하겠다는 임금의 표정을 보고서 수도사 부부가 웃음을 터뜨리고 말았다.

"저는 수도자이자…… 결혼을 한 기혼자입니다. 전하께 차근차근 설명해드리겠습니다."

## 탐식가

왕비는 화가 나기도 했지만 기쁘기도 했다. 사실은 화가 난 것에 대해 기뻐했다. 임금이 자신에게 어디에 가는지 말도 없이 떠났다. 틀림없이 '좋은 곳'에 간 것이 틀림없다고 생각했다. 그리고 이렇게 내버려졌으니, 아니 배신을 당했으니 본인 역시 하고 싶은 대로 할 자유가 있다고 생각했다.

왕비는 몇 달 전에, 대학생 시절에 알고 지냈던 파울로 카리니를 우연히 만나게 되었다. 그들의 재회는 다름 아닌 사람들이 서로 소개를 주고받는 칵테일파티에서 이루어졌다. 왕국 신축 미술박물관 개막식장에서 왕비가 축사를 할 기회가 있었는데, 바로 그 축사 도중에 파울로와 시선이 마주쳤다. 파울로는 왕비의 축사를 경청하며 유혹적인 시선을 주었고 은밀하게 자신의 욕망을 드러내기도 했다. 사실, 왕비 역시 대학생 시절에는 여느 여대생들처럼 파울로의 매력에 쏙 빠져 있었다는 점도 언급해야겠다. 그리고 이 잘생긴 젊은이가 아무런 이유도 없이 '탐식가'라는 별명을 얻게 된 것이 아니라는 점도 곁들여야겠다. 만나는 사람들을 모두 다 먹어 치워버렸기 때문에 그렇게 불렸던 것이다. 파울로 자신은 이런 별명을 별로 좋아하지 않았다. 그 대신 '기둥서방'이라는 별명을 선호했다. 그를 그렇게 부르는 사람들도 있었지만, 몇몇 영향력 있는 대학생들이, 물론 질투심 때문에, 이런 야비한 별명을 퍼뜨렸다. 상당히 영특한 파울로는 이에 반항하기보다 오히려 이런 저열한 별명을 일종의 애교 넘치는 표현으로 뒤바꿔버렸다.

왕비는 파울로가 전해준 명함을 손에 쥐고 고민했다. 몇 해 전부터 왕비는 실망감에 젖어 있었다. 그녀는 '내가 그래도 명색이 왕비 아닌가? 내가 하고 싶은 일을 왜 할 수 없단 말이지?'라며 속으로 되뇌고는 했다.

세 시간 정도가 지난 후 탐식가 파울로는 비밀문을 통해 왕비의 사저에 도착해 편안한 소파에 자리를 잡았다.

"제가 전하를 어떻게 불러야 하겠습니까? 왕비 마마라고 해야 할까요 아니면 지도자님이라 해야 할까요?"

"안나벨이라고 불러주세요. 참 당연한 일을 가지고서. 당신이 부르는 제 이름이 듣기가 좋아요."

"그러면 오늘 밤 나는 당신에게 어떤 존재인가요? 체스라고 치면, 폰 아니면 비숍인가요?"

"아니요, 나이트나 룩이 더 나을 것 같은데요."

"나를 잡아타거나 내 위에 올라가기 위해서 그렇다는 건가 보군 요."

왕비는 얼굴이 약간 붉어짐을 느꼈다.

"당신은 많은 것들을 곧 알게 될 거예요. 저는 너무나 지쳐 있는 상태예요."

파울로는 자주 탐식가 행세를 했지만 그래도 결코 비열한 자는 아니었다. 그는 왕비 곁으로 다가가 손을 잡고서 진지하게 왕비가 하는 말을 들어주었다. 한 시간이 넘도록 왕비는 마음속에 감춰두 었던 일들을 털어놓았다. 그녀 자신조차 어떻게 그리 자유롭게 마 음을 열었는지 놀라울 정도였다. 자신의 힘겨운 역할, 점점 더 소원 해지기만 하는 남편과의 관계, 대화가 힘들어져버린 딸아이 살로 메, 금빛 감옥에 갇힌 것만 같은 느낌, 삶을 제대로 살지 않는 것 같 은 두려움 등등, 모든 것을 털어놓았다. 파울로는 놀라울 정도로 진 지하게 왕비의 말을 들어주었다.

왕비는 이상한 마음이 들어 그에게 직선적으로 물었다.

"예전에 제가 당신을 알게 되었을 때는, 제 말을 5분도 참지 못 하고서 잠자리에 들려고만 했는데. 무엇인가 잘못된 게 아니에요?"

"사실, 청각장애가 생겼답니다. 그리고 잠자리 문제는 서둘지 않 아도 손해 볼 일이 없을 겁니다. 아니, 사실대로 말하자면, 예전의 그런 광적인 시절은 지나갔고, 이제 과거를 되돌아봐야 할 때가 온 것 같습니다. 모든 것이 긍정적인 것만은 아니었으니까요."

그러고는 다시 한 시간 정도, 이제는 안나벨이 희비가 얽힌 파울로의 인생담을 들어주었다. 수많은 여성들과 남성들에 얽힌 일들, 원하지 않았던 딸아이의 출생, 어쩔 수 없이 하게 된 결혼, 참아낼 수 없었던 가정생활, 결국 떠나온 가족 등등, 그야말로 우여곡절이 담긴 삶이었다.

이렇게 생각지도 못한 이상야릇한 시간들은 사실 참으로 아름다웠다. 두 사람은 그렇게 마치 몇 년 동안의 긴 여백이 사라져버린 것만 같은 느낌을 받았다. 자연스레 육체 간의 거리감도 줄어들었기에 긴 입맞춤이 뒤따랐다. 예전에 겪었던 희열을 상기하면서 마치 새로운 출발을 암시하듯. 안나벨이 옛 연인의 옷에 손을 옮겨 단추를 열려는 순간, 파울로가 이 손길을 말릴 것이라고는 상상도 못했다.

"나의 여왕이여, 당신이 나에게 배려해준 이 시간들은 참으로 행복한 순간이었습니다. 하지만 지금껏 내가 해왔던 식으로 이 행복한 순간들을 마감하고 싶지는 않습니다. 당신도 잘 알고 있듯이, 먹잇감을 잠자리에 쓰러뜨리는 일은 하고 싶지 않습니다."

"제가 너무 나이가 들어 더 이상 당신의 관심을 끌지 못하는가 보군요. 솔직히 말해보세요."

"전혀 그렇지 않습니다. 오히려 당신은 20년 전보다 더 아름답군요. 단지 우리가 함께한 이 시간들을 만끽하고 싶을 뿐이라서 그렇습니다."

왕비는 의심을 풀지 못했다. 이것은 새로운 유혹 전략일까? 욕망을 일깨우기 위한 방법 중에서 최고의 방법은 바로 욕망을 억제시키는 것이다.

"저를 거절하는 건가요? 체스에서 제일 강한 말이 무엇인지 아시겠지요?"

"킹이 살아 있는 한 퀸이 제일 강하지요. 하지만 당신과 내가 오늘 밤에 한 일은 어쩌면 이기고 지기 위한 장기 싸움이 아니라, 진정으로 즐겨야 할 바였습니다."

"좋아요, 탐식가 선생님. 당신이 이겼어요. 하지만 기다린다고 해서 손해 볼 것은 없겠지요."

안나벨은 되찾은 연인을 따사롭게 포옹해주었다. 그리고 그는 조용히 궁전을 떠났다. 잠시 후 왕비는 침대에 누워 기쁨에 찬 얼굴을 하고 있었다. 이런 느낌을 받지 못한 것이 너무나 오래되었다. 새로운 원기가 온몸에 생동하는 느낌이었다. 그리고 더욱더 강해진 것 같았다.

"킹이 살아 있는 한 내가 제일 강한 존재이지."

그리고 도대체 임금이 어디서 밤을 지새우고 있는지 궁금해졌다. 특히 누구하고 밤을 보내고 있는지.

## 전대미문의 대화

　다음 날 아침 공주는 자신의 코에 수상한 종기가 생긴 것을 알았다. 이것저것 다 해보아도 도저히 감출 수가 없었다. 이런 모습을 하고서 외출을 할까 말까 한 시간가량 고민했다. '단짝 친구가 엄청난 경험을 하게 될지도 모르는데 어찌 외모 따위에 신경을 쓴단 말인가?'라며 자신의 어리석은 태도를 무시하고서 병원을 향했다. 만나는 사람들의 비웃는 것만 같은 시선은 외면했다.

　비비안이 식물인간이 된 지 벌써 18개월이나 되었다. 의사들은 그녀가 최소한의 의식을 회복하기를, 즉 의사소통이 가능할 정도로 의식이 회복되기를 기대하고 있었다. 그들은 조심스럽게 비비안이 어느 날 '폐문 현상'(의식이 회복되었지만 움직이지 않는 육체 안에 갇혀 있는 현상)을 경험하게 되고 그래서 결국 건강이 회복되기를 바라고 있었다. 하지만 아무 일도 생기지 않는 것처럼 보였다. 그녀가 폐렴 증세까지 보이자 전문의들은 너무나 오래 지속될 시련 때문에 어쩔 수 없이 의료 장치들을 중단시킬 결단을 내려야 한다고 생각했다.

　비비안의 어머니와 살로메 공주, 불행한 약혼자는 이구동성으로 그녀가 숨을 쉬고 있는 한 그럴 수 없다고 했다.

　의료진들 간에도 의견이 분분했다. 고통이 너무나 심하기에 이제는 막을 내려야 한다는 사람들이 있었다. 회복이 된다 해도 예전처럼 살 수 없으며 남은 삶 역시 아주 힘들 것이라는 이유 때문이었다. 반면에 의사들이 외상 환자의 재생 능력을 과소평가하고 있다는 사실을 지적하면서 희망을 잃지 않으려는 사람들도 있었다.

비비안이 심한 염증으로 고통스러워하고 있을 때, 강제성 치료 행위에 반대하며 환자의 고통을 그냥 볼 수 없던 의사가 가장 강한 모르핀을 주입하기로 결정했다. 다른 의사들이 이 사실을 알게 되자 논란은 더 거세졌다.

결국 의료진은 예전에 실패한 적이 있는 실험적 치료를 다시 시도해보기로 했다. 새로 개발된 스캐너를 이용해 비비안의 뇌와 대화를 시도하는 실험이었다. PET(양전자 방출 단층촬영), MRI(자기공명영상), EEG(뇌전도) 등 할 수 있는 것은 모두 해보기로 했다. 마치 '책을 읽듯이 사람의 뇌를 읽을 수 있는' 최신 장치도 이용되었다.

실험 날짜가 다가왔다. 공주는 긴장하고 흥분했지만, 외모에 대한 열등감을 극복하고서 병원에 도착해 특별 실험실에 자리를 잡았다. 이 분야에 무지한 필자가 실험 장치들과 대화 시도법에 관한 자세한 설명을 드릴 수 없는 점을 유감스럽게 생각한다. 준비 단계를 거친 후에 비비안의 머리에는 SF 영화에서나 볼 법한 헬멧이 씌워졌다. 그리고 마술처럼 뇌의 모습이 큰 영상을 통해 보였다.

처음에는 어떤 특별한 현상도 볼 수 없었다. 잠시 후 전대미문의 대화가 시작되었다. 실험 담당자인 로랑 스티브라는 젊은 과학자가 마이크를 통해 앞으로 무엇을 할 것인지 비비안에게 설명했다.

그는 비비안을 안심시키기 위해 손을 잡고서 조심스레 자극을 가했다.

대화가 어느 정도 진행되자, 처음에는 아무런 현상도 나타나지 않았다. 스티브 교수는 비비안에게 스케이트를 타는 모습을 상상해보라고 주문했다. 사실 비비안은 우승 경험이 없긴 하지만, 아주 뛰어난 피겨스케이트 선수였다. 그녀는 스케이트 때문에 어머니와 많은 분란을 겪기도 했다. 어머니에게는 그저 시간 낭비로만 보였다. 어쨌든 그날의 실험으로 그렇게 시간을 애지중지하던 비비안의 어머니는 스케이트에 대해 다른 입장을 취하게 되었다. 스티브 교수가 스케이트에 대해 말했다. 그녀의 몸은 아무런 반응도 하지 않았다. 하지만 (운동 영역이라고 불리는) 뇌의 한 부분에서 반응하는 영상이 보였다. 그러자 스티브 교수는 그녀에게 살던 집의 방들을 상상하며 이 방 저 방을 오가는 상상을 해보라고 주문했다. 그러자 (공간 영역이라고 불리는) 뇌의 특정 부위에서 반응을 보였다. 의료진과 친지들의 얼굴에 기쁨과 의혹의 표정이 역력했다. 18개월이란 긴 시간 동안 어떠한 대화도 불가능했는데, 이제 엄청난 기적이 일어난 듯했다. 비비안과 대화를 하게 된 것이다!

의료진 중에서 아주 회의적이었던 의사는 그것이 우연의 결과가 아닌지, 기술상의 문제로 생긴 별 의미 없는 표현이 아닌지 물었다. 그래서 스티브 교수는 환자에게 같은 질문을 순서를 바꾸어 해보았다. 뇌의 두 해당 부분에서 반응을 보였다. 이 첫 실험의 결과에 크게 만족한 그는 한 단계 더 나아가고자 했다. 비비안에게 용기를 북돋아주면서 스케이트에는 긍정적인 반응을 보이고 집에는 부정적인 반응을 보이라고 주문했다. 그리고 다음과 같은 질문을 던졌다.

"어머니의 이름이 카롤린이지요?"

뇌의 공간 영역에서 반응을 보였다.

"어머니의 이름이 마리아인가요?"

그러자 운동 영역에서 반응을 보였다. 비비안의 어머니는 기쁨에 겨워 눈물을 흘리며 딸의 손을 잡았다.

"다른 질문을 하고 싶으십니까?" 스티브 교수는 비비안의 어머니에게 물었다. 실험 결과가 너무나 자랑스러웠기 때문이다.

여러 제안이 있었지만 결국 세 가지 질문이 결정되었다.

"지금 고통스러운가요?"

그렇지 않다는 반응이 나와 모두가 안심했다.

"살로메 공주님과는 아주 절친한 사이인가요?"

이번에는 그렇다는 반응이 나왔다. 공주는 감정이 솟구치는 것을 느끼며 비비안의 손을 감싸 안았다. 세 번째 질문은 상당히 난감한 내용이었다.

"의료 장치들을 중단시킬까요?"

아무런 반응도 나타나지 않자, 이 심각한 질문을 다시 해야만 했다. 그러자 놀랍게도 부정적인 반응이 나왔다. 여러 사람이 신음을 토했다. 비비안의 어머니는 더 이상 참지 못하고 마이크에 대고 딸에게 물었다.

"아이고 내 딸아, 살고 싶지, 그렇지? 어서 그렇다고 말해보려무나."

그렇다고 반응이 나왔다가 그렇지 않다는 반응이 나왔다. 그리고 다시 그렇다는 반응이 나왔다가 다시 그렇지 않다는 반응이 나왔다. 그리고 결국 아무런 반응이 없었다……. 모두가 실험을 임시 중단하기로 결정을 내렸다. 친지들이 비비안에게 인사하고 자리를 떠났다. 모두의 마음이 천근만근이었다.

잠시 후 좀 진정되자 많은 말들이 오고 갔다. 실험에서 본 대화가 확실한 것이냐고 의문을 제기하는 사람이 있는가 하면, 그 대화가 무슨 의미가 있느냐고 묻는 사람들도 있었다. 모두가 혼란스러워했다. 마지막에 본 '그렇다'와 '그렇지 않다'라는 대답을 어떻게 해석해야 하는가? 만일 '그렇지 않다'는 말을 따르자면, 도대체 누가 의료 장치를 중단시켜야 한단 말인가?

## 먹고 마시자 어차피 우린 내일 죽게 될 것이니까

파울로는 그 주간에 거의 매일 밤 왕비를 찾아왔다. 안나벨은 예전에 '사랑스런 탐식가'라고 부르던 그 사람에게 자신을 내맡겼다.

두 사람은 일종의 의식을 만들었다. 먼저 간단하게 맛있는 음식을 함께 들면서 서로 진솔하게 대화를 나누었고, 마지막에는 왕궁의 화려한 침대에서 사랑을 나누었다. 매일 밤마다 다른 종류의 고급 포도주를 맛보면서, 파울로는 왕비에게 병을 타고 흘러나오는 감미로운 향기를 어떻게 음미해야 하는지 알려주었다.

"사랑스런 왕비 마마, 천천히, 리듬을 천천히 해야지요." 파울로는 반복해 말했다. "포도주란 것은, 젊은이가 사랑하는 여인을 처음으로 어루만지는 듯한 감정으로 감상하고 향기를 느끼며 맛보아야 하는 것이지요. 젊었을 때의 찬연한 아름다움을 기억해봅시다. 우리의 이 늙어가는 몸 안에서도 그런 아름다움을 다시 불러일으킬 수 있으니까요."

파울로는 습관이 되어버린 것도 새롭게 느낄 수 있게 해주는 재주가 있었다. 이 며칠 동안의 시간은 안나벨 왕비에게 청춘을 되찾는 치유를 받는 듯한 시간이었다. 연인과 함께 지낸 밤마다 1년씩 젊어지는 듯했다. 그런데 임금이 돌아올 전날 밤에 전혀 기대하지 못했던 일이 발생했다. 파울로가 아주 어색하고 연약한 모습으로 왕비에게 자신의 지병을 털어놓았던 것이다.

"내게 무엇인가 이상해 보이는 것이 있지 않소?" 그는 불안한 듯 물었다.

"당신에게는 모든 것이 비일상적이잖아요." 왕비는 애교를 부렸다.

그래도 자신의 연인이 정말 불안해하고 있다는 것을 알고서 다시 물었다.

"파울로, 무슨 일이에요? 내일이면 모든 것이 끝이라고 선언하려는 건 아니지요?"

"아니, 그런 게 아니오, 안나벨. 나는 당신과 함께하는 시간이 너무 좋소. 그런데 다른 일이 생겼소. 몇 달 전부터 시각 장애가 생겼소. 희귀한 병이라는데 벌써 몇 년 전부터 한쪽 눈이 거의 실명상태에 이르렀고 다른 눈은 60퍼센트 정도밖에 보질 못하고 있소. 이런 약점을 드러내지 않으려고 여러모로 애쓰고 있어서 사람들은 거의 모르고 있소. 그런데 다음 주에 수술을 할 예정이오. 안과 의사는 전혀 걱정할 것 없다며 안심시키지만…… 만일 무슨 일이 생기게 되면 다시는 당신을 못 볼 뿐만 아니라, 실직하게 될 것도 뻔한 일이오."

이 자리에서 파울로 카리니가 왕국에서 아주 특별한 직위에 있다는 것을 말해야겠다. 그는 사실 경무·법무부 장관의 개인 고문이었다. 50여 명의 과학자들로 구성된 단체장을 맡고 있는 그의 임무는 국내에서 발생 가능한 모든 종류의 폭력 사건들을 연구하고 방지하는 것이었다. 예를 들자면, 아동 유괴, 인터넷 범죄, 범죄 단체, 무기나 마약 밀거래, 조직폭력이나 극단주의자들 간의 알력, 테러 위기, 왕국을 대상으로 하는 음모 등과 관련된 임무였다. 정부의 상부 조직들과 군대와 공동으로 작업하면서 직접 발생하거나 일상적으로 상상 가능한 참상들에 관여하는 것이 그의 일이었다. 그래서 그는 매일 실제로 일어나거나 발생 가능한, 그런 어려운 상황들을 견지하는 일을 맡고 있었다.

왕비는 격한 감정으로 파울로를 끌어안았다. 얼마가 지나고, 왕비는 이상스럽게도 이 늑대 같은 탐식가가 마치 겁에 질린 양으로 변해버린 것 같다는 느낌을 받았다. 그러나 파울로는 곧바로 제정신을 차렸다.

"사자가 잠든 사이에는 영양들이 장난을 치며 놀지요. 나의 여왕님, 어서 이 밤을 즐기고 쾌락을 만끽합시다. 먹고 마시자고요. 어차피 내일이면 우리는 모두 죽어야 하니까요."


## 이는 나의 몸이다


임금은 수도원에 머무는 것이 아주 마음에 들었다. 일과는 침묵과 전례, 공동 식사와 '수도사'와의 의미 깊은 담화로 이어졌다.

임금은 처음에는 약간 어리둥절했지만 그래도 독신자뿐 아니라 기혼자의 가족들도 함께 지내는 이 공동체의 역사에 관심이 생겼다. 사람들은 수도사를 모두 '레오 수사'라고 불렀다. 담화를 하다 보니 이 수도사가 의학 공부를 마치고 난 후에 '그리스도를 따르려는 소명'을 받게 되었음을 알았다. 인생의 난관에 부딪쳤을 때 복음

강독을 통해 큰 도움을 받았다는 것이었다. 이런 부름에 답하고자 신학생이 되어 신학 공부를 마쳤고, 확신에 차서 주님과 교회를 섬기는 사제가 되었다는 것이다. 성직자가 따르는 독신 제도도 하느님께서 자신을 충족시켜주시는 한 어렵지 않다고 생각했다는 것이다. 그러다가 불행히도 수많은 다른 동료 사제들이 겪었듯이 그 역시 외로움을 견디기가 힘들어졌고 심지어 그 때문에 신경질적이고 비관적인 사람이 되었다. 더군다나 가톨릭교회가 사제가 부족하다는 이유로, 독신 사제직을 수행하기로 결심한 사람들을 단지 '교회의 일'을 수행하는 사람, 즉 심하게 말하자면 '성체나 나눠 주는 사람'으로 전락시키는 것을 목도했다.

그러던 어느 날 어쩔 수 없는 일이 발생했다. 헌신적이면서도 쾌활한 미라벨 양을 만나고 말았던 것이다. 그 두 사람이 서로 만나 존중하는 관계가 되고 가까워지고 결국에는 약혼을 하게 된 일을 상상하기는 어렵지 않을 것이다. 레오는 사제직을 그만두기로 결정했다. 물론 아무도 모르게 비밀리에 연애 관계를 유지할 수 있었지만 그런 식으로 살고 싶지는 않았다.

다행스럽게도 레오 신부의 본당 사람들은 활동적이고 개방적이었으며, 더군다나 교구 주교 역시 신앙심이 깊고 호방하고 안목이 깊은 사람이었다. 주교는 그리스도교 수도자들과 불교 스님들 간의 대화에도 참여하는 사람이었다. 그 덕분에 불교에서는 젊은 평신도들에게 일정 기간 동안 사찰에서 수도할 수 있는 기회를 제공한다는 것을 알게 되었다. 또한 티베트에 불교를 유입시켰고 그래서 많은 불자들이 붓다보다 더 심오한 가르침을 전해준 '제2의 붓다'라고까지 부르는 유명한 파드마삼바바 역시 기혼자였다는 것을 알게 되었다. 예셰 쵸갈이라는 그의 부인은 파드마삼바바의 밀교를 전승해주었고, 특히 티베트의 여러 유명한 여성 요가 수행자들에게 영감을 주었다. 티베트 스님들 중에서 가장 유명한 밀라레파의 스승인 마르파 역시 기혼자였다는 것을 주교가 알게 되면서, 옛것을 배척하지 않으면서도 새로운 형태의 공동체를 시도할 결심을 하게 되었다.

"로마 가톨릭교회 내에도 기혼 사제들이 있으니, 예를 들어 동방 가톨릭교회처럼, 결혼한 수도자가 있으면 안 될 이유가 없지 않는가?"라고 주교는 말했다고 한다.

그래서 그는 레오와 미라벨에게 이런 새로운 길을 개척하도록 축복을 내려주었다.

반발이 있었다는 것은 말할 필요도 없을 것이다. 대부분의 교회 지도자에게는 이런 공동체를 '수도원'이라 하기가 어려웠으리라. 그래도 주교는 양보하지 않았고, 이 공동체는 명성을 얻게 되었으며 교회 내에서 그 누구도, 적어도 공식적으로는 이 공동체를 비난할 수 없게 되었다. 더군다나 레오 수사 자신도 '수도자'니 '수도원장'이니 '수도원'이니, 심지어 '가톨릭'이니 '정교회'니 '개신교'니 하는 호칭 따위에는 전혀 신경을 쓰지 않았다. 그는 임금에게, 결국 중요한 것은 '봉사자 왕'인 '그리스도를 따르는 것'이며, 각자가 생명의 영에 의해 '고유하면서도 공동으로' 변화될 수 있게 하는 공동체를 이루는 것이라고 말했다.

"수사나 수녀는, 독신이건 기혼이건 간에 '그 모두가 독자적으로 유일하신 분 앞에서 공동으로' 사는 삶을 알려주는 남성이나 여성입니다. 그리고 우리 각자는 이렇게 진정한 수도자가 되라는 소명을 받았습니다"라고 그는 설명을 덧붙였다.

수도원장은 기회가 있을 때마다 '자유와 평등과 겸손'이라는 공동체의 준칙을 상기시키고는 했다.

"현대 세계에 가장 필요한 것은 인간과 땅 사이의 새로운 연대이며, 이는 성스러운 겸손을 통해서만 가능합니다"라고 그는 덧붙였다.

임금은 수도사의 생각이 놀랍기도 했고 고무적으로 보였다. 그 자신 역시 왕국의 귀인들을 접촉하면서, 물적 풍요나 문화적 창의성만으로는, 물론 이점 역시 중요한 사항이지만, 만족을 느낄 수 없다는 것을 알고 있었다. 왕국 백성이 자부심을 느끼면서도 겸손하게 살게 하는 그런 영이 없었던 것이다. 그리고 레오 수사의 수도원은 바로 이런 힘의 이끌림을 받고 있었다.

맛좋은 식사를 끝으로 임금의 피정 역시 끝을 맺었다. 금식 덕분에 식욕이 되살아났다. 모든 음식이 너무도 맛있게 느껴졌다. 노래와 무용, 기도와 담화의 리듬에 맞추어, 만찬은 즐겁고 흥겨웠다. 식탁 장식의 세밀한 부분에서도 단순하면서 고결한 창작성을 볼 수 있었다. 레오 수사는 어떤 형식적 절차도 없이 빵과 포도주를 서로에게 돌리며 다음과 같이 말했고, 그날 밤의 만찬은 절정에 달했다.

"친애하는 벗들과 형제자매 여러분, 우리의 봉사자이신 왕께서는 삶의 고난에도 불구하고 기뻐하라고 가르치셨습니다. 삶과 죽음이 우리 각자에게 주어졌습니다. 하지만 그분의 삶은 모든 죽음보다 강합니다. 우리의 봉사자 왕께서는 당신 자신을 우리에게 내주셨습니다. 그리고 우리 역시 자신을 그분에게 내주라고 초대하십니다. 진심으로 그분과 함께 하나를 이루도록 합시다. '이는 나의 몸이요 이는 나의 피입니다. 나를 기억하여 이를 행하시오.' 그분께서 우리를 위해 준비하신 잔치에 앞서 이런 만찬을 직접 제정하셨으니, 먹고 마십시다. 우리 모두는 영원히 살 것이기 때문입니다."

## 암흑 속의 빛

어느새 1년의 시간이 지났고 임금과 왕비는 그런대로 함께 지내는 데 익숙해졌다. 임금은 비밀리에 매달 한 번씩 레오 '수사'와 대화하기 위해 수도원으로 향했다. 그들의 담화는 대부분 아주 심오하고 고무적인 것들이었지만, 수도사의 입장으로 말미암아 임금이 곤란한 처지가 되기도 했다. 아무도 모르게 임금 내외의 이동 상황에 맞추어, 파울로는 왕비와 함께 말 그대로 '불같은 밤들'을 보냈다. 여러분은 그 이유를 곧 알게 될 것이다.

하지만 먼저 공주님에 대해 몇 말씀드려야겠다. 공주의 내적 삶은 외부에서 전혀 알아볼 수 없게 불투명해졌다. 마치 안타깝게도 아무런 호전이 없는 비비안의 건강상태와 비슷했다. 스캐너를 이용한 대화도 대부분 모호한 경우가 많았고 해석이 거의 불가능했다. '인공적으로 삶을 유지하고 싶은가?'라는 질문에는 전혀 답을 얻지 못했다.

파울로 카리니에게 그 전해는 특별히 힘든 시간이었다. 안과 의사가 안심을 시켰지만 수술 결과는 좋지 않았다. 수술 전 검사를 잊어버려서, 아니 어쩌면 경제적인 이유로 검사를 소홀히 한 이유로, 탐식가 선생은 시력을 완전히 상실했다. 그저 평범한 수술에 지나지 않을 일이었는데, 파울로의 인생에는 치명타가 되었다. 이후로 그는 깊은 암흑 속에 빠졌고 모든 수단과 방법을 동원해서 빛을 되찾고자 노력했다. 실명을 했음에도 불구하고 그는 수개월 동안 계속 직장생활을 할 수 있었다. 그는 여러 분야에 정통했고 구두로 제공하는 사안들은 아주 유용했기 때문이다. 그러나 해당 장관실의 인원 조정 때문에 그는 퇴직을 강요받게 되었다. 그보다 젊은 사람이 단체장이 되었고, 만일 왕비의 간접적인 중재가 없었더라면 그는 이미 경무·법무부에서 퇴직되었을 것이다. 그를 위해 일종의 '맞춤'직이 마련되었다. 경무·법무부 제2고문이라는 자리였다. 친지들과 왕비 역시 그 자리를 수용하라고 권고했기에 그는 어쩔 수 없이 받아들였다. 이 새로운 시간제 직책 덕분에 그는 사생활에 많은 시간을 할애할 수 있게 되었다.

파울로는 실명의 아픔을 쾌락의 과용을 통해 무마시키려 했다. 수많은 남성과 여성들이 나이를 불문하고 그의 침실에 들락날락했다. 왕비는 그 사실을 알았지만 그저 눈을 감을 수밖에 없었다. 탐식가 파울로는 자신의 자유를 침해하지 않는다는 조건하에 왕비와 연애를 지속하기로 했던 것이다.

하지만 이런 쾌락들도 대부분 피상적인 것에 지나지 않았고 파울로를 충족시키지 못했다. 그는 더 깊은 허기에 사로잡혔다. 그럴 즈음에 그의 친구가 왕국 내에서 엄청난 인기를 끌고 있는 명상 교습에 참가해보라고 권고했다. 파울로는 영성에는 전혀 관심이 없었지만, 요가 학원장이 사람의 눈을 멀게 할 만큼 뛰어난 미모의 여성이라는 말에 끌려 제안을 받아들였다. 하지만 한 가지 조건이 있었다. 바로 자신의 저택에서 여선생의 개인 교습을 받겠다는 것이었다. 그 여인이 이를 수락한 이유는 아무도 알 수 없었다. 며칠 후에 학원장은 파울로의 집을 찾아왔고, 이렇게 파울로는 어쩌면 왕국 내에서 가장 아름답고 현명한 인도 여성 라다 다스굽타를 만나게 되었다.

그럴 즈음, 레오 수사의 수도원에서는 큰일이 생겼다. 이 공동체와 또 심지어 왕국 전체를 뒤흔들 사건이었다. 동방 정교회 소속의 젊은 그리스 출신의 여성이 1년간 이 수도원에서 지내기를 요청했던 것이다. 그런 일의 결정은 공동체 일원들의 동의가 필요했다. 그래서 정기총회 중에 이 문제가 제기되었고 다들 기쁜 마음으로 이 요청을 받아들였다. 수도원 공동체가 교회 일치와 화해를 주요 과제로 여겼기에 모두들 다른 공동체 출신이자 경험이 풍부한 새로운 자매를 기쁘게 맞았다.

하지만 이 젊은 여성이 공동체에 도착하여 자기소개를 하자 모두가 충격을 받았다. 그녀의 얼굴에 남아 있는 심한 상처 자국 때문이었다. 이런 일이 종종 있었기에 모두들 그 끔찍한 칼자국에 시선을 집중하지 않으려고 노력했다.

레오 수사와 그의 아내 미라벨은 이 그리스 여성을 정성스레 영접했다. 그리고 얼마 지나지 않아서, 다들 이 젊은 여성이 외모와는 다르게 아주 현명하고 영적인 사람이라는 것을 알게 되었다. 그들은 특별한 선물을 받은 것 같았다. 이렇게 앞으로 공주의 인생에 있어서 또한 왕국 내에서 상상을 초월하는 역할을 하게 될 아나스타시아 바실로풀로스 양에 대한 영접이 시작되었다.


## 지진


임금은 현자와 익살꾼 광대를 소환하여 의견을 묻고자 했다.

사실, 지난 종교 대회의 폐막식장에서 자신이 했던 약속이 생각났던 것이다. 즉 4년 후에 그 경쟁자들을 다시 초대하여 공동선을 위해 가장 훌륭한 일을 한 종교전통에 은메달을 수여하기로 했던 것이다. 그사이 엄청나게 많은 편지가 국무총리실에 접수되었다. 임금은 이후의 일들을 정리해 알리려 했지만, 이 내용들을 모두 발간하기란 너무 힘든 일이었다. 그래서 임금은 자신의 의도를 설명하고서 현자와 익살꾼 광대의 의견을 듣고자 했다.

현가는 상당히 어색해했다.

"전하, 약속의 이행은 좋은 일이오나, 어떻게 객관적으로 가장 많이 봉사하고 관대한 모습을 보인 공동체를 선정하실 것입니까? 이런 일은 불가능하며 사람들을 더욱 혼란스럽게 할 뿐입니다."

"익살꾼 광대, 자네는 어떻게 생각하는가?"

"저는 의도적으로 고래 고기를 먹을 것입니다."

그러고는 아무 예고도 없이 주방장을 소리쳐 부르며 출구를 향해 걸어갔다.

"아니, 자네 지금 어디로 가는 건가? 어서 돌아오라." 임금이 소리쳤다. "고래 고기라니, 그건 또 무슨 말인가?"

"너무나 당연한 일입니다. 전하, 큼직한 고래 한 마리를 아주 맛있게 구워놓으면, 그다음에는 요리를 할 필요가 전혀 없습니다. 단지 남은 고기를 따뜻하게 데우기만 하면 됩니다. 그리고 남은 것의 남은 것을 계속해서……. 저는 이렇게 데워진 것을 아주 좋아합니다. 전하께서는 어떠신지요?"

익살꾼 광대의 빈정거리는 말을 임금이 이해할 수 있도록 현자가 설명해주어야만 했다.

"다시 데운 것이라고? 그것은 또 무슨 말인가?" 임금은 시무룩하게 물었다.

"예전의 경쟁자들을 다시 초대해 전하께서 중요하게 생각하시는 주제에 대해 토론 대회를 개최하지 못할 이유가 전혀 없습니다." 현자는 제안했다.

"아, 예전의 경쟁자들이 다시 모인다고. 엄청난 쇼가 되겠는데. 찰스 패독, 제시 오웬스, 칼 루이스, 유세인 볼트, 엘로이즈와 내가 다시 메달을 따기 위해서 달리는 모습을 상상해보시라고요." 익살꾼 광대가 말했다.

그리고 마치 출발선에서 달리기 시합을 시작하려는 듯한 자세를 취하고서 출구를 향해 힘껏 달려갔다. 이후 몇 달간 익살꾼 광대의 자취를 볼 수가 없었다.

광대의 행동에 약간 놀랐지만 그래도 임금과 현자는 계속 말을 나누었다.

"왕 노릇하기도 가끔은 참으로 힘들구먼." 임금은 혼잣말을 했다.

"현자가 내 입장이라면 어떻게 하겠소?" 임금은 갑작스레 물었다.

현자는 이런 식의 질문은 기대하고 있지 않았다. 사실 임금이 그렇게 자주 수도원에 가는 것을 볼 때마다 실망했고 심지어 질투마저 느꼈다. 그런데 이런 질문을 받고 나니 상당히 반가웠다. 어떤 동방교회 수도사의 유명한 말이 떠올랐다.

"사로프 세라핀은 '내적 평화를 얻으라. 그러면 수많은 영혼들이 너에게서 구원을 찾을 것이다. 모든 것이 이렇게 얻은 평화에 좌우된다'라는 구절을 자신의 기도에 유입시켰다고 합니다."

현자는 자부심으로 전율을 느꼈다. (무신론자인) 자신도 수도사의 말을 인용했으니 임금의 신임이 더 높아지리라 생각했다. 하지만 그런 생각에 수치심을 느꼈다. 그리고나 임금은 이미 이 말을 알고 있었다.

"짐도 이미 알고 있는 말이오. 레오 수사에게서 들은 말이지. 그런데 사람들이 짐에게 구원을 찾으러 오는 것에 대해서는 그리 달갑게 생각하지 않소. 더군다나 그 말이 무엇을 뜻하는지조차 이해하지 못하겠소."

실망한 현자는 임금이 알아차리지 못하게 더 적절한 답변을 찾기 시작했다. 복잡한 주제일수록 그렇듯, 질문이 최고의 답변이었다.

"전하, 한 가지 질문을 드려도 되겠습니까? 물론 전하께서 답변하지 않으셔도 상관없습니다. 바로 전하께서 가장 원하시는 것은 무엇인가라는 질문입니다."

임금은 미소를 지었다. 그는 현자의 직선적인 태도가 마음에 들었다. 수 분 동안 임금은 아무 말이 없었다. 그러고는 자리에서 일어나 방 안을 걷기 시작했다. 그는 여전히 침묵을 지켰다. 수도원에 자주 머물면서 그는 자기 내면을 돌아보는 것을 익혔다. 15분 정도 지나서 임금은 다시 왕좌에 자리를 잡았다. 그리고 스스로도 놀랄 정도로 아주 명석하게 그 문제의 복합성에 대해 털어놓았다.

"그렇게 핵심을 찌르는 질문을 해주어서 고맙소. 물론 쉽게 답하기란 어렵소. 우리가 알고 지낸 지 이미 여러 해가 되었으니, 짐의 내면에 자리한 미로의 한 부분을 현자에게도 거리낌 없이 말할 수 있소."

임금의 말을 모두 여기에서 다 전할 수는 없지만, 국가 기밀을 누설하지 않는 선에서 임금이 언급한 왕국의 여러 문제점은 전할 수 있다. 제정 위기, 경제 위기, 정치 위기, 사회 문제, 환경 문제 등에 대해서도 언급했고 부부간의 문제, 자기 부부간의 문제도 역시 회피하지 않았다. 그런데 임금이 가장 원하는 바에 대해 언급하자, 현자는 놀라지 않을 수 없었다.

"짐의 내면에 또 주변에서 계속 지진이 일어나고, 우리가 이룩해온 모든 토대에 금이 가고 있소. 생각이라는 바람들이 사방에서 격하게 불기 때문에 그 어떤 돛단배도 안전하게 항구에 도착하지 못하게 되었소. 밤낮으로 우리는 행복과 쾌락, 성장과 소비를 찬양하는 그런 노래들 속에 빠져 있소. 짐의 마음은 얼어붙은 것 같고 그래서 무언가 다른 것을 찾고 있소. 별들은 수도 없이 많지만 태양은 단 하나뿐이지 않소. 짐이 가장 원하는 것은 바로…… 삶의 발견이오. 진정한 삶 말이오."

임금과 현자는 이 거창한 실존적 문제에 대해 논쟁을 할 틈이 없었다. 국무총리가 다급하게 몸소 접견을 요청해왔기 때문이었다.

"전하, 대단히 황송하오나, 경무·법무부 장관이 오늘 아침 자택에서 시신상태로 발견되었다고 합니다. 독살당한 것이 거의 확실하다고 합니다."

그리고 나쁜 소식은 또 다른 나쁜 소식을 끌고 왔다. 더 강한 지진이 임금을 뒤흔들었다. 왕비가 갑자기 나타난 것이었다. 왕비가 그렇게 난처해하는 모습을 전에는 본 적이 없었다.

"살로메가 병원에서 막 전화를 했어요." 떨리는 목소리로 왕비가 말했다. "혈액 검사 결과에 따르면 살로메가 몇 주 전부터 앓고 있는 빈혈의 원인이 아주 심각한 것이라고 해요. 우리 아이가 악성 임파성 백혈병에 걸렸답니다."

"뭐라고 하였소?" 임금은 얼빠진 얼굴이 되어 물었다.

병원으로 가는 도중에 왕비는 공주가 전한 이런저런 말들을 혼란스럽게 반복했다. 단 한 가지 임금이 이해할 수 있었던 것은 그렇게 소중한 자신의 외동딸이 악성 암에 걸렸다는 것뿐이었다.


## 어머니 아버지, 저는 죽게 되나요?


병원은 흥분의 도가니였다. 공주가 입원했을뿐더러 임금 내외가 도착했기 때문이다. 현자와 병원장은 기자들의 출입을 제지하라고 강력히 요구해야만 했다. 그러나 왕국의 유일한 후계자인 공주가 악성 질환에 걸렸다는 소문은 삽시간에 퍼졌다.

공주는 병실 침대에 앉아서 창백한 얼굴로 이상할 정도로 차분하게 부모를 맞았다. 너무 차분해서 걱정스러울 정도였다. 의료진은 추가 검사가 필요하지만 공주가 앓고 있는 병은 거의 확실히 악성 임파성 백혈병, 즉 일종의 악성 암인 것이 분명하다고 했다. 그래도 80퍼센트 이상의 치유 가능성이 있다고 말했다. 그리고 새로운 실험 결과가 나왔는데 아주 좋은 결과를 보였고, 당연히 왕국과 외국의 최고 전문의들이 공주를 치유하기 위해 함께한다고 전했다.

임금 가족만이 홀로 병실에 남게 되자 모든 것이 비현실적으로 보였다. 장소도 그렇고, 병도 그렇고, 오랜 기간 겪을 치병생활도 그렇게 느껴졌다.

"우리 모두 함께 병을 이겨내자꾸나." 왕비는 단호하게 말했다. "몇 달 후면 모든 것이 단지 악몽을 꾼 것처럼 사라질 거야. 전 세계의 최고 전문의들이 우리와 함께하니까, 네 병은 곧 치료될 거야."

임금도 비슷한 말을 했다.

"공주는 안심을 하여라. 비록 치병이 어려울지라도 얼마 지나지 않아 나을 것이니."

임금은 자신도 모르게 공주의 머리를 감싸 안았다. 그리고 감정에 겨워 눈물을 막지 못했다.

"머리가 모두 빠지고 나면 그제야 예쁜 얼굴이 되겠지요?" 공주가 말했다.

그러나 공주는 비관적인 생각에 빠지고 싶지 않았다.

"제가 여기에 있게 되리라고 누가 생각했겠어요? 단지 몇 층 사이를 두고 비비안은 무의식상태에 놓여 있고 저는 암에 걸려 여기 함께 있으니 말이에요. 제가 세상에 태어난 이래 부모님께서는 제가 왕국의 여왕이 되도록 준비시키셨지요. 제 삶의 모든 것은 그 목적을 위한 것들이었지요. 교육과 대학 수업과 심지어 휴가와 취미

생활까지도. 그리고 결국 저는 이렇게 부모님 앞에서 병자 신세가 되었습니다."

임금과 왕비는 여식이 이런 하소연을 하리라고는 꿈에도 생각하지 못했다.

그리고 더 놀라운 일이 기다리고 있었다. 공주는 임금과 왕비를 똑바로 쳐다보면서 가냘픈 목소리로 물었다.

"어머니 아버지, 저는 죽게 되나요?"

왕비는 의사들처럼 안심시키는 말을 되풀이하며 공주가 그런 '몹쓸 병'과 싸워 이길 수 있다며 용기를 북돋아주었고 그런 쓸데없는 생각은 하지 말라고 권고했다. 그 암은 오늘날 80퍼센트 이상 치료가 가능하고 새로운 치료법의 결과 또한 아주 좋다는 말을 반복했다. 하지만 왕비 역시 자신이 하고 있는 말을 확신할 수 없었다. 임금은 수도사에게 들은 말을 전했다.

"레오 수사가 한번은, 지상에서의 모든 삶은 우리 눈에 보이지 않는 거대한 궁전의 아름다운 입구와 같다 한 적이 있단다. 그 궁전에서 하느님이 우리를 기다리고 계시며 우리 모두는 거기서 다시 만나게 된다는 것이야. 그리고 죽음…… 죽음이 바로 그곳으로 들어가는 문이라는 거지."

"만일 죽음이 끝없는 추락처럼 참혹한 것이라면 어떻게 하죠?" 공주는 물었다.

임금은 무엇에 얻어맞아 완전히 가루가 되어버린 기분이었다.

어느 누구도 공식적으로 제기하지 않던 질문에 임금이라고 무어라 답변할 수 있단 말인가?

갑자기 공주는 주제를 바꾸었다.

"모든 시험에는 숨겨진 보물이 있다고들 하던데요. 저도 이미 한 가지 보물을 찾아냈어요. 이 병원에 입원해 있으니까 비비안과 더 가깝게 있을 수 있잖아요. 이생에서 둘도 없는 단짝이니까 어쩌면 저승에서도 그리 될 수 있을 거예요."

이후로 임금과 왕비는 며칠 밤낮 동안 인간이 겪을 수 있는 모든 심리상태를 경험했다. 낙담, 거부, 분노, 절망, 희망, 열성, 답답함, 증오, 몰이해, 질투 등등. 이 모든 상태는 악성 두통이라는 현상으로 나타났고, 그 어떤 것도 이를 해결해주지 못했다.

답을 구할 수 없는 질문들이, 마치 좁다란 우리 안에 갇혀 있는 맹수가 날뛰듯이, 그렇게 뛰쳐나왔다. 왜 하필 우리 딸아이가 그래야 하는가? 그리고 어째서 암이란 말인가? 우리 아이가 어떤 화학물질이나 독성 방사선에 노출되었단 말인가? 왜 하필이면 이때 이런 일이 일어난단 말인가? 비비안의 혼수상태하고는 또 무슨 관련이 있단 말인가? 그리고 우리 부부 관계가 점점 소원해지는 것과도 관계있단 말인가? 왕국 의료진을 신뢰할 수 있을까? 아니면 외국 전문의들을 불러 와야 하는가? 그리고 결국 우리 아이가 죽어야만 한다면? 아니, 안 돼, 그것만은 절대 안 돼!

이렇게 이미 약해진 가정의 기반을 휩쓸 해일 같은 불행한 사건

뿐 아니라, 왕국에서 가장 영향력 있으면서 가장 비판의 대상이었던 장관들 중 한 사람인 경무·법무부 장관의 별세 문제도 해결해야 했다. 하지만 임금과 왕비는 이 정치적 난제와 맞설 여력이 없었다.

## 초완전범죄?

파울로 카리니는 큰 충격을 받았다. 물론 공주의 병환 소식 때문에 그렇기도 했지만 그보다 자신의 직계 상관인 경무·법무부 장관의 묘한 죽음으로 말미암아 극도로 충격을 받았다.

조사는 이제 시작에 불과했다. 그런데 사건 현장은 아주 이상해 보였다. 장관이 며칠 동안 아무 소식이 없었기에 비서관들이 의회 옆에 자리한 공관에 가보았다는 것이다. 전화를 해도 전혀 받지 않았기에 경무·법무부 차관이 즉시 경찰을 불렀고, 장관이 숨진 채로 거실에 있는 것이 발견되었다. 경찰 보고에 따르면 사건의 정황이 명백했다. 사고 순간에 장관은 혼자 있었고, 침입 흔적이나 제삼자의 자취는 전혀 없었다. 거실 탁자 위에 음식들이 있었고 텔레비전이 켜져 있는 상태였으며 포도주잔이 장관의 손에서 떨어졌다는 것이다. 그런데 바로 이 포도주가 탐식가 선생의 마음에 걸렸다.

사실, 파울로 카리니는 몇 달 전에 대학 강사이자 재능 있는 소설가인 필립 드 살리스에게 도움을 요청받았다. 파울로는 그 젊은이의 강하면서도 약간 어두워 보이는 성격에 깊은 인상을 받았다. 그런데 그 젊은이가 요청했던 바가 이상했다. 그는 자신의 다음 소설에서 현실적이면서도 과감하며 유일무이한 내용의 글을 쓰고자 파울로의 도움을 요청했던 것이다. 즉 범죄학 전문가에게 완전범죄를 능가하는 초완전범죄에 대한 조언을 요청했던 것이다. 파울로는 내심 흐뭇해하며 여러 가지 설명과 제안을 해주었다.

"내가 어렸을 적에는 두 가지 직업에 흥미를 느꼈는데, 몇 년 동안이나 둘 중에서 무엇을 선택해야 할지 몰랐지요. 범죄자가 되느냐 아니면 경찰이 되느냐, 바로 그것이었습니다. 결국에는 결정을 했지만 좋은 선택을 했는지는 알 수 없습니다." 파울로는 약간 재미난 듯 설명했다.

그리고 가장 희귀한 범죄에서 사용된 다양한 독약들의 장단점들에 대해 설명해주었다. 또한 혈액에서 추출해내기가 거의 불가능해 그 흔적을 찾기가 힘든 신종 화학물질에 대해서도 말해주었다. 특히 그에게 가장 기발한 전략, 즉 자신이 만일 경찰 쪽을 선택하지 않았더라면 겹겹으로 경호받고 있는 사람을 암살할 때 활용할 수 있는 수법들을 전해주었다.

이런 비밀 사항들을 누설하지 말라는 금지령을 받았기에 자세한 설명을 할 수 없다는 점을 양해해주길 바란다. 그러니 파울로의 생각만을 언급하겠다. 물론 이미 직감했을 수도 있다. 그는 이렇게 말했다.

"가장 밝혀내기 어려운 범죄는 피해자가 범인으로 보이거나 진범이 피해자와 절친한 관계에 있을 경우입니다."

파울로는 자신에게 화가 났다. "내가 어떻게 그렇게 순진할 수 있었단 말인가?" 그 무모한 작가에게 이런 생각들을 전해줌으로써 결국 그의 '초완전범죄'에 일조한 것만 같았다. "전 세계를 뒤집어서라도 이 사기꾼을 찾아내고 말겠다." 그는 중얼거렸다.

하지만 그럴 필요조차 없었다. 누군가 초인종을 눌렀던 것이다. 그자의 목소리를 알아듣고서 파울로는 기절할 뻔했다. 바로 필립 드 살리스가 자기 앞에 서 있었다. 그는 장관의 변사 소식을 듣고서 당황해서 어쩔 줄 모르고 있었다.

"아니 이 못된 인간 같으니라고, 도대체 무슨 짓을 한 것이오?"라고 파울로는 소리 질렀다.

"전 아무것도 하지 않았습니다. 잠시 제 얘기를 들어보십시오."

젊은 작가는 피에르 가베타가 변사체로 발견되었다는 소식을 이제야 들었고, 최근 발간한 자신의 소설에 기술된 것과 같았다고 했다. 그는 자신은 단지 소설가일 뿐이지 소설에서처럼 장관을 완벽하게 살해한 범인이 결코 아니라고 해명했다. 하지만 별 소용이 없었다.

파울로는 그자에게서 매력과 두려움을 동시에 느꼈다. '이 자는 이 정도의 연극을 할 만큼 대단한 자인가?' 그리고 어떻게 자신이 상상만 했던 것을 실천에 옮기기로 작정했을까? 탐식가 선생은 갑자기 겁이 났다. 이 작가가 자신과의 대화 내용을 녹음한 것을 증거로 제시하면 파울로 카리니가 범인이라고 주장할 수 있었다. 더군다나 작가가 정치인을 살해할 의도가 무엇이 있겠는가? 전혀 없다. 반면에 장관의 개인 고문이자, 실직을 하게 된 그에게는 상관을 살해할 이유들이 너무나 많았다.

이런 수많은 괴로운 질문들에도 불구하고 파울로 카리니는 경찰에 신고했다. 그리고 두 사람은 경찰에 연행되어 최고 보안 담당자들에게 심문을 받게 되었다.

필립 드 살리스의 『초완전범죄』는 왕국의 베스트셀러가 되었고, 소설의 내용에 대한 세밀한 조사가 뒤따랐다는 사실은 언급할 필요조차 없을 것이다.

## 잉태 그리고 ……

어느새 1년이 또 지나갔다. 그러니까 축하연 이후로 비비안 양이 혼수상태에 빠진 지 3년이 지났다. 왕국의 삶은 다시 일상을 되찾은 듯했다. 어쩌면 인생이란 영화 속에서 볼 수 있는 것처럼 진폭이 심한 것이 아닌가 보다.

항암 치료는 살로메 공주에게 좋은 효과가 있었다. 물론 공주가 심한 후유증을 잘 참아냈기 때문이기도 하다. 구토, 통증, 탈모, 수혈, 염증, 불안, 소외감 등을 겪어야 했고, 국민들은 공주의 소생을 의심했지만 결국 공주는 승리하는 모습을 보여주었다.

임금과 왕비는 한동안 딸을 살리기 위해 함께 노력하면서 어느 정도 가까워졌지만, 딸이 건강을 회복하자 다시 예전처럼 '이중생활'을 시작했다. 임금은 두 달에 한 번씩 수도원으로 가 수사를 만났고 왕비는 비밀리에 가끔씩 탐식가 선생을 만나 쾌락의 밤을 보내고는 했다.

파울로 카리니는 어렵지 않게 장관의 죽음과 자신이 무관하다는 사실을 상관들에게 증명할 수 있었다. 반면 필립 드 살리스는 투옥되어 최종 판결을 기다리고 있었다. 조사에는 별 진전이 없었지만, 그는 소설에 담긴 상세한 내용들 때문에 자신의 결백을 주장하기가 힘들었다. 정밀한 화학 실험 결과, 장관의 공관에서 발견된 포도주병에서 소설에 등장하는 그 초립자가 발견되었던 것이다. 그것은 흔적을 전혀 남기지 않고 살인할 수 있는 독약이었다. 필립 드 살리스의 변호사는 합당한 근거를 제시하면서 변호를 시도했지만, 즉 피고가 자기 책에 기술한 방법을 이용해 살인을 할 정도로 어리석은 사람이 아니라고 변호했지만, 판사들을 설득하기에는 역부족이었다. 또한 그 책이 장관 살인사건 이전에 출간되었기에 진범이 이 책에서 영감을 받았을 수도 있다고 주장했지만 소용없는 일이었다. 오히려 판사들을 포함해 설문 조사를 받은 대중들은 이 사건이야말로 '세기의 범죄'라고 생각했다. 그들이 보기에 필립 드 살리스는 자신이 행한 살인 행위를 소설에 자세히 기술할 만큼 과감한 자이며, 교묘히 자신의 누명을 벗고 다른 이가 진범이 되도록 유도한 아주 영악한 최악의 범죄자였다.

한편 비비안의 상태는 호전되지 않고 있었다. '대화'의 해석이 불가능한 상태였기에 실험 횟수는 점점 줄었고 결국에는 모두 실험을 포기하게 되었다. 그녀의 어머니와 약혼자에게는 충격적인 일이었다.

왕국의 분위기는 조용했고 우울하기도 했다. 사실 국민들은 무언가 큰 사건이 일어날 것만 같다고 느꼈다.

임금도 만족하지 못하고 있었다. 현자의 주언으로 자신이 가장 바라는 바를 감지했지만 진실한 삶을 알고 싶은 바람을 가지게 되었다. 가장 '바르고' 가장 '행복한' 삶이 아닌, 또 모순되는 지혜들을 뒤섞어놓은 그런 삶도 아닌, 진실에 근거하는 삶을 찾고 싶었다. 임금은 '올바른 정치'니 '올바르고 정의롭게'라는 식의 표현들이 사회에 만연하고 있는 것에 역겨움을 느꼈다. 소수 단체들의 문제성 있는 윤리 가치관이 단지 소수라는 이유 때문에 또 타자를 존중해야만 한다는 이유 때문에 받아들여져야만 하고, 그래서 형이상학적 진리들을 모두 수용해야만 하는 것이 못마땅하게 느껴졌다. 너무나 다른 신념들이 공존해야만 하는 상황이 되어버린 것이다. 물론 임금은 많은 공동체들이 공식적으로는 타자의 존재를 인정한다는 것도 알고 있었다. 사회 평화는 그런 토대 위에서만 가능하기도 했다. 하지만 각 개인의 사생활에서는 선택이 필요했다. 한 사람이 동시에 무신론자요 신앙인이거나, 영성적이면서 유물론자이거나, 유태인이자 무슬림이거나, 그리스도인이자 불자일 수는 없었다. 다양하고 상충되는 진리들 간에는 위계질서가 정해져야 하고 이에 따른 설명도 제시되어야 했다. 그런데 어떻게 그리 할 수 있단 말인가?

왕비는 완전히 다른 일에 빠져 있었다. 공적인 삶에는 별다른 흥미를 느끼지 못한 채, 탐식가 파울로와 사과를 훔쳐 먹는 듯한 쾌락의 시간을 만끽하고 있었다. 그 덕분에 창조적 성생활이 좋은 효과를 준다는 사실도 알게 되었다. 그리고 지금까지 감히 시도해보지 못했던 그런 문학 분야에도 접근을 시도했다. 즉 애정소설과 밀교(탄트라) 소설들에 관심을 가지기 시작했던 것이다. 그녀는 남편의 '형이상학적 편벽'에 겁이 나기도 했고, 국민들의 '보수주의적 성향'을 보면서 걱정이 되기도 했었다. 이런 보수주의적 현상은 국제화되고 있는 시장경제 상황에서 지역경제가 약화될 때 드러나는 현상이라는 학계의 이론도 알고 있었지만, 그런 설명도 왕비의 근심을 덜어주지는 못했다.

공주는 투병생활을 하면서 또한 혼수상태에 빠져 있는 친구를 돌보면서 많이 성숙해졌다. 마치 다른 세상에 사는 사람처럼 높은 단계의 에너지를 얻게 되었다. 그렇게 살로메 공주는 평온한 상태에 도달했지만 그래도 죽음과 저승에 대한 문제는 늘 곁에 머물고 있었다. '더 나은 세상에서 다시 만나길 바란다'는 비비안의 유언이 마음을 떠나지 않았다. 공주는 자신의 친구가 저승에 대한 어떤 경험을 하고 있는지 몹시도 궁금했다. 의료기기 중단에 대한 질문에 비비안이 혼란스러운 반응을 보였던 것이 임사상태 경험 때문이었다면? 그리고 어쩌면 우리가 알 수 없는 그런 상태를 이미 접했기 때문이라면? 그런데 어떻게 그런 사실을 알 수 있단 말인가?

민사는 총체적인 환경문제에 관심을 기울이고 있었다. 전 세계를 휩쓸고 있는 경제·사회적 위기로 인해 완전히 잘못된 해결책이 강요되고 있는 실상이 너무나 걱정되었기 때문이다. 세상과 단절된 영성에 근거하여 도피책을 찾는 것이나, 소비 지향적이고 물질주의적인 경제 운영에만 집중하는 것 모두 진정한 해결책이 아니라고 생각했다. 물론 이 두 가지 수단이 공존하고 있는 것도 사실이다. 그런데 현자는 자신의 가정 문제 때문에 신경이 곤두서 있기도 했다. 복잡한 사회를 운영하는 것도 문제지만, 가정을 잘 꾸려나가는 것 역시 문제였다. 알 수 없는 이유로 부인과 청소년이 된 자녀들과의 대화는 점점 더 어렵게만 되었다. 서로를 이해할 수 없다는 것은 감당하기 힘든 일이었다. 가장 가까운 사람들과의 관계가 이렇게 어려운 상태인데, 세상에서 최고로 훌륭한 이론들을 왈가왈부하는 것이 무슨 의미가 있단 말인가?

익살꾼 광대는 평소보다 훨씬 과묵하게 지내고 있었다. 일어나고 있는 일들을 감지했지만, 왕국의 태양 아래 도대체 어떤 새로운 일이 일어날 수 있겠는가 하면서 신경을 쓰지 않았다. 그리고 이웃 사람들이 근심스럽게 보는 것에도 불구하고 하루에 세 번이나 발코니에 벌거벗은 채로 나타나서 "아, 춥다, 추워. 여러분, 그렇게 기죽어 살지 말고, 따뜻하게 먹고살자고요"라고 외쳐댔다.

# ⋯⋯출산

그렇게 또 시간이 흘렀고, 9개월을 채 못 넘기고 신념 토론 대회가 준비되었다. 대회 명칭, 대회 장소, 토론 내용, 발제자들이 선택된 지루한 과정은 생략하겠다.

그래도 독자들의 이해를 돕기 위해서, 익살꾼 광대의 폭언이 결국은 결실을 보게 된 것이라는 점은 언급해야겠다. 많은 사람들이 지난번 종교 올림픽의 경쟁자들을 다시 초대하자고 제안했지만, 그것은 아직 시기상조라는 결정이 내려졌다. 임금은 다른 사람들에게도 발언 기회를 제공하자고 결정을 내렸다. '유일하신 분 앞에서 공동으로'라는 레오 수사의 표현에 근거하여, 더 이상 여러 신념들을 짜깁기하는 식의 토론회는 원치 않는다는 입장을 표명하였다. 그는 다양한 모습을 드러내지만 유일한 진리를 알고 싶었던 것이다. 그래서 이런 유일한 진리를 소개할 수 있는 사람들에게만 발제의 기회를 주고자 했다.

모든 면에서 다원주의를 채택한 나라에서 이런 생각은 사실 어처구니없고 한심한 주장으로 보였고 많은 사람들의 반발을 사게 되었다. 하지만 임금은 결코 양보하지 않았다. 사람들이 타자의 의견에 반대 의견을 제시하지도 못한 채 각자가 믿는 진리만을 설명해대는 '침울하고 재미없는' 토론회에는 더 이상 참여하지 않겠다는 것이었다. 그래도 한 가지 중요한 사항은 양보했다. 즉 대회의 명칭을 '유일하신 분 앞에서 공동으로'라고 하지는 않겠다는 것이었다.

임금 내외와 공주의 의견을 자세히 듣고 난 후 현자는 최종적으로 주요 토론 주제들을 제시했다. 영성靈性, 생태계 문제, 성性, 돈, 죽음과 희망이었다. 임금 측에서는 어느 누구도 환호하지 않았지만, 그래도 각자 자신의 주요 관심사가 포함되어 있다고는 말했다. 오직 익살꾼 광대만이 혼자 "열려라 참깨!"라고 소리 지르며 날뛰었다. 하지만 누구도 무슨 뜻으로 그렇게 소리 지르는지 알 수 없었다.

토론 대회 준비를 위해서 위원회가 조직되었다. 회장직은 왕국 대학교 철학과 학과장인 장-클로드 칼뱅 교수가 맡았다. 그는 지성인이면서도 겸손했지만, 대학 동료들로부터 전적인 지지를 받는 사람은 아니었다. 그래도 대규모 종합대학이나 큰 학원재단에서는 다반사인 의견 충돌이나 갈등 등을 극복해보려고 노력하는 사람이었다. 몇 주 동안 위원회는 이상적인 발언자 후보들에 대해 구상했다. 칼뱅 교수는 최소한 세 가지 유형의 세계관이 토론 대회에 소개되어야 한다며 위원들을 설득했다. 즉 셈족 계통의 일신론과 동양 사상 그리고 서양 유물론이 그것이었다.

임금은 레오 수사가 유대교 · 그리스도교 일신론을 대표하는 발제자가 되기를 원했지만 수사 본인이 완강히 거부했다. 대신 수학자이자 신학자인 그리스 출신의 아나스타시아 양을 적합한 인물로 추천했다. 위원회는 그녀의 이력을 확인하고 면접을 거친 후 대찬성의 의사를 밝혔다.

파울로는 왕비의 도움을 얻어 자신의 요가 선생인 미모의 라다 양을 추천했다. 캘커타의 유명 대학에서 인도학을 전공한 이 젊은 인도 여성 역시 위원들에게 좋은 인상을 주었고, 역시 발언자로 지명되었다.

토론 대회가 대학에서 열리므로 위원들은 발언자 중 한 사람은 대학 요원이어야 한다고 주장했다. 유물론의 진리를 드러낼 수 있는 적임자를 뽑기 위한 신중한 토론이 이어졌다. 결국 확고한 유물론자이며 반관념주의자로 잘 알려진 소장 생물학자 샤를르 드락 교수가 세 번째 발언자로 지명되었다.

구체적인 질문들과 진행 방식 등도 구상되었다. 위원장 본인만 제외하고 위원들은 만장일치로 위원장을 대회장으로 뽑았다. 칼뱅 교수는 결정에 동의하지 않았지만 어쩔 수 없는 일이었다. 마무리 작업이 남은 저술 때문에 그는 현재 피곤한 상태이며 또한 다양한 사람들이 진행을 맡도록 해야 한다는 그의 주장은 전혀 소용없기도 했다. 위원들은 그가 바로 적임자라는 말만 되풀이할 뿐이었다. 칼뱅 교수는 한 가지 조건하에 이를 수락했다. 대학 조교로 있는 토마 송의 도움이 필요하다는 것이었다. 칼뱅 교수가 회장직을 수락한 바에 너무 기쁜 나머지 어느 누구도 그 조건에 반대 의사를 표명하지 않았다.

언론을 통해 이 사실을 알게 된 한 젊은 네술가는 이 토론 대회

개최 사실을 공지하고…… 비난하기 위해 상당히 자극적인 랩 한 소절을 발표했다. 상상력이 풍부하면서도 조소적인 그 랩은 인터넷에서 크게 유행했다.

영靈, 성性, 죽음. 왕과 왕비 참 대단하네.
내 말 들어봐. 난 믿지 않아. 내 말 듣고 가지 마.
인생은 항구 없는 배.

영, 성, 죽음. 왕과 왕비 황금 속에 묻혀 살고 있네.
영은 피, 성은 삶.
죽음은 육신의 상처.

영, 성, 죽음. 왕과 왕비 실수하고 있네.
입 다물고, 도망가, 법을 피해서.
인생은 탈옥하는 죄수.

그런데 이 랩으로 인해 젊은이들은 토론 대회에 무관심하기는 커녕 오히려 더 많은 관심을 갖게 되었다.

토론회
첫째 날

나는 무엇을
희망할 수
있는가?

# 토론 대회의 개막

700여 석을 준비했는데도 자리가 모자랐다. 그래서 대학 기술 요원들은 단시간 내에 옆 강의실에 토론회를 생중계할 수 있는 대형 화면을 설치했고, 인터넷을 통해서도 방영될 수 있게 조치했다.

맨 앞줄에는 임금 내외와 공주가 자리를 잡았다. 경호원들도 신경을 곤두세웠고 주변에 배치되었다. 그들 옆에는 레오 수사와 탐식가 파울로도 있었다. 현자와 익살꾼 광대 역시 함께했다. 발언자들은 같이 잘해보자며 연대의식을 표하는 듯하면서도 경계의 눈길을 주고받았다. 각자 다른 이유 때문이기는 했지만 심각한 질문, 기대감 내지 욕구 때문에 한자리에 모였던 것이다.

청중들은 각계각층의 사람들로 구성되어 있었다. 대회 주제에 관심을 갖고 찾아온 사람들이 있는가 하면, 단지 임금 가족을 보기 위해 찾아온 사람들도 있었다. 사람들의 신앙심에 관심을 가진 종교 지도자들도 있었고, 자기 연구 분야에 소홀해질까 봐 근심스러운 얼굴로 지켜보는 학자들도 있었다. 물론 여러 장관, 기자들도 함께했다. 대부분의 사람들이 참석을 기쁘게 여겼지만 어쩔 수 없이 관례적으로 참석한 사람들도 있었다.

장-클로드 칼뱅 교수는 인사말과 더불어 인상 깊은 개회사로 토론 대회의 시작을 선언했다.

"고귀하신 전하, 왕비 마마 그리고 공주님, 친애하는 발언자 여러분, 신념 토론 대회에 참여해주신 여러분, 우리는 실존 문제들에 대해 숙고하고자 이 자리에 모이게 되었습니다. 여러 사람들이 대중매체나 인터넷을 통해 이런 대회는 무의미하다고 표명하기도 했습니다. 그들은 실존적 문제보다 더 중요한 문제들이 있으며, 또한 이런 광범위한 주제들에 대해서 그동안 만족스런 답변을 구하지 못했으며, 앞으로도 그럴 것이라고 합니다. 저는 이 자리를 빌려 그런 의견에 대해 나름의 답변을 드리고 싶습니다.

먼저 우리가 종교적 인간이건 그렇지 않건 간에 '영성'은 존재 탐구에 대한 내적 경험을 의미합니다. '생태계 문제'는 우리가 이에 대해 예민하건 그렇지 않건 간에 점점 파괴되고 있는 지구에 대해 책임 있는 태도를 지녀야 한다고 요구하고 있습니다. '성'은 우리가 독신이건 기혼이건 간에 남성성과 여성성이라는 일상적 경험을 말합니다. '돈'은 우리가 좌익이건 우익이건 간에 무역을 윤활하게 합니다. '도덕성'은 우리가 형이상학에 관심을 두고 있건 그렇지 않건 간에 인생의 목적이 무엇인지 묻는 것입니다. 마지막으로 '희망'이란 우리가 종교적이건 그렇지 않건 간에 죽음을 넘어 영원을 향하게 합니다. 이렇게 사활이 걸린 주제들은 결코 우리 자신과 무관할 수 없다고 생각합니다.

둘째로, 이런 근본 주제들에 관한 질문의 답변들은 옳은 것도 아니고 적절하지도 않은 것일까요? 그렇게 생각하는 사람들도 있지만 그렇지 않은 사람들도 있습니다. 이런 난점을 해결하기 위해 세 가지 유형의 문제로 구분해보겠습니다. 첫째 유형은 유일한 정답만을 허용하는 문제이며, 둘째 유형은 다양한 정답들이 있을 수 있는 문제이며, 마지막 유형은 어떤 정답도 허용하지 않는 신비입니다. 시민 여러분께서 보시기에 이 대회의 주제들은 사실 다양한 답변이 가능한 문제이거나 정답이 없는 신비로 보일 수도 있습니다. 유일한 정답을 찾겠다는 주장은, 특히 영성과 죽음과 희망이란 주제와 관련하여, 거의 모두가 용납할 수 없는 주장일 것입니다. 진리의 다원성은 이제 더 이상 손댈 수 없는 금기사항이 되어버렸고, 그래서 금지하는 것 그 자체가 금지되었습니다. 하지만 우리에게는 '모든 답변들은 정당한가?', '모든 길들은 정상을 향하는가?', '모든 영성 치유는 심각한 증상들을 치유할 수 있는가?', '만일 그렇지 않다면 어떻게 이렇게 많은 신념들 중에서 진리를 찾을 수 있는가?' 등등의 질문을 제기할 권리가 있고 또 의무도 있습니다."

토론 대회를 못마땅하게 여기는 사람들은 이미 들썩거리기 시작했다. 그들은 의장이 지금 진정한 진리를 추구하고 또 찾을 수 있다는 환상, 아니 망상에 빠져 있는 것은 아닌가, 그래서 이것을 다른 사람들에게 강요하려는 것이 아닌가 하고 생각하기 시작했다.

정교政敎 분리주의를 지지하는 한 정치학 교수는 단호하게 발언권을 요청했다. 운영위원회는 칼뱅 교수가 이런 청중들의 반응에 자유롭게 대처하도록 했다. 칼뱅 교수는 그 동료 교수를 알아보고서 발언권을 주었다.

"의장님, 고귀하신 임금님, 왕비님, 공주님. 지금 언급된 내용들은 상당히 충격적인 사항입니다. 우리는 정치와 종교가 분리된 나라에 살고 있습니다. 신앙의 자유처럼 불신앙의 자유 역시 존중되어야 합니다. 진리를 추구하고 찾는다는 주장은 또다시 종교 전쟁이나 신념·이념 전쟁을 유발시킬 수 있는 발상이며, 어느 누구도 그런 전쟁은 더 이상 원하지 않습니다. 이 점에 대해서는 의식하고 계십니까?"

대회장은 아주 차분하게 답변했다.

"잘 알고 계시겠지만, 사실 정교政敎 분리주의에는 여러 가지 유형이 있습니다. 그중에서 네 가지를 언급하자면, 먼저 '상반적' 정교분리주의는 국가가 종교 공동체들에 반대하고 심지어 그들을 처단하는 곳에서 볼 수 있습니다. '절제적' 정교분리주의는 국가가 중립성을 지키면서 어떤 종교 공동체를 선호하는 것을 거부하는 곳에서 볼 수 있습니다. '참여적' (혹은 '인정하는') 정교분리주의는 국가가 사회 영역의 역사를 인식하고 다수 전통과 소수 전통들을 동시에 존중하는 곳에서 볼 수 있습니다. 그리고 마지막으로 네 번째는 국가 차원이 아니라 시민사회와 관련된 '토론식' 정교분리주의입니다. 이 유형의 정교분리주의는 진리 추구를 주제로 하는 공적인 토론을 통해 그 성격이 규정됩니다. 이 토론 대회에서는 바로 이런 차원의 정교분리의 입장에서 토론이 이루어질 것입니다."

의장이 이렇게 명백한 답변을 제시하자 청중들은 안도감을 얻었지만 그래도 회의적인 사람들은 안심하지 못했다. 사실 국가를 상징하는 임금과 왕비가 이런 시민사회 행사에 참석하고 있었기 때문이다. 조금 전에 질문을 제기했던 교수가 또 다른 질문을 던졌다.

"그리고 만일 대회 도중에 어떤 진리가 최선의 것으로 인정될 경우, 대회 이후에 그 진리를 국민 모두에게 강요하지 않을 것이라고 어떻게 보장할 수 있습니까?"

모두가 임금 내외를 향해 눈길을 돌렸다. 임금은 지체하지 않고 일어나 잔잔한 목소리로 말문을 열었다.

"짐이 지금껏 해왔듯이, 각 개인과 모든 이들의 양심의 자유가 보장되고 존중될 수 있도록 최선을 다할 것입니다. 진리를 향한 자유는 오류에 대한 자유와 불가분의 관계에 있습니다. 이 유일하고 불가분한 자유는 헌법에 의해 보장되어야 합니다. 하지만 이 근본적 자유로 인해 진리와 오류를 분별하려는 노력이 제지되어서는 안 될 것입니다."

청중들은 자발적으로 임금에게 박수갈채를 보냈다. 하지만 어떤 사람들은 자신들이 걱정했던 바를 재확인했다. '만일 이런 공약에도 불구하고 이 토론 대회가 결국 탐구의 자유를 보장해주지 못하고 오히려 탄압하게 된다면……?'

## 세계 정복을 위한 세 가지 '종합적 체계'

칼뱅 교수는 송 조교에게 발언권을 주었고 송 조교는 토론회의 쟁점들과 발언자들이 답변하게 될 질문들을 소개하기 위해 바쁜 걸음으로 단상을 향했다. 약간 기우뚱거리는 그의 걸음걸이는 보는 사람들로 하여금 무언가 부자연스럽다는 것을 알아차리게 했다. 그리고 그가 발언을 시작하자 사람들은 이 젊은 조교가 정말 그렇게도 명석한 철학자인지 아니면 약간 모자란 사람이 아닌지 의심을 품게 되었다.

"세 가지 종류의 주요 관점들이 우리 지성계를 지배하고자 서로 경쟁하고 있는데, 그 세 관점은 바로 유물론, 일신론, 일체론입니다. 우리 모두는 사실, 의식하건 못하건 간에 이 세 가지 (독일어로 Weltanschauung이라고 하는) 세계관 중에서 한 가지를 선택하고 있습니다. 즉 동서양 유물론이 말하는 것처럼 우주의 모든 것은 결국 물질로 귀속된다고 보거나, 아니면 유대교, 그리스도교, 이슬람교 같은 일신론이 주장하는 것처럼 우주는 유일한 창조신의 창조물이라고 보거나, 그것도 아니면 힌두교, 불교, 그리스 사상, 중국 사상, 신이교도주의, 뉴에이지 같은 일체론이 말하는 것처럼 우주는 일체성이 한 유형이거나 아니면 역저 무저 실재로 부리될 수 없는 공생 체계라고 보고 있습니다."

자신이 언급한 낯선 용어들에 일부 사람들이 동요하자 송 조교는 설명을 추가했다.

"자세히 말씀드리자면 '(유)일(총)체론(唯)一(總)體論'이란 말은 신조어인데, 이 개념은 실재가 근본적으로 신적인 것과 우주적인 것을 통일시키는 유일하고(그리스어로 monos) 총체적인(그리스어 holos) 것으로 보는 관점들을 총칭할 수 있는 개념입니다.

토마 송은 잠시 메모지에서 눈을 떼고 조용히 앉아 있는 박식한 청중들을 살그머니 바라보았다. 청중들의 침묵을 어떻게 받아들여야 할지 알 수가 없었다. 그들의 침묵은 관심인가 완강한 반대인가? 그래도 칼뱅 교수의 인자한 눈길에 힘을 얻어 안심하고서 설명을 이어갔다.

"시각적 인식능력이 뛰어난 분들을 위해 이 세 가지 세계관을 다음과 같은 도표를 통해 설명해보겠습니다."

송 조교는 몇 분 동안 도표들에 대한 설명을 이어갔다.

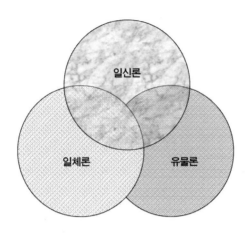

외면상으로, 이 세 가지 세계관은 어떤 주제들에 관해서는 의견이 일치하지 않으며 다른 주제들에 대해서는 의견일치를 보인다. 비호환성의 관점에서 보자면, 이 세계관들은 실존 문제들에 있어 일치하기도 하고 불일치하기도 한다.

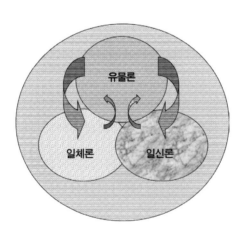

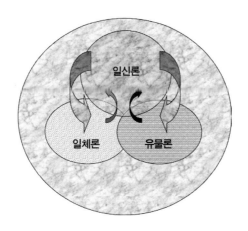

　내면상으로 볼 경우, 이 세계관들은 각각 다른 세계관을 포괄하는 시각을 지니고 있다. 각자의 관점에서 보면, 각각은 다른 세계관이 기여하는 바를 거부하거나 수용한다.

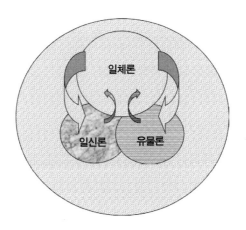

　그리고 송 조교는 약간 내용을 달리해서 좀 더 구체적인 비유를 들어 청중들을 놀라게 했다.

"이 세 가지 대가족 혹은 세계관은 '영적靈的인 초국가超國家 조직'이라고도 할 수 있습니다. 마치 소비 제품들을 판매하는 다국적 기업들이 시장 점유권을 확장하기 위해 가혹한 경쟁을 하고 있듯이 이 '영적 초국가 조직들' 역시 '우리의 신념을 장악'하기 위해서 경쟁하고 있습니다. 이 토론회에 참여하고 있는 여러분 각자는, 의식하건 못하건 간에, 이 세 가지 초국가 조직들의 소비자이며 공급자입니다."

청중들은 항의 섞인 반응을 보이며 웃거나 놀라워했다. 토마 송은 자신의 단편적인 설명에 대한 반응을 미리 예상하고서 이 '신념의 지배자' 조직들 안에는 엄청난 다양성이 있다고 강조했다.

"이 세 가지 '영적 초국가 조직들'은 수많은 지부들을 두고 있으며 각 지부는 다시 다양한 지점들을 두고 있습니다. 그렇기 때문에 일신론자들 중에는 유태인, 그리스도교인, 무슬림, 바하이교인들, 두루즈파 교인들이 있을 뿐만 아니라, 그리스도교인들은 다시 가톨릭 신자, 정교회 신자, 개신교 신자, 성공회 신자 등으로 분류됩니다. 또 개신교 신자들 중에는 개혁교회 신자, 루터교 신자, 복음교회 신자, 오순절교회 신자들이 있습니다. 그래서 이런 식으로 계속 분류하는 것이 가능하고, 일신론에 속하는 대 지부들의 경우도 모두 마찬가지입니다. 그렇지만 일신론자들 모두 세상이 창조주인 유일신의 작품이며 또 이 유일신은 자신을 계시한다는 근본적인 식관을 공유하고 있습니다. 이러한 통일성과 나양성은 역시 유물론자들과 일체론자들에게서도 볼 수 있습니다."

그러고서 토마 송은 칼뱅 교수가 창안한 다른 개념을 소개했다.

"이 세 가지 '영적 초국가 조직'은 '총체적 체계holoparadigme', 즉 모든 것holos을 설명하는 체계paradigme라고도 할 수 있습니다. 사실 이들 각 체계는 실재 전체를 포괄하려는 의도를 담고 있고 또 실재에 관한 다른 담론들이 어째서 불완전하거나 오류인지를 설명하려고 합니다. 한 가지 체계는 다른 체계들을 비판하고 그러면서 자신의 정체성을 구축하고 있습니다. 오늘날까지 말이지요. 그런 식으로 현대 유물론자들은 과거와 미래의 일신론자들과 일체론자들의 논거를 비판·거부하면서 과거의 유물론에 근거하여 자신들의 의견을 주장합니다. 일신론자들과 일체론자들 역시 마찬가지로 타자의 변론에 반대하고 있습니다."

토마 송은 칼뱅 교수에게 눈길을 주었다.

"지난 5,000여 년의 인류 역사상 인간의 영성·문화 활동의 근간을 이룬 것이 바로 이 세 가지 총체적 체계였다는 점에 근거하여 현 토론회를 준비했습니다. 이 세 가지 외에는 사실 다른 가능성이 없기 때문입니다. 적어도……."

"또 다른 가능성이 있습니다." 누군가 청중들 가운데서 소리쳤다.

하지만 토마 송은 계속 말을 이었다.

"적어도 아무것도 선택하지 않겠다는 선택을 한 경우를 제외하고 말입니다. 그리고 모든 것을 선택할 경우 역시 제외해야겠지요.

그런 사람은 한 도시에 병원이 세 곳뿐인데 '자유의 이름'으로 아니면 '선택불가능'이라는 이유로 그 어느 곳에서도 치료받기를 원하지 않는 중립적인 사람과 같거나, 서로 전혀 다르고 상호 호용성이 없는 치료법을 도용한 세 병원에서 동시에 치료를 받고자 하는 사람이라 볼 수 있습니다. 그런 사람은 자신의 우유부단한 태도를 의식하건 못하건 간에, 일반적으로 (개인적으로는) 불가지론이나 (사회적으로) 정교政敎분리주의를 수용한 사람입니다. 불가지론자는 선택을 할 수 없거나 선택을 해서는 안 된다고 합니다. 정교분리주의자는 공적인 자리가 아닌 개인적인 차원에서는 모든 신념들을 인정할 수 있다고 합니다. 그런데 세속주의적 불가지론은 이 세 가지 세계관을 통제할 수 있다고 하는 실용주의적 정치적 입장입니다. 그리고 무관심한 '결정 유보'로 인해 회의주의나 혼합주의 등이 발생하게 됩니다. 달리 말해, 불가지론이란 네 번째 세계관이 아니라 바로 유물론, 일신론, 일체론의 세 가지 세계관 중 하나가 다른 세계관을 지배하는 것을, 임시적으로나 영구적으로 거부하는 입장일 뿐입니다. 그리고 정계와 학계에서는 대부분 이런 식의 관점(혹은 비관점)이 유일한 것이 되었습니다. 이념화된 세속주의적 불가지론은 단지 '결정 유보'로만 그치지는 않으며 '우유부단하라는 강요'가 되기도 합니다."

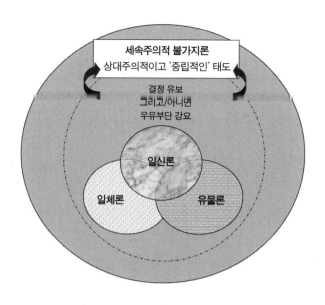

송 조교가 그렇게 첫 번째 해설을 마치자, 장내는 소름이 끼친 듯 조용해졌다. 칼뱅 교수만이 홀로 미소 짓고 있었다. 그는 조교에게 속도를 조금 늦추라고 손짓했다. 칼뱅 교수는 수많은 대학생들을 알고 있었지만 토마 송만큼 관심을 끄는 학생은 없었다. 그의 뛰어난 종합적 사고 능력 때문이었다. 하지만 그는 심리적으로 불안정한 사람이었기에 칼뱅 교수로서도 걱정되는 일이었다. 칼뱅 교수는 청중들이 너무 당황하지 않도록 말을 이었다.

"토마 송 조교에게 감사합니다. 세계관은 어쩌면 오직 세 가지 유형만 있는지도 모르겠습니다. 하지만 한 가지 확실한 것은, 지성의 유형에는 두 가지가 있다는 점입니다. 즉 한 사건을 설명하기 위해 만 페이지가 넘는 설명을 추가하는 지성이 있는가 하면, 만년의 철학사를 단지 한 페이지로 요약할 수 있는 그런 지성도 있습니다. 여러분께서 잘 보셨듯이 토마 송 조교는 두 번째 유형에 속하는 지성인입니다."

"한 페이지에 도표 세 가지와 도식 세 가지가 추가되었습니다." 토마 송이 말을 이었다.

그는 파워포인트를 이용해서 여섯 가지 도해를 제시하고 설명을 추가했다(본서 부록의 387쪽). 청중들은 몇 분 동안 말이 없었다. 여러 신념들을 이렇게 잘 요약한 것에 놀라는 사람이 있던 반면, 이 도식들이 도대체 무엇을 의미하는지 이해조차 못하는 사람들도 있었다. 그때 한 대학생이 발언권을 요청했다.

"명확하게 요약을 해주어서 감사합니다. 말하자면, 우리는 동시에 일신론자, 유물론자, 일체론자가 될 수 없고, 또 이 세 가지 세계관은 서로 배타적이란 말인데, 그렇습니까?"

"맞습니다. '모든 것은 물질로 귀속된다'라고 말하는 사람들과 '모든 것은 물질로 귀속되지 않는다'라고 말하는 사람들은 동시에 함께 진실을 말하는 것이 아니란 말이지요. 마찬가지로, 후자들 중에는 '무한한 창조자는 유한한 창조물과는 다르다'라고 말하는 사람들과 '영과 물질은 동전의 영원한 양면 같은 것'이라고 말하는 사람들이 있는데, 그들 역시 모두 옳을 수는 없다는 것입니다. 이 세 가지 세계관 중에서 어느 한 가지가 옳다면 나머지 둘은 오류가 된디는 말입니디."

"세 가지가 동시에 진리일 수 없다는 것은 이해하겠습니다. 그런데 만일 이 세 가지가 모두 오류라면 어떻게 되는 것입니까?"

"아주 정확한 질문입니다." 토마 송이 맞장구쳤다. "그렇다면 네 번째 가능성이 있습니까?"

"어쩌면 스피노자의 입장과 비슷할 수도 있습니다." 대학생은 말했다. "어떤 사람들이 보기에, 스피노자는 유태인 전통을 따르는 일신론자이며, 그가 했던 종교 비판에 근거해보면 무신론자이며, 또 그의 신념에 따르면 범신론자였으니까요."

"스피노자는 아주 적절한 예라고 볼 수 있습니다. 그는 일신론자로 머물지 않았지만, 유물론자도 아니었습니다. 제가 보기에 스피노자는 유대교 전통과 유물론적 비판 의식의 영향을 받은 서구 일체론의 대표자격 인물입니다. 말하자면 그는 세 가지 세계관의 범주에 드는 사람이 아니었고 또한 그 범주들의 무한한 가능성을 잘 드러낸 사람이었습니다."

한 종교사학과 교수가 토론에 개입했다.

"인간이 창안한 모든 세계관들이 이 세 가지 체계로 요약될 수 있는지는 더 생각해봐야 할 일입니다. 예를 들어 자이나교와 샹키야 철학은 이 체계에 유입시키기 힘든 사상이며, 그럴 경우 너무 단순화하게 되는 것입니다. 그리고 질문을 한 가지 해야겠습니다. 본인은 철저한 불가지론자이며 그래서 어떤 진리도 거부하거나 인정하지 않습니다. 여러 전통들의 장점들을 수용하고자 하기 때문입니다. 그런데 '불가지론적이고 정교분리주의적인' 입장이 무엇 때문에 다른 세 가지 세계관에 비해 결코 뒤떨어지지 않는 네 번째 세계관이 될 수 없을까요? 우리는 결코 절대 진리를 알지 못할 것이란 점을 잘 알고 있습니다. 모든 신념들 중에서 가장 적절한 것은—또 다른 입장을 지닌 사람들에 대해서 극단적인 입장을 취하지 않는 것은—바로 불가지론입니다."

그때 익살꾼 광대가 입을 열기로 작심했다.

"2+2의 답이 무엇인지 찾던 아이들에 관한 이야기를 들어보십시오. 첫째 아이는 4라고 했고, 둘째 아이는 $4\frac{1}{2}$이라고, 세 번째 아이는 5라고 했답니다. 그런데 서로 의견 일치를 보지 못하자 양극단을 제외한 중도 의견을 정답으로 결정하기로 했지요. 즉 $2+2=4\frac{1}{2}$이라고 말이지요. 모두 이 답에 만족하지 못하고 다시 설전을 벌였지요. 그때 어떤 네 번째 아이가 나타나서 그 문제에 있어서 제일 현명한 답은 바로 답을 구할 수 없다는 것이라고 했습니다. 말하자면 2+2=?라는 질문은 답을 구할 수 없는 질문이라며 다른 아이들을 설득하기 시작했지요. 그때부터 아이들은 더 이상 서로 다투지 않게 되었답니다."

종교사학과 교수는 익살꾼 광대의 괴변에 동의할 수 없었다.

"그렇지만 객관적 과학인 수학을 철학이나 종교와 동일선상에 놓을 수는 없는 일이지요."

"수학은 객관적 과학이 아닙니다." 누군가 외쳤다.

칼뱅 교수는 광대가 벌여놓은 난장판을 수습하려고 직접 나서서 불가지론자 교수에게 답변했다.

"경애하는 동료 교수님, 참으로 좋은 질문을 해주셔서 감사합니다. 제가 보기에는, 두 종류의 무신론자와 두 종류의 신앙인이 있듯이, 어쩌면 두 종류의 불가지론자가 있다고 생각합니다. 말하자면, 무신론자들 중에는 '신이 존재하지 않으므로 나는 하고 싶은 모든 악을 행할 수 있다'고 말하는 자와 '신이 존재하지 않으므로 신을 대신해서 모든 선을 행하겠다'라고 말하는 사람이 있을 수 있습니다. 마찬가지로 신앙인들 중에는 '신이 존재하니 다른 사람들에게 도움을 줄 자는 바로 신이지 내가 아니다'라고 말하는 사람과 '신은 존재하며 신은 나를 통해서 이 세상에 선을 실현하고자 한다'라고 말하는 사람이 있습니다. 그래서 불가지론자들도 두 가지 유형이 있을 수 있습니다. '진리는 알 수 없는 것이니 진리를 찾고자 헛수고할 필요가 없다'라고 말하는 사람과 '진리는 알 수가 없는 것이니, 전력을 다해 이를 찾고 싶다. 그리고 만일 진리를 찾을 수만 있다면—이 생에 아니면 다음 생에라도—모든 어려움을 감수할 것이다'라고 말하는 사람이 있을 수 있습니다."

칼뱅 교수는 일부 청중들이 약간 흥분한 상태이고 주의를 기울이지 않고 있는 것을 감지했다. 그래서 송 조교에게 발언자들에게 주어진 지침들을 소개하고서 토론회 서두의 막을 내리라고 말했다.

토마 송은 다음과 같이 간략하게 설명했다. "며칠 동안 세 가지 문제와 여섯 가지 소주제를 다루게 될 것입니다. 세 가지 문제는 이렇습니다. '나는 무엇을 인식할 수 있는가?', '나는 무엇을 희망할 수 있는가?', '나는 무엇을 경험할 수 있는가?' 이 문제들은 사실, 칸트 이전이나 이후나 늘 인류가 해결하고자 했던 문제들입니다. 그리고 여섯 가지 소주제는 다음과 같습니다. 영과 물질, 인간과 자연, 남성과 여성, 부와 가난, 삶과 죽음, 이승과 저승입니다. 이 주제들을 히에로스聖, 에로스性, 타나토스(죽음), 엘피스(희망), 오이코스(집), 아르구로스(돈)이라고 할 수도 있습니다. 세부 지침에 대해서는 토론회 도중에 자연스럽게 아시게 될 것입니다."

진행자는 몇 가지 안내 사항을 전하고서 마무리 지었다.

"이제 한 시간 정도 휴식을 취하겠습니다. 커피를 드시거나 주변 공원을 산책하시면서 담화를 나누시길 바랍니다. 그리고 정시에 돌아와주시길 부탁드립니다."

청중들은 소란스럽게 자리를 뜨기 시작했다.

익살꾼 광대를 좋아하는 어떤 사람이 "왜 이렇게 소란스러운지 모르겠네"라고 말하며 광대에게 말을 걸었다.

"뭐라고요?"

"너무 요란하다고." 그가 큰 소리로 반복했다.

"바룩크 하바?(요란한 소리 brouhaha란 말과 비슷한 발음의 barukh habba-역주) 아, 그렇지. 오시는 이여 축복 받으소서. 그리고 떠나가는 지도 말이지."

그리고 아무런 말도 없이 익살꾼 광대는 사라졌다. 이상하고 알 수 없는 말을 혼자 지껄이면서.


## 발언자 소개


휴식이 끝나고 발언자 세 사람은 단상에 자리를 잡았다. 탁자를 중심으로 반원 형태로 안락의자들이 배치되어 있었다. 발언자들은 무선 마이크와 필요한 경우 사용할 영상 장비의 리모컨을 받았다. 진행자와 보조원이 그들 옆에 자리 잡았다. 개최자 측에서 자연스럽고 온화한 분위기를 만들려고 그런 공간을 준비한 것처럼 보였다. 따뜻한 화로만이 부족해 보였다.

장-클로드 칼뱅 교수가 진행을 시작했다.

"고귀하신 임금님, 왕비님, 공주님, 친애하는 참석자 여러분, 우리는 이제 핵심 주제를 다루게 되었습니다. 먼저 이 주제들에 관한 숙고와 탐구에 도움을 줄 세 분의 발언자들을 소개하겠습니다. 라다 다스굽타 양, 아나스타시아 바실로풀로스 양, 샤를르 드락 교수입니다. 준비 위원들은 토론회를 가족적인 분위기에서 운영하기를 원했습니다. 그래서 서로 친근감이 가도록 이름을 부르며 토론회를 운영하겠습니다. 여러분께서도 이에 동참해주시길 부탁드립니다. 세 발언자 모두 일류 대학을 졸업한 수제들입니다. 여러분께 제공된 자료를 참고하시길 바랍니다. 사실 이 세 발언자들은 복합적인 내용을 명료하게 설명할 능력이 있는 사람들이기에 오늘 이 자리에 초대받았습니다."

그때 폴 발레리의 유명한 글귀 한 구절이 화면에 나타났다.

'단순한 것은 언제나 오류일 수밖에 없다. 하지만 단순하지 않은 것은 쓸모없다.'

"우리는 앞으로 실존과 관련된 아주 어려운 문제들을 다룰 것입니다. 너무 단순한 답변들은 일반적으로 오류이며, 너무 복잡한 답변들은 활용할 수 없게 됩니다. 그래서 단순함을 피하면서도 복합성을 지녀야 할 것입니다. 즉 너무 단순하지 않으면서도 복합적인 면을 효율적으로 인식하는 그런 단순성을 지향해야 할 것입니다."

이어서 진행자는 간단히 세 발언자들을 소개했다.

"아나스타시아 양은 그리스도교 신학자이자 수학자입니다. 그리스에서 왔고 현재는 유명한 레오 수사님의 공동체에 머물고 있습니다. 여기 함께하고 계시는 레오 수사님께 이 자리를 빌려 인사드립니다. 라다 양은 인도 철학자이며 우리 왕국에서 요가를 지도하고 있습니다. 25세 때까지 인도에서 살다가 동양의 지혜를 전하고자 우리 왕국에 오게 되었습니다. 샤를르 교수는 여러분이 잘 아시는 것처럼 우리 왕국 대학에서 교직을 맡고 있는 유명한 생물학 교수이며 공적 토론회에 자주 참여해왔습니다. 그의 구수한 억양을 듣다 보면 영국 출신이란 것을 금세 아실 것입니다."

청중들은 아무런 반응이 없었다. 마치 이 세 발언자들이 방대한 주제들에 대해 토론할 능력이 있을까 하고 미심쩍어하는 것만 같았다.


## 앞으로 3개월밖에 살 수 없다면?


탁자 위에 상자가 하나 놓여 있었다. 진행자는 여러 가지 질문이 적힌 쪽지들이 그 상자 안에 들어 있으며 또 토론회 중에 무작위로 쪽지를 하나 뽑아 발언자들과 참석자들에게 답변을 듣게 될 것이라고 설명했다. 토마 송은 손을 상자에 넣어 쪽지 하나를 꺼냈고 잠시 머뭇거린 후 모두가 알아들을 수 있도록 큰 소리로 읽었다.

"일반 주제는 '나는 무엇을 희망할 수 있는가?'이고, 구체적으로는 '당신과 친하게 지내는 사람이 이제 3개월밖에 살지 못하게 되어서, 죽은 후에는 무엇이 있느냐고 당신에게 묻는다면 어떤 답변을 제시할 것인가?'입니다."

청중들은 동요하기 시작했다. 사실 어느 누구도 그런 식의 질문은 기대하지 않았다. 임금과 왕비는 몸이 마비되는 것만 같았다. 고통스런 기억들이 떠올랐기 때문이다. 토마 송 역시 그 질문으로 인해 자기도 모르게 몸이 경직되었다. 그의 연인이었던 수잔이 세상을 떠난 지 불과 18개월밖에 되지 않았기 때문이다. 마치 굶주린 야수가 자기 목을 물고서 질식하기를 기다리고 있는 것 같았다. 칼뱅 교수는 5분 동안의 침묵 시간이 주어지고 발언자들이 답변할 것이라고 설명했다.

깊은 명상에 잠기는 사람이 있는가 하면 무언가 열심히 적고 있는 사람도 있었다. 시간이 되자 진행자는 세 발언자들에게 발언권을 주었다. 샤를르 교수가 먼저 답변에 나섰다.

"안녕하십니까? 사실 토론회에서 다룰 질문들을 미리 알고 있었지만, 이 질문이 첫 번째가 되리라고는 생각하지 못했습니다. 저는 그 지인에게 세 가지 답변을 해줄 것입니다. 즉 인간으로서, 생물학자로서 그리고 철학 애호가로서 말입니다. 먼저 인간으로서 저 역시 충격을 받을 것입니다. 그래서 그의 심정을 이해하려 할 것이며, 나름대로 답변을 해줄 것입니다. 유물론 생물학자인 저는 죽음이 어떤 '신비'라고 생각하지 않으며 또 어떤 '목적'을 지니고 있다고 보지도 않습니다. 예를 들어, 더 좋은 삶 같은 목적 말입니다. 그에게 죽음 후에 영혼이 존속한다고 믿지 않으며, 반대로 죽음이란 회피할 수 없는 분해라고 말해줄 것입니다. 즉 화장할 경우 세포들은 열과 재가 되어버리고, 염장을 할 경우 세포 조직들은 박테리아의 먹이가 된다고 말입니다. 모든 것은 물질에서 비롯되고 물질로 되돌아갑니다. 그리고 철학 애호가로서 에피쿠로스의 사상에서 위안을 찾을 수 있다고 할 것입니다. 그의 『메네세에게 보내는 편지』에 다음과 같은 구절이 있습니다.

죽음이 우리와 아무런 관계도 없다고 여기는 습관을 들이게. 모든 선과 악은 감정에 불과하기 때문이네. 그런데 죽음은 바로 감정을 상실하는 것이지. (……) 그러므로 가장 처참한 아픔인 죽음은 결국 우리에게 아무것도 아닌 것이 되는 거야. 말하자면 우리가 존재하는 한 죽음은 없는 것이고, 죽음이 있게 되면, 우리는 존재하지 않게 되는 것이지.

그렇기 때문에 저는 그에게 죽을 때까지…… 남아 있는 생의 매일매일을 즐길 수 있는 만큼 즐기라고 말할 것입니다."

청중석에 있던 한 여성이 갑자기 큰 소리로 울기 시작했다. 그러고는 용기를 내어 말했다.

"의사들이 제 약혼자는 앞으로 몇 개월밖에 살 수 없다고 선고했어요. 그리고 우리의 결혼식은 취소되었어요. 그런데 당신은 제가 그이에게 매일의 삶을 즐기라고 말하라는 건가요?"

칼뱅 교수가 자상하면서도 단호하게 말했다.

"참으로 유감스러운 일입니다. 사실 우리가 다루는 토론 주제들은 추상적이면서도 일반적인 것들입니다만, 여러분 각 개인의 고통과 개인적인 문제들에 어느 정도 도움이 되길 바랍니다."

갑자기 진행자는 아나스타시아 양이 심적으로 동요하고 있는 것을 알아차렸다. 아무 말 없이 단상에서 내려가 고통스러워하는 그 여인에게 다가간 아나스타시아는 그녀의 손을 잡고서 안아주었다. 얼마간의 통교의 시간이 흐르고 아나스타시아는 제자리로 돌아왔다. 관중들이 어리둥절해하는 눈길로 그녀를 보았다.

그다음에는 라다 양이 발제를 이었다. 라다는 매혹적인 미모의 여성이었다. 그래서 토론회에 회의적인 사람들조차 그녀의 미모에는 무관심할 수 없었다. 그녀의 얼굴과 몸에서는 우아함이 넘쳐흘렀다. 특히 임금은 어쩔 줄 몰라 했다. 몇 십 년 전의 일이 떠오르는 것을 막을 길이 없었기 때문이다. 왕자의 신분으로 인도에 몇 주간 머문 적이 있었는데, 그곳에서 인도 무용수 여성에게 완전히 매혹되어 사랑에 빠졌고 며칠 밤들을 함께 지냈던⋯⋯.

"옴 샨티"라고 라다는 노래하듯 말했다. "그래요. 평화가 여러분과 함께하길 바랍니다. 이 토론회에 초대해주셔서 감사합니다. 토론회가 여러분 모두에게 빛의 원천이 되길 기원합니다. 몇 주 전의 일이에요. 한 친구가 제게 지상에서의 자기 삶이 곧 마감될 거라고 알려주었어요. 죽음 후에 무엇이 있냐고 묻는 친구에게 무어라 답변할 수 있을까요? 동양 전통이 전하는 바에 따르면, 우리 육신 안에 담긴 삶은 일시적인 것입니다. 우리는 태어나고 살고 죽고 또다시 수없이 태어납니다. 간디가 침대 곁에 놓고서 늘 읽던 힌두교 문학의 정수인 『바가바드 기타』에는 다음과 같은 구절이 있습니다.

이 육신은 끝이 있지만, 몸 안에 육화된 영혼은 영원하고, 파괴할 수 없으며, 무한하다. 이것이 바로 우리가 주장하는 바다. (……) 영혼이 살인할 수 있다고 생각하는 자, 또 영혼을 죽일 수 있다고 여기는 자, 모두 진정한 지식을 소유한 자들이 아니다. 영혼은 죽지 않고 죽일 수도 없다. 영혼은 태어나지도 않고 죽지도 않는다. 영혼은 새로운 것이 아니고 또 그렇게 되지도 않을 것이다. 육신을 죽일 수는 있지만, 내재하고 영원하며 필수적이고 중요한 이 영혼은 죽일 수 없다.

병도 심지어 살인자도 우리 각자 안에 있는 영원한 영혼을 죽일 수가 없다는 말이지요. 그래서 저는 그 친구에게 명상을 통해 침잠하여 그 자신 안에 있는 파괴할 수 없는 금강석을 인식하고 현재의 육신을 떠나 새로운 육신을 맞을 준비를 하라고 말해줄 거예요. 물론 궁극적인 해방을 지향하면서 말이지요……"

라다의 당당함에도 불구하고 여러 대학 교수들은 주저하지 않고 분개했고, 그들 중 한 사람이 불만을 토로했다.

"이것은 있을 수 없는 일입니다. 우리가 현재 지식의 상아탑에 자리하고 있다는 것을 상기시켜야만 하겠습니까? 우리 각자 안에 영원한 영혼이 존재한다는 아무런 증거도 없이 단순히 주장만 하는 것은 도저히 받아들일 수 없습니다. 우리가 이 자리에 모인 것은 정오 판단이 가능한 경험들에 대해 듣기 위한 것이지 신비주의적이고 영성적인 언사들을 감수하기 위해서가 아닙니다."

칼뱅 교수가 분위기를 진정시키기 위해 다시 개입했다.

"동료 교수님께서 염려하시는 바를 잘 이해할 수 있습니다만, 이제 겨우 토론회의 시작에 불과합니다. 발언자들은 '나는 무엇을 인식할 수 있는가?'란 질문에도 답변할 것입니다. 그때에 진술의 신뢰도에 대해서도 언급할 것입니다. 그러므로 지금은 발언자들의 의견을 경청해주시길 부탁드립니다."

몇몇 사람들은 이런 답변에 불만을 표하며 떠들썩하게 자리를 떠났다. 칼뱅 교수는 그래도 평정을 유지하려고 노력했지만 이런 식으로 토론회 진행에 반기를 드는 사람들로 인해 상처받았다. 그리고 지체하지 않고 아나스타시아 양에게 발언권을 주었다.

그리스 출신인 이 젊은 여성은 의견 충돌로 약간 충격을 받은 듯했다. 그녀는 숨을 깊이 들이쉬고 나서 차분한 목소리로 청중을 향해 말했다.

"저도 역시 이 자리에 초대받아 기쁘게 생각합니다. 우리는 삶과 죽음, 지식과 신앙, 신념과 의문에 대해 말하고자 이 자리에 모였습니다. 이 주제들은 사실 대단히 어려운 내용입니다. 그것은 바로 우리 각자가 이 주제들과 밀접히 관련되어 있기 때문입니다."

자기 약혼자의 죽음에 대해 언급했던 여성을 찾아 눈길을 주며, 아나스타시아는 잠시 말을 멈추었다가 말을 이었다.

"친한 사람들의 죽음을 대할 때마다 저는 어떻게 해야 할지 알 수가 없습니다. 블라디미르 얀켈레비치는 죽음을 제삼자의 죽음, 너의 죽음, 나의 죽음의 세 가지로 분류했습니다. 제삼자의 죽음은 객관적인 죽음입니다. 너의 죽음은 바로 친한 사람이 죽음입니다 나의 죽음이란 바로 우리 자신의 죽음입니다. 그런데 친한 사람의 죽음은 거의 우리 자신의 죽음이며 또 우리 자신의 죽음을 직시하도록 하는 죽음입니다.”

공주는 신중하게 그 말을 듣고 있었다. 상처 때문에 몹시 흉하게 보이는 아나스타시아의 얼굴로 인해 호기심과 관심이 생겼다. 아나스타시아에게서 드러나는 내적인 광채는 인상적이었다. 그리고 무언가 자기의 단짝인 비비안을 연상케 했다. 그런데 그것이 무엇일까? 찾으려 해도 찾을 수가 없었다.

“유대교 · 그리스도교 전통에 따르면 죽음은 양면성을 지닌 실재입니다. 지상에서의 생의 계획에 종지부를 찍게 하는 죽음은 부정적이며 또한 슬픔의 원천입니다. 하지만 죽음은 긍정적일 수 있습니다. 이 세상에서의 고통을 마감시키고 영원한 삶을 시작하게 할 때 말입니다. ‘죽음 후에는 무엇이 있는가?’라는 친구의 질문에 그 어떤 설명도 합당하지 않다고 말할 것입니다. 태아가 어떻게 자신이 태어날 새로운 세상을 상상할 수 있을까요? 송충이가 어떻게 나비의 삶을 말할 수 있을까요? 유대교 · 그리스도교에서 말하는 희망이란 바로 이생의 다음에 있는 것은 단절이자 동시에 연속이라는 것입니다.”

아나스타시아는 임금 내외를 향해 눈길을 주며 『교부들의 금언』에 실려 있는 한 이스라엘 현자의 말을 인용했다.

"랍비 야곱은 '이 세상은 미래 세계의 현관에 불과하다. 궁전 안에 들어갈 수 있도록 이 현관에서 준비하라'고 말했습니다. 이생에서 가장 아름다운 궁전도 더 아름다운 궁전의 현관에 불과하답니다. 그런데 현관은 우리가 거주하는 곳이 아니라 단지 거쳐가는 장소일 뿐입니다."

임금은 신중하게 듣고 있었다. 이미 레오 수사에게 들었던 이 비유로 인해 의아심을 품게 되었다. 궁전을 현관에 비유하는 것이 약간 이상했지만, 그리 틀린 말도 아니었다. 몇 년 전부터 삶을 바라보는 자신의 시각이 변했기 때문이다. 더 유동적이게 되었고 심지어 거리감마저 느끼게 되었다.

아나스타시아는 첫 발제의 결론을 내렸다.

"제 아버지는 완강한 무신론자이며 제 어머니는 독실한 무슬림입니다. 제가 그리스도교 신자가 된 것은, 도스토예프스키의 영향을 받고서 오랫동안 지적 · 영성적 여정을 밟은 결과입니다. 물론 저와 생각을 달리하는 사람들을 존중하면서 말이지요. 도스토예프스키처럼 저도 그리스도에 매혹되었습니다. 그리스도교에서 말하는 희망의 핵심은 십자가에 처형된 자의 부활이며 우리 자신의 부활입니다. 죽음 이후에 대해 묻는 친구에게 저는 복음의 핵심 구절인 '나는 부활이요 생명입니다. 나를 믿는 사람은 죽더라도 살게 될 것입니다. 그리고 내 안에 살고 나를 믿는 사람은 영원히 죽지 않을 것입니다. 이를 믿습니까?'라는 예수님의 말씀을 상기시킬 것입니다.”

다시 한 번 토론회장이 어수선해졌다. 어떤 사람이 언성을 높였다.

“영원한 영혼에다가 죽은 자의 부활이라고? 그렇다면 외계인들이 나타나 사람들을 납치해가는 것은 언제쯤이오?”

칼뱅 교수가 해학적이면서도 적절하게 분위기를 진정시켰다.

“아주 좋은 생각입니다. 혹시 우리 대학 심리학과 교수님 한 분이 이 문제에 관한 책을 쓰셨다는 것을 아시는지요? 그분은 정신병자 취급을 당하는 것을 감수하면서, 외계인들에게 납치당했었다고 주장하는 사람들의 증언을 모아 기록했습니다. 그런데 문제는 그 책이 출간된 후로, 그 교수님이 어디에 계시는지 아무도 모른다는 것입니다. 아니, 농담이었습니다.”

조금 전에 비판적 발언을 했던 청년을 제외하고는 모두 한바탕 웃었다. 문제가 되었던 심리학과 교수도 역시 마찬가지였다.

“좀 더 심각하게 말씀드리자면, 샤를르 교수와 라다 양과 아나스타시아 양은 오늘 아침에 세 가지 세계관과 죽음에 대한 입장들을 소개해주었습니다. 즉 유물론과 육체의 분해, 일체론과 영혼의 환생, 일신론과 인간의 부활이었습니다. 이 세 가지 입장들이 동시에 옳을 수는 없습니다. 어쩌면 세 가지 모두 오류일 수 있습니다. 우리는 죽고 난 후에 진리를 알게 될 것입니다. 하지만 이 진리를 현생에서 이미 알 수 있을까요? 그것이 바로 문제입니다.”

토마 송 조교가 첫날 오전 회의를 마치기 전에 몇 가지 준수 사항을 전해주었다.

"친애하는 참석자 여러분, 점심 식사 후에 토론을 계속하도록 하겠습니다. 15시 정각에 이 자리에서 다시 뵙겠습니다."


## 달팽이와 나뭇잎

식사 도중에도 토의가 지속되었다. 몇몇 정치학과 조교들은 충격을 받고서 '대체 토론회'를 급히 마련하기로 결정했다. 서둘러 광고지를 작성하여 안내판에 게시했다. 그리고 식사 끝에 토론 대회 참석자들에게 이런 식의 행사를 거부하고 자신들이 마련한 대체 토론회에 참석해달라고 공지했다. '삶의 진정한 문제들에 대한 토론회: 과학, 연대, 지식기술'이라는 선동적인 명칭을 붙여가면서 말이다. 그들은 사람들이 진정으로 관심을 두는 주제들이 다뤄질 것이라고 추가 설명했다. 즉 실업, 경제 성장, 정치 위기, 이민 문제, 정보 기술, 문화 창조성 등에 관한 토론이 이루어질 것이라고 했다.

단지 몇몇 대학생들과 교수들과 기자들만이 이 대체 토론회에 참여하기로 했고, 참석자 절대 다수는 '공식 토론회'에 계속 참여했다. 무엇 때문이었을까? 관심 때문에, 아니면 호기심 때문에 아니면 의무감 때문에? 당연히 그 동기들이 너무 다양했기에 이유를 밝히기가 힘들었다.

진행자는 다음과 같이 오후 모임을 시작했다.

"고귀하신 왕비님, 임금님, 공주님, 친애하는 발언자 여러분, 토론회 참석자 여러분, 오늘 아침에 이어 토론을 계속하겠습니다. 물론 더 중요한 주제들을 다루어야 한다고 생각하시는 분들도 있지만, 제가 보기에는 우리가 선택한 주제들을 심도 있게 다루다 보면 다른 주제들에 대해서도 더욱 자유롭고 명석한 이해가 가능하게 될 것이라 생각합니다. 그러면 이제 주제를 선정하도록 하겠습니다.

토마 송이 다시 상자 속에서 쪽지를 꺼냈다.

"일반 주제는 여전히 '나는 무엇을 희망할 수 있는가?'이며, 구체적으로 '어떤 대상(혹은 이미지)과 어떤 글귀(혹은 시구)가 인간관과 희망 개념을 가장 잘 드러내는가?'라는 질문에 답해주십시오."

주제 소개에 이어 잠시 동안 침묵 시간이 주어졌다. 진행자가 침묵 시간 종료를 알리고 발언자들 중 원하는 사람에게 발언권을 주겠다고 하자, 모두가 서로 어색해하는 것이 역력했다. 이번에도 샤를르가 전장에 먼저 나서기로 작정했다.

"저는 과학자입니다만 시에도 관심이 많습니다. 그중에서도 특히 자크 프레베르의 시에 특별한 관심을 두고 있습니다. 여러분도 잘 아시겠지만 프레베르는 무신론자였습니다. '무신론자athée'라는 단어의 각 철자로 시작되는 프레베르의 시구에 의하면, 그는 절대적이고absolument 전적이고totalement 엄밀하고hermétiquement 놀라울 정도로 étonnament 총체적인 entièrement 무신론자였습니다. 자, 그러면 이제 그가 지은 구수한 시 한 수를 소개해드리겠습니다."

청중들은 입맛을 다시며 게걸스럽게 경청했다.


　　장례식 가는 달팽이들의 노래


　　낙엽의 장례식에

　　달팽이 두 마리가 찾아갔네.

　　검은색 껍질에

　　촉수에는 상장喪章을 하고서

　　저녁 무렵에

　　참으로 아름다운 가을 저녁에 출발했네.

　　그런데 도착하고 보니

　　어느새 봄이 되어버렸네.

　　죽었던 잎사귀들은

　　되살아났고

　　달팽이 두 마리는

　　실망이 대단했네.

　　그런데 태양이 나타나

　　그들에게 말했네.

　　어서 앉아들 보게.

맥주 한잔 들면서

생각이 있으닌

마음에 들면 타게.

파리행 버스를.

오늘 저녁 출발이네.

나라 구경을 하게.

슬퍼할 일이 없네.

내 말 들어보게.

한순간에 흰 것이 검어지고

그리고 추하게 되어버리네.

관에 관한 이야기는

슬프고 아름답지 않네.

색깔을 다시 취하게.

삶의 색깔을.

그러면 모든 동물과

나무와 풀들이

노래할 것이네.

목청을 다해서 말이네.

생동하는 노래를

여름의 노래를

모두 마시고

잔을 부딪치면서.

참 아름다운 저녁이네.

한여름 저녁

그리고 달팽이 두 마리는

집으로 돌아갔네.

아주 감격해서 말이네.

아주 행복하게 말이네.

너무 취해서

약간 휘청거리면서 말이네.

그때 저 높은 하늘에선

달이 그들을 보살펴주네.


청중들은 소름이 끼칠 정도로 쾌감을 느꼈다. 죽음이라는 심각한 주제를 그렇게 가볍게 다룰 수 있고 또 잔치에 비유할 수 있다는 사실이 청중들을 안심시켰던 것이다.

"여러분께서 잘 아시듯이 아인슈타인은 파리 한 마리를 보면서 경탄했다고 합니다. 아인슈타인에 비길 바는 못 되지만, 저도 나뭇잎 하나를 보면서 감탄할 때가 있습니다. 프레베르의 이 시구 역시 그런 감탄을 자아냅니다. 만일 인류가 거대한 나무라면, 각 개인은 다양한 색을 띤 나뭇잎일 것입니다. 새순이 나고 봉오리가 열리고 활짝 피게 되는…… 그리고 시들어 죽고 분해되는 그런 나뭇잎 말이지요. 우리 각 개인의 삶 역시 마찬가지입니다. 과학적으로 말하면, 봄에 '죽었던 잎들이 되살아났다'고 하는 프레베르의 말은 당연히 옳지 않은 말이지요. 분해된 후에 재생한다는 것은 불가능합니다. 하지만 완전히 사라져버리는 것은 아닙니다. 거름이 되어 큰 나무에게 양분을 제공해줄 수 있기 때문입니다. 그 나무가 쓰러져 분해될 때까지 말이지요."

어떤 남성이 발언권을 요청했지만 진행자는 세 발언자들의 발언이 끝나고 난 후 질문해달라고 부탁했다.

## 씨앗과 라자로

아나스타시아가 발언할 차례였다.

"그리스도교에서 말하는 희망을 어떤 대상이나 이미지가 가장 잘 드러낼까요? 송충이가 나비가 되는 상징이나 출산의 비유를 들어 말씀드릴 수도 있겠지요. 사실 루터는 그리스도의 부활을 그리고 이와 연결된 우리의 부활을 엄마의 배에서 태어나는 갓난아이에 비유한 일이 있습니다. 즉 머리만(부활한 그리스도) 새 세상에 나와 있고 몸은 아직도 옛 세상에 남아 있는 그런 모습 말이에요. 샤를르 씨가 희망을 묘사하기 위해서 식물을 선택했듯이 저도 그렇게 하겠어요. 그렇지만 저승에 대한 말은 모두 단지 비유에 불과하다는 점을 상기시키고 싶어요. 저는 수학자이기 때문에 명확하고 논리적이고 조직적인 것을 좋아하지요. 물론 담화의 차원을 혼동해서도 안 되겠지요. 논리학이 논리를 지니고 있듯이 미분화에도 나름대로의 논리가 있습니다."

그리고 아나스타시아는 대형 화면을 통해 작은 씨앗이 큰 풀로 변하는 모습을 보여주었다.

"예수님께서는 인간의 삶을 밀알에 비유했습니다. '밀알 하나가 땅에 떨어져 죽지 않으면 홀로 남게 된다. 하지만 반대로 죽게 되면 많은 열매를 맺게 된다'고 말이지요.

여기에서 바로 언어의 모호함과 함께 시적인 아름다움을 볼 수 있습니다. 물론 생물학적으로 볼 때 밀알이 죽게 되면 어떤 싹도 트지 못하는 것이지요. 하지만 씨앗이 싹으로 변하게 될 때, 옛 모습에 있어서는 죽었지만 새로운 모습으로 사는 것이지요.

그런데 사도 바오로는, 그리스도의 죽음과 부활에 대해 경탄하며, 우리 각자가 맞이하게 될 변화를 언급하고자 다음과 같은 비유를 들었지요. '여러분이 심는 것은 장차 이루어질 그 몸이 아니라 밀이든 다른 곡식이든 다만 그 씨앗을 심는 것뿐입니다. 몸은 하느님께서 당신의 뜻대로 지어주시는 것으로 씨앗 하나하나에 각각 알맞은 몸을 주십니다. (……) 죽은 자들의 부활도 이와 같습니다. 썩을 몸으로 묻히지만 썩지 않는 몸으로 다시 살아납니다. 천한 존재로 묻히지만 영광스러운 존재로 다시 살아납니다. 약한 자로 묻

히지만 강한 자로 다시 살아납니다. 육체적인 몸으로 묻히지만 영적인 몸으로 다시 살아납니다.'

일신론의 입장에서 보면 인간은 (유물론에서 말하는 것처럼) 사라져버릴 나뭇잎이 아니고 (일체론이 말하는) 무한한 대양의 물방울도 아닙니다. 오히려 기쁨과 고통 속에서 살고 죽고 되살아나는 밀알에 가깝습니다."

아나스타시아는 샤를르가 인용한 시구에 토를 달면서 발제를 마쳤다.

"프레베르의 아름다운 시와 무관하지는 않지만, 예수님과 바오로 사도는 죽음이 변모라는 것을 알고 있었습니다. 하지만 프레베르와는 달리, 그들은 죽음 후에 모든 것이 사라지는 것이 아니라 지속되는 것이 있다고 확신했습니다. 그리고 프레베르와 마찬가지로 그들은 슬픔을 이기고 노래하고 마시고 즐거워하라며 초대합니다. 또 프레베르와 달리, 자연 주기가 모든 것이 아니라, 신비 안에서 사랑하시고 살아 계시는 하느님이 삶과 죽음과 죽음 이후에 우리와 함께하신다고 합니다."

아나스타시아에게서 약간 걱정스러운 눈빛이 보였다.

"여러분에게 우화를 하나 소개하라는 요청을 받았기에, 예수님께서 들려준 우화를 소개해보겠습니다. 어쩌면 여러분에게 충격적으로 들릴지도 모르겠습니다. 죽어서도 사람들에게 명령을 하는 어떤 부자와 가난한 라자로에 관한 우화입니다. 그런데 이 우화에 따르면, 두 사람은 죽은 후에 현세에서보다 더 멀리 떨어져 있다고 합니다. 영성과 돈, 죽음과 희망은 서로 분리될 수 없는 주제들이라는 것을 잘 보여주는 우화입니다.

옛날에 어떤 부자가 있었는데, 그는 아주 좋고 비싼 옷을 입고 날마다 맛있는 음식을 먹으며 호화롭게 살았다. 그의 집 문 앞에는 라자로라는 가난한 사람이 누워 있었다. 그의 몸은 온통 상처투성이었다. 그는 부자의 식탁에서 떨어지는 음식 조각들로 배를 채우고 싶었다. 그러나 개들이 와서 그의 상처를 핥곤 하였다.

그 가난한 이가 죽자 천사들이 그들 아브라함 곁으로 데려갔다. 부자도 죽게 되어 땅에 묻혔다. 부자는 저승에서 많은 고통을 받으며 눈을 들어보니 멀리 아브라함과 그 곁에 있는 라자로가 있었다. 그래서 그는 소리쳤다. '아브라함 아버지, 저를 불쌍히 여겨주십시오. 라자로를 보내시어 그 손가락 끝에 물을 찍어 제 혀를 식히게 해주십시오. 이 불 속에서 너무나 고통스럽습니다.' 그러자 아브라함이 말했다. '얘야, 너는 살아 있는 동안에 좋은 것들을 많이 받았고 라자로는 불행한 것을 많이 받았다는 것을 기억해라. 이제 그는 여기에서 위로를 받고 너는 고통을 받고 있다. 게다가 너희와 우리 사이에는 깊은 구덩이가 있어서 이곳에서 너희들이 있는 곳으로 갈 수가 없고 또 네가 있는 곳에서 우리들이 있는 곳까지 오지도 못한다.' 부자가 말했다. '아버지, 그렇다면 제발 라자로를 제 아버지

집으로 보내주십시오. 제게는 다섯 형제가 있는데, 라자로가 그들에게 경고하여 그들이 이 고통스러운 곳에 오지 못하도록 해주십시오.' 아브라함이 말했다. '네 형제들은 모세와 예언자들이 있으니 그들의 경고를 들을 것이다.' 부자가 말했다. '그것만으로는 부족합니다. 아브라함 아버지. 죽은 사람들 가운데서 누군가 그들을 찾아가면 그들은 태도를 바꿀 것입니다.' 하지만 아브라함은 그에게 말했다. '그들이 모세와 예언자들의 말을 듣지 않으려 한다면, 죽은 자들 가운데서 누가 다시 살아나도 그들은 말을 듣지 않을 것이다.'

성서 전문가들이 말하듯, 이 우화의 핵심은 마지막 글귀에 담겨 있습니다. 마음이 굳어버리면, 예수님께서 말씀하듯이, 죽은 이들 가운데서 누군가가 부활해 회개하라고 요구해도……."

아나스타시아가 말을 끝내지 못했는데, 신마르크스주의자 대학생이 더 이상 참지 못하고 일어나 큰 소리로 외쳤다.

"저승에서 가난한 사람들이 위로받는다고 하는 그런 전설 같은 주장 때문에 지금 여기에서 사회혁명을 이루는 데 엄청난 장애가 생깁니다. 창피한 줄이나 아시오!"

아나스타시아가 차분하게 답변했다.

"이 우화는 가난한 사람들에게 값싼 위로를 제공하는 것이 아닙니다. 무엇보다 부자들을 향해 경고하고 있습니다. 이 우화는 사실 좌익이나 우익의 그 어떤 정치적 발언보다 더 신중하게 행동에 대한 책임을 지라고 말하고 있습니다."

칼뱅 교수가 이 논쟁에 종지부를 찍으면서 라다 양에게 발언권을 주었다.

## 철새와 다이아몬드

"감사합니다. 힌두교인들이 말하는 희망을 잘 표현한 우화는 지난 세계 종교 대회에서 크리슈난다 스와미께서 소개해준, 새 두 마리에 관한 우화입니다. 이 우화를 약간 변형시켜서 제가 의도하는 바를 말씀드리겠어요. 백조나 백로 같은 어여쁜 흰 철새 한 마리를 상상해보세요. 산스크리트어로는 '함사'라고 하지요. 그리고 이 새가 나뭇가지 아래쪽에 둥지를 틀고 있다고 상상해보세요. 그런데 이동 시기가 되어 이 철새는 둥지를 떠났다가 다음해에 다시 돌아와 좀 더 높은 나뭇가지에 둥지를 다시 튼다고 생각해보세요. 그러다 눈을 들어 위를 보니 대단히 웅장하고 빛나는 새 한 마리가 있었어요."

라다는 잠시 말을 멈추고 임금과 왕비를 응시했다.

"나무 아래에 있는 그 새는 저 높은 곳에 있는 새의 웅장한 자유로움에 매료되었지요. 그래도 삶은 계속되지요. 기쁨과 괴로움, 힘든 투쟁과 작은 만족들을 경험하면서 말이지요. 그리고 다시 떠나야 하는 이동 시간이 오고 또다시 되돌아와서 조금 더 높은 가지에 자리를 잡습니다. 눈을 들어 위를 보면서 꼭대기에 있는 위대한 백조에 심심 가까워지면서 흰 새는 자신의 깃털에서 빛이 나는 것을 보게 됩니다. 여러 번 둥지를 바꾸고 천천히 위로 올라가던 그 새는 결국 나무 꼭대기에 도달합니다. 그리고 자신의 몸에서 나는 빛이 그 웅장한 백조의 빛과 전혀 다르지 않다는 것을 의식하게 됩니다."

인도 여인의 얼굴에는 아름다운 미소가 가득했다. 얼마 동안 참석자들은 시간이 멈춘 것만 같은 인상을 받았다.

"함사 혹 흰 새는 궁극적 실재인 브라흐만과 동일한 인간의 영혼을 비유한 것입니다. 죽음이란 둥지를 바꾸는 것과 다르지 않습니다. 무엇 때문일까요?"

그때 라다는 참석자들에게 호흡을 의식해보라고 했다. 그리고 설명을 덧붙였다.

"『함사 우파니샤드』라고 하는 유명한 문헌에 보면, '함사'는 호흡의 두 순간과 동일합니다. '함'은 들숨을 '사'는 날숨을 의미합니다. 이 둘은 끊임없이 몸 안으로 들어오고 나가는 영혼에 대한 상징입니다. 마치 하늘로 날아오르는 새가 발을 뒤로 붙이는 것처럼 말이지요. 많은 동양인들이, 우리 각자 안에 있는 위대한 새가 더 이상 이동하지 않고, 들숨과 날숨의 끊임없는 주기를 넘어서길 희망합니다. 즉 궁극적 실재의 무한한 아름다움 안으로 들어서길 희망합니다."

그때 토마 송이 라다에게 이를 표현하기 위해 어떤 대상을 선정했는지 물었다.

"한 가지 대상을 선택해야 한다면, 저는 다이아몬드를 들 것입니다. 샤를르 씨가 선택한 나뭇잎과 아나스타시아 씨가 선택한 밀알과는 반대로, 다이아몬드는 결코 죽지 않는 의식의 영원성을 반영합니다. 우리 각자 내부에는 찾아야 하는 영원한 보물이 있습니다. 인도 전통에서 다이아몬드는 파괴할 수 없는 것에 대한 상징입니다. 산스크리트어로 다이아몬드는 (번개를 의미하기도 하는) '바즈라'라고 하며 티베트어로는 (흔히 왕홀을 통해 상징화되는) '도르제'라고 하지요. 다이아몬드의 아름다움으로 인해 티베트에서 발전한 불교를 바즈라야나, 금강승이라고 칭하기도 하지요."

그리고 모두가 오랫동안 기억하게 될 사건이 발생했다. 라다는 기술진에게 회의장의 조명을 약간 어둡게 해달라고 신호를 보냈다. 그녀는 자리에서 일어나 다양한 색상의 천들을 찾아와서 조용하고 쾌활하며 초연한 목소리로 청중들에게 말했다.

"인도 전통의 한 유명한 문헌은 죽음과 저승에 대해 아주 쉽게 설명했습니다. 여러분에게 긴 설명을 하기보다는 아주 단순하게 이를 보여드리겠어요."

라다는 무대 위에서 어두운 곳에 자리를 잡았다. 그리고 그 문헌을 암송했다. 천천히 옷의 단추를 열면서.

"낡은 옷을 벗어버리는 사람처럼……."

그녀는 아무런 거리낌 없이 청중 앞에서 옷을 벗어내렸다. 마치 아무도 없는 욕실에 혼자 있는 것처럼. 상의가 흘러내렸고 풍만한 상체가 드러났다. 그리고 색이 바랜 청바지도 벗어내렸다. 날씬한 다리는 부드러워 보였다. 조심스레 등을 청중에게 돌리고서 완전한 나체의 몸이 되었다. 자유로우면서도 아름다운 몸짓을 하며 빛나는 사리를 몸에 걸쳤다……. 그리고 계속 문헌을 암송했다.

"그리고 다른 새 옷을 입는 사람처럼, 육화된 영혼은 낡은 육신을 벗고 새로운 육신을 향해 떠나간다. 이 영혼은 매서운 칼날로 자를 수 없고, 불로도 태울 수 없으며, 물도 적시지 못하고, 바람도 말리지 못한다. 영혼은 잘리지 않고, 타지 않으며, 젖지도 않고 마르지도 않는다. 영혼은 불가결하고 모든 곳에 존재하며, 안정적이며 흔들리지 않고 영원하다."

그녀는 수수께끼 같은 말을 통해 그렇게 대담한 발제를 마쳤다.

"옷이 바뀌어도 육신이 남아 있듯, 육신이 바뀌어도 영혼은 남아 있습니다."

그러고서 불같은 색의 우아한 사리를 걸친 그녀는 제자리로 돌아왔다. 마치 친구들과 차를 한잔 마시고 온 것처럼 자연스럽게.

청중은 무슨 말을 해야 할지 몰랐다. 수많은 함성들이 터져 나왔다. 탐식가 파울로는 시각 장애 때문에 옆 사람에게 자기 요가 선생이 무대에서 무엇을 했는지 물어야 했다. 흡족해하는 미소가 그의 얼굴에 떠올랐다. 레오 수사는 이 젊은 인도 여성의 무대에 놀라기도 했고 감탄하기도 했다.

# 추위

토마 송에게는 정신을 차릴 시간이 어느 정도 필요했다.

"이제 이런 특별한 실례를 뒤로하고 우리의 탈의脫衣를, 아니 토의를 다시 시작하겠습니다."

조교의 실수에 청중들은 박장대소했다. 그래도 그는 어색한 기색도 없이 살짝 미소를 지었다. 어떤 사람들은 조교가 의도적으로 말장난을 했다고 의심했다.

"첫째 날 토의를 마치기 전에 발언자들과 참석자들 간의 의견 교환의 시간을 갖기로 하겠습니다. 어느 분이 먼저 발언하시겠습니까?"

샤를르 드락이 발언권을 요청했다. 그는 토의의 수준을 좀 높여야 할 것 같은 느낌을 받았다. 그러지 않고서는 자신의 명분이 서지 않을 것 같았기 때문이다.

"우리는 아주 현혹적인 광경을 보았고 또 애매모호한 비유들을 들었습니다, 그렇지만 이제는 다시 지상으로 돌아와야만 하겠습니다. 제 옆에 있는 미모의 두 여인은 금강석과 불멸의 의식에 대한 찬사를 아끼지 않았습니다. 하지만 이는 모두 꿈에 지나지 않습니다. 우리는 우주의 모든 것이 결국에는 소멸할 것을 잘 알고 있습니다. 신도 없고 영혼도 없는 세상에서, 우주의 최종 지배자는 바로 분해입니다. 우주론적으로 보면, 열역학 법칙의 두 번째는 엔트로

피의 증가를 예견합니다."

"그것이 무엇을 의미하는지 설명해주시겠습니까?"라고 토마 송이 물었다.

"간단히 말하자면, 우주는 어쩔 수 없이 더욱더 무질서상태, 미분화상태 또 에너지 교환이 감소하는 그런 상태를 향해 간다는 것입니다. 수천만 년 후에 태양은 사라질 것입니다. 그리고 우리 은하계도 그렇게 될 것입니다. 관찰 가능한 우주에 찬 수천만의 다른 은하계 중 몇몇도 그렇게 될 것이지요. 우주의 소멸은 불가피합니다. 물론 인간이 언젠가 은하계 간의 여행에 성공하게 될지라도 우주의 온도는 절대 0도를 향할 것이고, 모든 것은 분해될 것입니다. 만일 모든 것이 빅뱅(초기 폭발)을 통해 이루어졌다면, 모든 것은 빅크런치(종말 파열)가 아니라 팽창과 용해를 통해 끝날 것이라고 다수의 학자들은 말합니다.

한 천체 물리학자는 우리의 미래를 다음과 같이 잘 요약해놓았습니다. '우주 대장정의 결과는 바로 온도사溫度死일 것이다. 대부분의 물질은 용해되어 저온 광선이 될 것이고 몇몇 (전자, 양전자, 중성미립자 같은) 경미립자들은 계속 팽창되는 우주 안에 흩어질 것이며, 그 온도는 절대 0도에 가깝게 될 것이다.' 우리가 원하든 원하지 않든, 모든 것은 결국 용해되고 저온 광선이 되어 끝을 보게 될 것이란 말입니다.

그리고 이 천체 물리학자는 유명한 버트런드 러셀의 글귀를 인용하면서 분석의 결론을 내립니다. '과거의 모든 작업, 신앙 행위, 영감, 천재성은 소멸할 것이고 인간 착취의 성전은 잔해가 된 우주의 파편 조각 밑에 파묻히고 말 것이다. 이 모든 것이 이제는 너무 확연하기에 그 어떤 철학 체계도 이를 외면할 수 없다.'

저 역시 이를 외면하지 않습니다. 하지만 가능한 한 기쁘게 살고 싶으며 또 우리 생태계의 상태를 개선하고자 할 것입니다. 제가 부탁드리고 싶은 것은 바로, 이제 더 이상 사후 세계에 관한 무익한 사색으로 시간을 낭비하지 마시라는 것입니다."


## 다이아몬드와 소멸인가, 다이아몬드 아니면 소멸인가?

라다 양이 전혀 당황하지 않고 말을 이었다.

"샤를르 씨 고마워요. 이 토론의 핵심을 잘 짚어주었어요. 즉 우리는 다이아몬드와 소멸 중에서 선택해야 하지요!"

생물학 교수는 이 말에 신경이 거슬렸다.

"라다 선생님, 아니 라다 씨, 문제를 그런 식으로 처리하면 어찌합니까? 그런 식으로 말하면, 누구나 다 다이아몬드를 선택할 거잖아요. 그렇지만 결국 선택의 여지가 없습니다. 그것은 마치 사형수에게 형을 받을 것인지 해변가에 놀러 갈 것인지 선택하라는 것과 같습니다. 사형수는 당연히 아름다운 백사장에 가기를 원하겠지만, 결국은 전기의자에서 생을 마감하게 될 것입니다."

"그래도 마지막 순간에 사형수가 사면 받을 수 있을지 누가 알아요?"

"하지만 우주는 사면을 받을 수 없습니다."

"바로 그 점에 있어서 우리는 의견이 다르지요. 샤를르 씨는 우주에는 물질밖에 없다고 하잖아요. 하지만 저는 또 다른 실재가 있다고 확신해요. 그래도 다이아몬드와 소멸 중에서는 선택이 필요 없다는 점에 동의해요. 불자들에 따르면, 양자는 동시에 이루어진답니다. 소멸(열반)을 경험하면서 금강석 역시 경험하게 되는 거죠."

라다가 이 뜻밖의 주장을 설명할 틈도 없이, 샤를르는 아나스타시아를 향해 자신은 그 말에 동의하지 않는다고 했다.

"라다 씨가 환생하는 다이아몬드와 '다른 실재'에 대해 자기 관점을 표명하는데, 아나스타시아 씨 역시 이 '다른 실재'를 믿는 것처럼 보입니다. 그리고 이 '실재'는 심지어 죽은 자들을 되살릴 수 있다고 하는데요. 제가 이해할 수 없는 것은 어떻게 그런 신화적인 담론들이 오늘날에도 문자 그대로 받아들여질 수 있는가 하는 점입니다. 말도 안 되는 일이지요. 루돌프 불트만과 폴 리쾨르 같은 20세기 최고의 신학자와 종교철학자는 이런 신화적 담론들을 말 그대로 받아들여서는 안 된다고 명확히 밝혔습니다. 그런데 자칭 수학자라고 하는 아나스타시아 씨도 아무런 어려움도 없이 그것을 믿는 것처럼 보이는군요."

"샤를르 씨 말도 일리가 있어요. 사실 신학자들 중에도 부활을 믿기 힘들어하는 사람들이 있어요. 불트만은 실제로 종교적 담론이 언제나 당시의 신화와 밀접한 관계를 맺고 있기 때문에 '탈신화화'해야 한다고 가르쳤죠. 순진하게 '이곳의 저편'이라고 객관화하는 것을 거부하면서 죽을 때까지 '신의 미래'를 향해 실존적으로 개방된 자세를 취하라고 말했지요. 그에 따르면 그리스도의 부활을 사실로 인정하는 것은 불가능한 일이지요. 그리고 리쾨르는 불트만의 뒤를 이어 '개인적 생존' 개념을 포기해야 하며, 또 그의 마지막 저서에서 볼 수 있듯이 '죽을 때까지 살아 있으라'고 결론 내립니다."

## 몰이해의 이해

샤를르가 말을 받았다. "아니 그 두 뛰어난 학자들이 개인적 생존 같은 것을 믿지 않는데, 아나스타시아 씨는 어떻게 그런 신념에 동조한단 말입니까?"

"제가 동의하는 바는 먼저 그런 '개인적 생존'에 대한 신념이 아니라, 바로 철학자들이 말하는 '길들여진 신'과는 전혀 다른, 살아 계시는 하느님에 관한 것입니다. 좀 더 설명하자면, 불트만은 하이데거의 존재Dasein 개념에 의거하고 있어요. 다른 사상가들이 칸트의 '물자체'나 헤겔의 절대정신, 베르그송의 엘랑 비탈Elan vital 개념에 의거하듯이 말이지요. 너무 전문적인 논쟁을 할 필요는 없지만, 저는 파스칼을 따라서 예수 그리스도의 하느님은 철학자들과 학자들의 신과는 다르다고 생각해요. 유태인들과 그리스도인들의 하느님은 어느 누구도 붙잡아놓을 수 없는 주체이신 하느님인 반면, 철학자들과 학자들의 신은 체계화된 신, 인간에 의해 형성되고 인간에 의해 축소된 신에 불과하지요. 그 신이 아무리 뛰어나다고 해도 말이지요……."

그러고서 아나스타시아는 토마 송이 소개했던 도식들에 근거해 자신이 약간 수정한 두 가지 도표를 대형 스크린에 투사하게 했다.

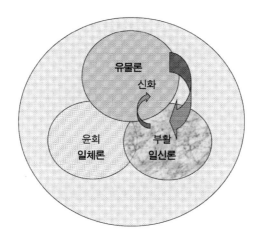

아나스타시아가 말을 이었다. "유물론적 관점에서 볼 때, 일신론의—또는 일체론의—담론이 전혀 의미 없는 것으로 보이는 것은

당연하지요. 만일 모든 것이 물질로 귀속된다면, 죽은 자들을 부활시키는 신 개념은 수백억 개의 신경세포를 지닌 복합 체계인 뇌에 의한, 미숙하고 병적인 투사에 불과하겠지요. 신학자 칼 바르트는 유물론자들이 물질의 중요성을 인정하는 점에 있어서는 전적으로 옳지만, 모든 국면에 있어서 오직 자신들만이 옳다고 주장하는 것은 옳지 않다고 지적했어요. 많은 신학자들과 철학자들이 성전聖典에 대한 유물론적—또는 불가지론적—해석에 근거하여 세상을 이해하고자 했습니다. 그래서 부활이 이해될 수 없는 것으로 거부되는 것은 당연한 일이지요."

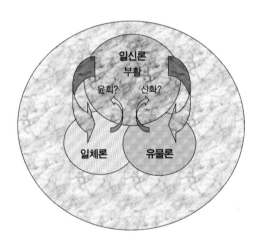

"반면에 (유물론, 일체론, 불가지론 같은) 다른 세계관들의 직관과 문제들을 수용하는 일신론의 관점에서 보면, 하느님은 세상을 창조하고 또 재창조할 수 있는 자유로운 주체이십니다. 하느님이 그

런 주체라면, 그리스도의 부활과 우리의 부활은 전적으로 믿을 수 있는 것이지요."

"신이 존재한다면 말이지요……." 샤를르는 들으란 듯이 미심쩍은 목소리로 말했다.

많은 사람들이 손을 들었지만 부족한 시간을 감안해 칼뱅 교수가 조교에게 토의를 마치라는 신호를 보냈다.

"고귀하신 청중 여러분, 신사 숙녀 여러분, 열심히 경청해주셔서 감사합니다. 토론회는 이제 시작에 불과합니다. 앞으로도 여러분께서 발언할 수 있는 기회가 주어질 것입니다. 오늘 회의를 마치기 위해서 또 내일의 토의를 준비하기 위해서, 에드가 모랭의 말을 한 번 음미해보시길 바랍니다."


무엇인가를 이해하기 위해서는 패러다임을 알아야 한다. 즉 우리 자신의 사고 구조와 타자의 사고 구조를 말이다. (……) 하지만 우리가 자신의 패러다임과 타자의 패러다임을 의식하게 되면 무엇을 이해하게 되는가? 몰이해를 이해하게 된다! 이 점은 대단히 중요하다. 우리는 인간관계에 있어서 이해할 수 없는 것을 이해하게 되는 것이다.


갑자기 익살꾼 광대가 자리에서 뛰쳐나와 단상에 올랐다.

"몰이해의 이해라! 사람들이 이해하지 못하는 나 말이오. 아, 이제야 좀 이해받는 것 같구먼. 여러분은 이제 왜 그런지 이해하게 될 거라고요."

익살꾼 광대는 상의의 단추를 풀면서 어떤 문구를 암송하기 시작했다.

"낡은 옷을 벗어버린 그 여성과 마찬가지로……." 그사이 현자가 급히 달려 나왔고 사복 경찰 몇 사람이 뒤를 따랐다. 그리고 이 가공하고 전혀 예상 불가능한 친구를 장외로 끌어냈다. 다행히 사건은 빨리 수습되었고 칼뱅 교수는 청중들에게 인사말을 할 수 있었다.

"오늘의 토의를 마치겠습니다. 참석해주신 여러분 모두에게 감사합니다. 편안한 밤을 맞이하시길 바라며 내일 아침 다시 뵙겠습니다."

진행자는 그날 밤이 편안하지 않을 것이며, 특히 다음 날 역시 편안하지 않으리라고는 전혀 상상하지 못했다.

## 모든 것이 뒤죽박죽이 되면

라다 양과 샤를르 교수와 아나스타시아 양은 칼뱅 교수, 송 조교, 몇몇 대학 관계자, 정치인들과 함께 인근 음식점으로 갔다. 무언가 알 수 없는 걱정거리들이 있었지만, 식사는 그래도 좋은 분위기로 끝났다.

그런데 프레데릭 다미앙 데로쉬 교수는 아주 노한 상태에 있었
다. 지닉 익사에 소내받지 못했을 뿐만 아니라 특히 토론 대회의 분
위기가 심상치 않았기 때문이다. 철학과에서 윤리사를 강의하는
데로쉬 교수는 사실 칼뱅 교수가 학장에 선출되기 전까지 학장직
을 역임했었다. 그는 이런 명예직을 수행하는 것을 직장생활의 목
적으로 삼고 있었다. 그래서 동료 교수들에 의해 인정받을 수 있는
기회가 있을 때마다 교수들에게 개별적으로 아부를 하거나 어떤
교수들의 약점들에 대해 이런저런 소문을 퍼트리기도 했다.

조교 시절과 교수 시절 초기에는 인정받고자 하는 병적 증세
가 그리 눈에 띄지 않았지만, 시간이 지날수록 그의 '이중적인 면'
은―그래서 '양날 도끼'라는 별명을 얻기도 했다―점점 더 드러나
게 되었다. 많은 이들이 알고 있지만, 굳이 이 자리에서 자세히 설
명할 필요가 없는 그런 심각한 사건이 발생했다. 다름 아니라 다혈
질의 유혹자 같은 데로쉬 교수가―실수가 아니라면 정당하게―신
용을 완전히 상실하게 된 일이 있었다. 교수들 사이에 그의 거동,
능력, 특히 '소삭'에 대한 비판이 퍼졌고 나중에는 공식적으로 알려
지게 되어, 심적으로 큰 충격을 받게 된 것이었다.

처음에는 사직서를 제출하려고 마음먹었지만 대단한 인내력으
로 이 난관을 뚫고 나갔고, 신임 조교들과 교수들 간에 상당한 인맥
을 형성했고, 심지어 학과뿐 아니라 대학 지도부에까지 자기 사람

을 심어놓는 데 성공했다. 그는 본능적으로 많은 이들이 자신을 지지하고 있다는 것을 느꼈다.

그래서 토론 대회에 대해 몇몇 교수들이 비판적인 입장이라는 것을 알아차리고서, 물론 그 자신 역시 이에 포함되었지만, 공개서한을 작성하여 여러 교수들과 조교 그리고 대학생들의 서명을 받아 대학 총장에게 전했고 왕국의 기자들에게도 보냈다. 그 내용의 일부는 다음과 같다.

총장님 귀하,

총장님께서 현직에 임명된 이후로 우리 대학의 이름은 날로 빛나고 있습니다. 총장님의 헌신적이고 끊임없는 노력 덕분에 우리 대학의 위상은 계속 상승하고 있습니다. (……)

이미 알고 계시겠지만, 현재 우리 대학 내에서 좀 낯선 모임이 이루어지고 있습니다. 이런 토론회가 교회나 시청사에서 이루어졌다면 어느 누구도 반대하지 않을 것입니다. 하지만 이런 형태의, 준비조차 제대로 되지 못한 토론회가 우리 대학 구내에서 이루어지는 것은 심상치 않은 일입니다. 더욱이 토론 대회 의장 역시 합당하지 못한 인물이라고 많은 사람들이 생각하고 있습니다.

이렇게 우리 대학의 이미지를 손상시키는 일을 잘 처리해주시리라 생각하며 이만 줄이겠습니다.

이 편지에는 60여 명의 서명이 추가되어 있었고, 데로쉬 교수 역시 포함되어 있었다.

셋날의 토론회가 끝나자 임금은 피로를 느꼈다. 세 사람의 발제는 자신의 생각을 명확히 하는 데 도움이 되었지만 의심 또한 더욱 깊어졌다. 레오 수사와 나누었던 짧은 대화에 힘입어 임금은 이제 막 시작된 여정을 지속할 수 있는 용기를 얻었다.

왕비는 한 눈으로는 토론회를 지켜보았고 다른 한 눈으로는 아무도 모르게 자주 파울로를 살펴보았다.

공주는 토론을 통해 제기된 많은 문제들로 혼란스러웠지만 병원을 향했다. 얼마 동안 조용히 비비안 곁에 있기 위해서였다. 그런데 충격적인 일이 발생했다. 친구가 있는 병동에 도착하자, 사람들이 흥분해 있는 것을 직감했다. 간호사들이 급히 이리저리 달렸다. 어떤 간호사가 공주를 알아보고 기쁜 얼굴로 멈추어 섰다. 무엇인가 공주에게 말하고 싶었지만 자제하는 듯했다.

"주치의께서 공주님에게 좋은 소식을 전할 것입니다!"

살로메 공주의 심장이 급하게 뛰기 시작했다. "아니야, 그럴 리가 없어. 그렇게도 기다리던 일이 현실이 될 리가……"라고 말하며 마음을 진정시키고자 했다. 그런데 그 불가능한 일이 정말로 일어났다.

# 터널 통과

병원장을 통해 의료진은 기쁘면서도 믿지 못하겠다는 듯 공주에게 비비안이 4년이란 긴 세월의 무의식상태 아니 투옥상태에서 깨어났다고 알렸다. 비비안이 간단하게나마 몇 마디 말도 할 수 있는 상태라는 것이었다.

병실에 들어선 공주는 반갑게 미소 짓고 있는 친구를 보고서 눈물을 주체할 수 없었다. 두 사람은 서로 얼싸안고서 상대의 체온을 느꼈다. 거의 30여 분 동안, 의사들의 만류에도 불구하고 서로의 소식을 물었다. 공주는 어떤 대화도 불가능했던 그 긴 시간 동안을 어떻게 지냈는지 말했다. 비비안은 참으로 이상한 일들에 대해 말해주었다. 나중에 공주가 전해준 바에 따르면, 비비안이 설명해준 내용은 대략 다음과 같았다.

"마치 몇 시간 정도 떨어져 있었던 같은 느낌이었어. 아니 어쩌면 몇 백 년일지도 모르지만. 지상에 있을 때와는 완전히 다른 시간을 겪었던 거야. 사람들이 내 곁에 있다는 것을 느낄 때도 있었어. 그렇게 성실하게 나를 돌보아줘서 모두에게 너무나 고마울 뿐이야. 가끔은 사람들이 나와 대화하려 한다는 것을 이해할 수 있었어. 의료 장치들을 뽑아달라고 말하고 싶기도 했지. 피로와 자살 시도 때문에 그런 것이 아니라 내가 경험한 저곳이 너무나 특별했기 때문이었어.

무슨 일이 일어났는지 들어봐.

난 우선 나 자신 안으로 빨려 들어가는 느낌을 받았어. 그리고 부양되는 것 같았지. 병실 천장에서 힘없이 누워 있는 내 몸을 보았어. 그리고 어두운 터널에 빠져 소용돌이에 휩쓸렸어. 그 터널은 평안하지도 고통스럽지도 않았어. 무어라 말로 설명할 수가 없어. 옷에 비유하자면, 마치 세탁기 안에 놓인 더러운 셔츠가 이겨지고 짓눌렸다가 하얗게 되고 깨끗해져서 탈수되는 것만 같았어.

그러고는 터널을 빠져나와 어떤 세계에 도착했지. 아니 다차원 세계라고 해야 할 그런 곳이었어. 한 공간이 다른 공간들을 둘러싸고 있는 그런 곳이란 것을 직감했지. 내가 도착한 곳에는 여러 종류의 피조물들이 있었어. 어떤 것들은 내가 아는 것들이었지. 내가 지상에서 알았던 나비, 난초, 고양이, 사람들 말이야. 반면 내가 전혀 모르는 것들도 있었어. 반투명한 몸으로 날아다니는 것들, 예리한 눈을 한 채 굽실거리는 괴물들, 서로 즐겁게 대화하는 것처럼 보이는 미세한 곤충들 등등 말이야.

그래서 사람처럼 보이는 존재들에게 다가갔어. 움직이면서 내가 새로운 몸을 받았다는 것을 알 수 있었어. 거울이 없어서 내 모습은 알 수가 없었지.

그리고 내가 아는 것만 같은 사람에게 이끌렸지. 남자였는지 여자였는지 모르겠지만. 전혀 말을 하지 않고서 우리는 서로 통교했는데, 마치 내부에서 팽창된 것처럼 투명했어. 갑자기 이 신비롭고 가깝게 느껴졌던 존재가 자신의 정체를 밝혔어. 그것은 바로 할머니의 영혼이었어!

할머니가 돌아가신 후에 내가 겪었던 모든 두려움이 사라져버렸고, 공중으로 부양하는 것처럼 느껴졌어. 할머니를 부둥켜안으려고 달려갔는데, 전혀 예상치 못하게 난 다시 그 어두운 터널 안으로 빨려 들어가버렸어……. 슬퍼하면서 소리 지른 기억이 나지만 아무런 소리도 내 입 밖으로 나오지 못했어. 그리고 난 다시 이 병실에 있게 된 거야. 이 경험을 한 이후로, 내가 원하는 것은 이제 바로 그 꿈같은 세상으로 되돌아가는 것뿐이야. 그렇지만 아직 시간이 되지 않았다는 것도 알 수 있어. 내가 정신이 나갔다고 생각하지 말아줘, 살로메."

공주는 자신의 친구를 정신병자로 취급하지 않았다. 오히려 기뻐했다. 처음으로 신뢰할 수 있는 사람에게서 임사 체험에 대해 듣게 되었기 때문이다. 마음에 와닿지 않는 종교적 담론보다 죽음과 저세상의 신비가 훨씬 더 관심을 끈다고 느꼈다.

공주는 궁전에 돌아와 토론 대회 진행자에게 이 주제를 내일 다루어 달라는 부탁의 메시지를 보냈다. 그리고 부모와 대학 총장에게도 이 메시지의 복사본을 보내는 것을 잊지 않았다.

토론회
둘째 날

나는 무엇을
인식할 수
있는가?

## 영혼은 있는가?

토론회 둘째 날은 좀 소란스럽게 시작되었다. 언론에서 라다 양의 발제에 온 신경을 기울였기 때문이다. 몇몇 신문에서 다음과 같은 기사 제목들을 볼 수 있었다. "전라全裸의 동양 지혜", "대학에서의 스트립 쇼" 등등.

물론 토론 내용에 관심을 둔 언론들도 있었다. "분해, 환생 아니면 부활, 원하는 것을 선택하시오", "당신은 유물론자, 일체론자, 일신론자 중 무엇입니까?" 등등. 데로쉬 교수가 잘 아는 사람이 편집장으로 있는 한 신문사는 "토론 대회, 대학의 수치!"라는 제목으로 기사를 싣기도 했다.

칼뱅 교수는 대학 총장에게 전달된 공개서한을 보고 마음이 상했다. 토론은 제대로 준비되지 않았고 의장도 제격이 아니라는 식의 중상은, 바로 자기 자신을 겨냥한 말이었다. 서명자 명단에서 악의에 찬 동료 교수의 이름을 보고, 그는 누가 이런 발상을 했는지 의심조차 할 필요가 없었다. 아침 일찍 걸려 온 총장의 전화 덕분에 그래도 약간은 마음을 놓을 수 있었다. 총장은 공주의 편지를 막 받아본 차였다. 임금 가족보다는 동료 교수들의 빈축을 사는 것이 더 낫다는 생각에 칼뱅 교수를 지지하기로 한 것이었다. 물론 토론의 '학문적 질'이 떨어지지 않게 하라는 당부도 있었다.

전날보다 더 많은 사람들이 몰려들었다. 강당 두 곳은 완전히 만원이 되었다. 초대받은 주요 인사들도 모두 참석했다. 진행자는 관례적인 인사말을 전하고서 조교에게 새로운 문제를 뽑으라고 했다. 토마 송은 상자 안에 손을 집어넣어 파란색 쪽지를 꺼냈다. 그가 차분한 목소리로 쓰인 글을 읽었다.

"일반 주제는 '나는 무엇을 인식할 수 있는가?'이며 구체적으로 '뇌와 의식 사이에는 어떤 관계가 있다고 생각하는가?'라는 질문에 답을 하겠습니다."

진행자는 기회를 놓치지 않고서 한 가지 질문을 추가했다.

"뇌와 의식 사이의 연관성의 문제에 있어서, 임사 체험을 어떻게 봐야 할 것인지에 대해 구체적인 설명을 부탁드립니다."

공주는 칼뱅 교수에게 감사의 미소를 보냈다.

# 당나귀와 벌과 철학자

발언자 세 사람은 먼저 일반 주제를 다루도록 요청받았다. 라다 양이 제일 먼저 위험을 감수하기로 했다.

"나는 무엇을 인식할 수 있는가? 아주 방대한 질문입니다. 기원 전 6세기경부터 그리스와 인도에서는 옛 사상과 종교적 신화들을 비판하는 운동이 있었습니다. 서양에서는 소크라테스를, '철학의 아버지' 내지, 모리스 메를로-퐁티가 말했듯이 '철학의 수장'이라 고 부릅니다. 소크라테스에게서 가장 많이 배우는 것은 바로 회의, 자유롭고 비판적인 사고, 모순이 드러나게 하는 질문입니다."

라다는 샤를르를 바라보았다.

"그런데 사람들이 소크라테스와 관련하여 자주 언급하지 않는 사항은, 바로 그가 피타고라스나 인도의 성자들처럼 윤회를 믿었 다는 것입니다. 그에 의하면, 영혼은 불멸하고 충분히 자유롭게 될 때까지 계속 윤회한답니다. 영혼이 더러워지면, 죽은 자들이 머무 는 곳인 하데스에서 방황하고, 정화되면 보이지 않는, 선하고 현명 한 신에게로 간다고 합니다."

"그리고 소크라테스가 음주벽에 빠지거나 폭력을 사용하는 자 는 당나귀가 된다고 확신했다는 점은 전혀 언급하지 않았습니다." 샤를르가 응수했다.

"사실 소크라테스는, 불의를 선택한 영혼들은 늑대의 몸을 얻게 되고 절제하는 사람들은 벌이나 인간의 모습으로 돌아온다고 했습니다. 그리고 오직 철학자와 지식의 벗만이 신이 될 수 있다고 확신했답니다. 그래서 그는 전심으로 철학을 하고 진리를 알고자 했던 것이지요. 희망에 대해 토의를 계속하지는 않겠지만, 이 두 주제들 간의 연관성에 대해서는 언급해야겠지요. '나는 무엇을 인식할 수 있는가?'라는 질문에 '나는 무엇 때문에 알고 싶은가?'라는 질문을 추가해야만 할 것입니다. 소크라테스는 어쩌면 '죽은 후에 신이 되기 위해서'라고 대답했을 것입니다."

라다는 잠시 말을 멈추었다. 청중들은 각자 지식을 추구하는 동기에 대해 숙고하게 되었다.

"오류가 되기 쉬운 일반적인 의견을 피하면서, 서구의 '앎'은 수세기 동안―소크라테스 이전부터 비엔나 학파에 이르기까지, 아리스토텔레스와 칸트를 거쳐서―외부 세계와 자연계에 집중하고 있다고 말할 수 있습니다. 동양에서는 특히 인도에서 현자들의 '앎'이란―『우파니샤드』저자들로부터 라다크리슈난에 이르기까지, 고타마 싯다르타와 샹카라를 거쳐서―본질적으로 내적 세계와 영적 세계에 집중하고 있습니다.

한 유명한 『우파니샤드』에는 이렇게 기록되어 있습니다. '스스로 만들어진 최고의 주님은 감각기관 혈이 외부 세계를 향하도록 창조했다. 그래서 인간은 외부를 보고 내부는 보지 않는다. 그러나 신중한 인간은 자기 내부로 눈을 돌려 영원을 찾으면서 자신 안의 아트만(자아)을 명상한다. 몰상식한 자들은 외부 세계에서 쾌락의 대상들을 뒤쫓는다. 그들은 커다란 죽음의 그물에 걸려 떨어져 이 상변하는 세계에서 변하지 않는 것을 찾고자 하지도 않는다.'

우리가 확실히 알 수 있는 것은 내적 의식의 불멸성입니다. 다른 지식은 모두, 아무리 중요하다 하더라도, 사라져버리는 유동적인 세계의 피상적 국면과 관련된 것들일 뿐입니다. 우선 여기까지만 말씀드릴게요."

## 사색하지 않고서도 아는 것

그러고는 샤를르 교수에게 발언권이 주어졌다.

"'나는 무엇을 인식할 수 있는가?' 이 문제는 아주 방대합니다. 아니, 너무 방대합니다. 플라톤이 (선, 진리, 정의 같은) 이데아의 영원한 세계에 관심을 두었다면, 아리스토텔레스는 (물리학, 생물학, 정치학 등) 구체적인 세계의 다양성에 관심을 두었습니다. 레우키포스, 데모크리토스, 에피쿠로스 같은 초기 유물론자들의 뒤를 이어 루크레티우스는 원자론에 근거한 유물론적 자연론을 발전시켰습니다. 그에 의하면, 모든 것은 점점 더 복합적인 원자들의 조합으로부터 태어납니다. 영혼은 육체와 분리될 수 없기 때문에, 또 죽음을 통해 사라지기 때문에, 인간의 지식은 우리가 알 수 있는 물리적 세계에 집중한다는 것입니다. '그래서 영혼의 본성은 대기 중에 흩어진다고 할 수 있다. 영혼이 육체와 함께 태어나고 성장하며 사라지는 것을 보기 때문이다'라고 합니다.

우리 영혼은 죽음 후에 흩어지기 때문에 모든 진정한 지식은 물질 세계와 관련되어 있습니다. 희망 문제와 인식 문제가 서로 연관되어 있다는 점에 대해서 저는 라다 씨와 같은 의견입니다. 하지만 라다 씨와는 반대로, 의식에 대한 우리의 지식은 확인할 수 없는 불확실한 것들일 뿐이라고 생각합니다―아니면 더 정확하게 말해서 위조할 수 없는 주장들이라고 봅니다―반면 구체적 세계에 대한 지식은 계속 발전하고 있습니다."

이번에는 샤를르가 라다를 바라보았다.

"토마 씨가 서두에서 밝혔던 것처럼, 유물론은 서양에서만 발전된 것이 아닙니다. 차르바카는 기원전 600년경에 살았다고 하는 인도 회의주의자이자 유물론자였습니다. 그의 이름을 따라 이 세상에서 행복과 완성을 추구하는 철학파도 생겼습니다."

"맞는 말이에요"라고 라다가 말을 받았다. "인도 유물론자들은 사실 로카야타라고 불렸지요. 그 말은 '세상 위에 펼쳐진 사람들'이란 뜻이며 그 외에는 다른 것을 의미하지 않았어요. 하지만 그들은 거의 극소수에 불과했지요."

샤를르가 응수했다. "그리고 동양은 인도만을 의미하지 않습니다. 공자를 대표로 하는 모든 중국 사상과 성리학 역시 이 세상에 관심을 두었습니다. 중국인들이, 마오쩌둥 이후로 과학과 기술 지식에 있어서 엄청난 발전을 이룬 것은 우연이 아닙니다.

공자와 그 제자 간의 유명한 대화는 공자에게 무엇이 중요했는지를 잘 드러냅니다. '자로가 어떻게 귀신들을 대해야 하는지 물었다. 스승은 말했다. 인간을 대하는 것도 모르는데 어떻게 조상의 혼을 제대로 섬길 수 있는가? 그러자 자로는 죽음에 대해 물었다. 스승이 대답했다. 삶이 무엇인지도 모르는데 어떻게 죽음에 대해 알 수 있겠는가?'

우리가 알 수 있는 것은 우리가 살고 있는 세계의 법칙과 구조입니다. 그 외에 다른 것은 근거 없는 상념에 불과합니다. (뉴턴에서 아인슈타인을 거쳐 호킹에 이르는) 물리학과 (라마르크에서 다윈을 거쳐 도킨스에 이르는) 생물학은 어마어마한 발전을 이루었고 또 계속 발전하고 있습니다. 과학적 지식의 속성은 종교적 의견과는 달리, 측정할 수 있고, 재생할 수 있으며 또 실험과 비판적 이성을 통해 거부될 수 있는 규칙성을 세웁니다. 그래서 뇌 역시 과학적 지식의 대상이지 인식 자체가 아니며, 불멸하다고 하는 '의식' 혹은 소위 영원하다는 '영혼'은 더욱 아닙니다. 다음 기회에 이에 대해 다시 말할 기회가 있을 것입니다."

청중 중 다수는 샤를르 드락 교수에게 박수갈채를 보냈다.

# 지식 피라미드

마지막으로 아나스타시아 양에게 발언권이 주어졌다.

"나는 무엇을 인식할 수 있는가? 이 엄청난 문제를 다루기 위해, 저는 T. S. 엘리엇의 시에서 몇 줄을 인용하고 시작하렵니다.

우리가 살면서 잃어버린 삶은 어디 있는가?

(Where is the Life we have lost in living?)

지식 속에서 우리가 잃어버린 지혜는 어디 있는가?

(Where is the wisdom we have lost in knowledge?)

정보 속에서 우리가 잃어버린 지식은 어디 있는가?

(Where is the knowledge we have lost in information?)

우리 각자는 '잡음들'을 정보로 조직화해야 하고 또 변화시켜야 합니다. 정보들은 또 지식으로 조직화될 때만 의미를 지닙니다. 그런데 지식은 언제나 지혜, 철학, 세계관 안에서 분명해지고 체계화됩니다. 그리고 결국 이 세계관은 우리 삶과 연관되어 있고, 우리를 압도하거나 인도해줍니다."

그리고 아나스타시아는 대형 스크린에 도식을 투사했다.

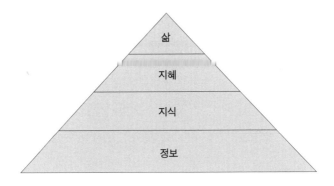

"정보, 지식, 지혜, 삶은 이 피라미드에서 보는 것처럼 분절된 지층들이 아니지요. 오히려 서로 얽혀 있습니다. 이 차원들을 반대로 표기할 수도 있습니다. 즉 삶을 피라미드의 근간에 놓고 정보를 꼭대기에 놓을 수 있습니다. 하지만 그것은 중요하지 않습니다. 제 입장을 제시하기 위해서 샤를르 씨가 방금 언급한 다윈의 예를 들어보겠습니다."

생물학 교수는 의자에 앉은 채로 몸이 굳는 것만 같았다.

"다윈은 현재 진화론의 기초가 된 그 유명한 『종의 기원』(1859)을 저술하기 위해서, 1831년에서 1836년까지 배를 타고 세계 일주를 하며 수많은 정보들(지질학적 관찰, 화석 수집, 생명체들에 관한 기술 등)을 모아 정리했습니다. 그러기 위해서 (각 종種을 하나님의 특별 창조물로 보는) 윌리엄 팔레 목사의 저술에는 거리를 두고 (생존 경쟁에 있어서 오직 가장 잘 적응된 종만이 생존한다고 하는) 토머스 로버트 목사의 저술에서 영감을 받았습니다. 하지만 잘 알려지지 않은 사실은, 다윈이 그 저술을 저작할 당시에는 아직도 유신론자였다는 점입니다(그의 자서전적 글들을 보면 알 수 있습니다). 그의 종의 진화론과 자연선택론은 그래서 신에 대한 신앙과도 호용성이 있었습니다."

샤를르가 개입했다. "어쩌면 그럴지도 모르지만, 그 이후에 다윈은 명백히 종교적 신념들과는 거리를 두었습니다."

"그래요, 맞는 말이에요. 생애 말기에 그는 자신이 무신론자라고 말하지는 않았지만 불가지론자라고 했지요. 종교적 신념들과 거리를 둔 것이 과학적 이유 때문이었을까요, 아니면 실존적 이유 때문이었을까요? 그의 자서전적 작품들은 이 문제에 대해 단서를 제공합니다. 다윈은 자기 사촌인 엠마와의 사이에 자녀 열을 두었습니다. 그들 중 둘은 어려서 사망했는데, 그가 가장 아꼈던 딸 안느 역시 열 살의 나이로 세상을 떠났습니다. 그 저작들에 보면 이런 일로 생긴 신학적 문제들에 대한 회의의 흔적들을 볼 수 있습니다. 그가 불가지론자가 된 것은 과학 때문일까요, 아니면 실존적 이유 때문이었을까요? 알 수 없는 일이지요. 하지만 확실한 것은 삶, 세계관, 지식, 정보란 개념들이 완전히 분리될 수 없는 개념들이라는 점입니다……."

"그리고 결코 완전히 동일한 개념들도 아니지요." 누군가 소리쳤다

"맞는 말입니다." 아나스타시아는 차분히 대답했다. "(수학 같은)

추상적 지식과 (물리·화학·생물학 법칙 같은) 부문별 지식은 세상에 대한 종교적 혹은 반종교적 관점에 근거하지 않고서도 정식화하거나 비판할 수 있어요. 달리 말해서, 과학적 이론들은 그 영역을 넘어가지 않는 한 세계에 대한 총괄적인 관점에 근거하지 않고서도 정리할 수 있다는 것이지요. 그러나 모든 한계 영역은 어쩔 수 없이 전체의 일부분일 수밖에 없습니다. 어떤 이론을 창안한 과학자가 전체에 대한 자신의 부분적 상황을 설명하려 할 경우에는, 앞에서 언급한 세 가지 세계관에 의존할 수밖에 없지요. 과학 이론들은 신의 존재나 비존재를 결코 증명할 수 없다는 것을 다시 한 번 확인할 수 있습니다. 과학 이론들은 실재의 부분들에 대해서는 설명할 수 있지만 실재 전체에 대해서는 결코 설명할 수 없습니다. 그것은 과학 이론들이 전체 패러다임에 속하는 부분 패러다임이기 때문이며, 전체 패러다임이란 일신론, 유물론, 일체론입니다. 저명한 물리학자들은 호킹처럼 무신론자일 수 있고, 아인슈타인처럼 우주적 종교성의 대변자일 수도 있으며 또 막스 플랑크처럼 일신론자일 수도 있습니다. 저명한 자연과학자나 생물학자는 에른스트 헥켈처럼 일원론자일 수 있고, 인간의 게놈을 밝혀내려는 거대한 연구 계획을 맡았던 프랜시스 콜린스처럼 일신론자일 수도 있습니다."

여성 수학·신학자는 어느 정도 청중들의 호응을 얻은 것처럼 보였지만 그다음에 이어진 발언은 논쟁을 일으키고 말았다.

"그래서 이제는, 왜 현대 과학의 주요 창시자들이 대부분 유대교 · 그리스도교 세계관으로부터 많은 영향을 받았는지 되물어야 할 것입니다. 신과학 사상은 아시아나 아프리카가 아니라 유럽에서 16세기 이후로 일어났습니다. 물론 그리스 사상가들과 중국의 기술들, 또 인도와 아랍 수학의 도움을 받아서 그랬지만요. 코페르니쿠스, 갈릴레이, 케플러, 뉴턴 등이 세계에 대한 관점을 개선하는 데 일조했는데, 그것은 창조의 법칙들이 창조자의 지혜를 드러낸다고 확신했기 때문입니다. 이 법칙들은 (유물론자들이 말하듯) 우연의 산물도 아니고 (일체론자들이 말하듯) 자연 안에서 확인할 수 있는 신적인 산물도 아닙니다. 일신론은 왜 우주가 이해 가능한지 또 왜 신의 모상으로 창조된 인간이 창조를 보호 분석하고 변화시키는 책임을 지니는지 (미완성인 피조물은 창조주와 동일하지 않기에) 이해하게 하는 그런 총체적인 세계관을 제시했습니다."

"그렇지만 유대교 · 그리스도교 세계관을 대변하는 교회가 갈릴레오, 다윈, 프로이트 같은 대학자들의 연구 결과에 대부분 반기를 들고 나섰다는 점을 부인할 수는 없겠지요." 샤를르가 개입했다.

"물론 맞는 말이지요. 하지만 교회가 비록 유대교 · 그리스도교적 세계관을 표방할지라도, 이를 독점하고 있지는 않습니다. 일반적으로, 아니 더 정확히 말해서 교회 지도층은 아주 편협하고 소극적으로 성서와 전승을 해석하려는 경향이 심합니다. 그래서 성령의 계시에 자신을 개방하지 않고 개혁에도 아주 미진한 태도를 보입니다."

아나스타시아는 다음과 같이 발제를 마쳤다.

"인간은 세상에서 자신의 위치를 이해하고자 신화, 설화, 종교, 철학, 과학, 기술 등을 발전시켰습니다. 각개 입장은 나름대로 타당한 면을 지니고 있습니다. 일신론 전통의 영향을 받은 사람들에게는, 세상을 이해하는 데 있어서 세 가지 주요한 장소가 있습니다. 먼저 우리가 해독해야만 하고 또 존중해야만 하는 거처이자 우주에 관한 서적이라 할 수 있는 창조물이 그중의 하나입니다. 그리고 탐구해야 하고 또 실재를 해석하는 데 도움이 되는 내적 서적인 의식이 두 번째 장소입니다. 마지막으론 현자들과 예언자들과 시인들의 작품들 안에서 볼 수 있는 신과 인간의 협력입니다. 유대인들은 토라, 탈무드, 성경 해석을 통해 피조물과 창조주 간의 협력이 지속된다고 봅니다. 무슬림들은 이런 협력을 코란, 순나, 이즈티하드, 즉 근본 문헌에 대한 열린 해석 안에서 찾습니다. 그리스도교 신자들은 유일한 예수의 계시 안에서—성서, 전승, 성령의 무한한 창조력이 개발되고—모든 이들을 위한 협력이 제일 잘 드러났다고 생각합니다. 지식, 지혜, 삶에 대한 시구에 대한 성찰로 제 발제를 시작했으니, 인류사상 가장 유명한 유대인의 말을 인용하며 끝내겠습니다. '나는 길이요, 진리요 생명입니다. 나를 통하지 않고서는 아무도 아버지께 갈 수 없습니다.'

원래 우주의 바탕과 지평에는 보편적인 지혜가 있습니다. 히브리어로 이를 '호크마'라고 합니다. 잠언에 따르면, 처음부터 창조자왕은 지혜를 왕비라고 칭송했습니다."

임금과 왕비는 자신들을 주시하는 많은 사람들의 눈길을 감지했다.

"창세기에 따르면, 창조주는 모세에게 자신의 이름을 '나는 있는 자다'라고 드러냈습니다. 그런데 호크마, 즉 이 여성적 지혜는, 관대하고 창조적인, 창조자의 유희적이고 즐거운 의식입니다. 그리스도인들에 따르면, 이 의식, 즉 아주 특별한 생동적이고 생동력을 주는 '나'는 예수님 안에서 가장 투명하게 자신을 드러냈습니다. 예수님 안에서 우주적 지혜는 모든 사람들을 비추기 위해 육신을 취했습니다. 그리고 그 덕분에 우리 각자의 의식 안에 이 우주적 지혜인 '나'는 삶의 진리를 향한 길로서 드러날 수 있습니다."

아나스타시아는 숨을 깊게 들이쉬었다.

"나는 무엇을 인식할 수 있는가? 이것이 바로 문제였습니다. 우주 안에서 우리는 (유물론자들이 말하듯이) 홀로 그리고 공동으로 삶의 진리를 더 잘 알기 위해 길을 가야만 합니다. 홀로 그리고 공동으로 (일체론자들이 우리에게 가르쳐주듯이) 우리 의식 안에서 삶의 진리를 더 잘 이해하기 위해서 길을 가야만 합니다. 그리고 일신론자들이 추가하는 것과 같이, 홀로 또는 공동으로 창조주와 피조물안에서 삶의 진리를 더 잘 알기 위해서 길을 가야만 합니다. 우리는 영감을 받으라고, 즉 생동하는 협력을 체험하라고 불리었습니다. 우리는 오직 그 길을 통해서만 진리를 추구하고 상실한 삶을 되찾을 것입니다. 즉 정보 수집을 하면서 상실하게 된 그 진리 말이지요. 경청해주셔서 감사합니다."

많은 사람들이 박수를 보냈다.

느닷없이 익살꾼 광대가 자리에서 일어나 급하게 무대로 향했다. 그리고 청중들을 향해 말하기 시작했다.

"진정한 삶에 대해 알고 싶으신가요? 자, 여기 있습니다!"

그는 금속 통을 들고 있었다. 그 안에 손잡이가 달린 고리를 집어넣었다. 그리고 단상 위를 걸으면서 엄청나게 큰 비눗방울을 만들어냈다. 비눗방울이 천장을 향해 올라가자 손가락으로 가리키면서 기뻐 날뛰었다. 그리고 방울이 터지자 머리를 푹 처박고 실망하는 모습을 보였다.

잠시 침묵하던 광대는 "삶이란 무엇인가?"라고 물었다. "삶이란 생겼다가 날아가고 또 사라져버리는 그런 덧없는 의식의 방울이랍니다."

이런 선언을 마친 광대는 무대 뒤로 사라졌다. 이런 시적인 표현에 익숙하지 못한 청중들은 잠시 침묵을 지켰다. 감동을 받은 듯했다. 진행자는 정신을 차리고서 잠시 휴식 시간을 갖자고 제안했다.

# 비상······ 음모!

임금은 그날 아침 토론 내용에 대해 명상할 틈조차 없었다. 경무 · 법무부 장관인 피에르 가베타의 사망과 관련된 새로운 소식이 전해졌기 때문이다. 뱅상 블라디스 국무총리가 급하게 임금에게 접견을 요청해왔다. 몇몇 고문들과 함께 그들은 대학의 외진 회의실로 들어갔다.

토론 대회장을 떠나야 하는 것이 별로 맘에 들지 않았던 임금이 "아니, 무슨 일입니까?"라고 물었다.

"수개 월 동안의 조사 결과, 필립 드 살리스 작가가 장관을 살해한 것이 아니라는 결론을 얻게 되었습니다. 잘 아시겠지만, 장관은 좌파이며 정부 측에서도 호평을 받았습니다. 그런데 행정부 내부에 민족의 진리 정당이라고 하는 비밀 단체가 조직되었다는 것을 알게 되었습니다. 장관의 측근 중 한 사람인 루돌프 슈필만이 바로 그 주모자라고 합니다. 전하께서도 아시겠지만 『나의 투쟁Mein Kampf』이나 『식탁에서의 대화Propos de table』(1941~1944) 같은 히틀러의 주요 저술들이 이제 더 이상 금지되지 않았고, 급격한 세계화 현상의 폐해로 인해 길을 찾지 못한 몇몇 소수 지식인이나 젊은이들이 히틀러의 사상을 열광적으로 지지하고 있습니다. 슈필만의 가택 수색 결과, 아직은 정체가 밝혀지지 않은 '영도자'라고 불리는 인물을 중심으로 비판 세력들이 조직되었다는 것을 알아냈습니다.

어제 저녁 늦게 이 조직의 성명서 계획안을 압류했습니다. 그들의 야심은 더 이상 의심할 여지가 없습니다."

국무총리는 그 문서의 내용을 밝히기에 앞서 약간 머뭇거렸다.

"어서 말씀하시지요." 임금이 말했다.

"루돌프 슈필만과 그 정체불명의 영도자는…… 왕국을 전복하려는 의도를 지니고 있습니다."

임금은 주변 사람들이 놀랄 정도로 차분한 반응을 보였다.

"왕국을 전복시킨다? 문제가 무엇입니까? 수 세기 이래 우리 가족이 왕국을 이끌고 있고, 늘 그런 식으로 생각하는 고립되고 정신 나간 사람들이 있어왔지요."

"그렇습니다." 국무총리가 답했다. "그런데 이번에는 고립된 자들이라고 보기에 어려운 조직입니다. 그리고 그 조직 내에는 몇몇 행정부 요원뿐 아니라 이 대학의 교수들도 포함되어 있는 것 같습니다."

"대학 교수들이 그런 종류의 이념에 동조할 수 있다고 말씀하시는 건가요?"

"전하, 20세기 전반기의 독일을 상기해보시지요. 독일에 살면서 교편을 잡았던 아주 명석한 몇몇 서양 철학자들과 사상가들 중에 몇 사람이나 진정으로 나치 세력에 저항했습니까? 그리고 간접적으로 나치에 동조한 사람들은 얼마나 되었습니까? 마르틴 하이데거를 생각해보시지요. 또 미르세아 엘리아데, 에른스트 헥켈 그리고⋯⋯."

"지금 에른스트 누구라고 하셨지요?"

"에른스트 헥켈입니다. 예나에서 동물학 강의를 했고 또 특정 인종의 우월성을 주장했던 유명한 학자 말입니다."

임금은 이 학자의 이름이 그날 아침에도 언급되었다는 것을 기억했다. 누가 그 이름을 언급했던가? 더 이상 기억이 나지 않았다. 임금은 토론 대회에서 다루어진 철학 문제들이 관점에 따라서⋯⋯ 왕국의 존폐에까지 영향을 미치는 아주 극단적인 결과를 초래할 수 있다는 것을 의식했다.

"그렇다면 어떤 조치를 취하실 것입니까?" 임금이 물었다.

"먼저 지금까지 가베타 장관 피살 혐의를 받고 있는 필립 드 살리스를 석방할 것입니다. 당연히 공식 사과를 하고 손해 배상금도 지급할 것입니다. 그리고 민족의 진리 정당, 정부와 대학 또한 언론들을 주의 깊게 감시할 것입니다. 최종적으로는 왕국의 적대자들에 대한 정보를 최대한 수집하기 위해 비밀 선언문의 내용을 분석할 것입니다."

국무총리의 손에는 문서 한 부가 들려 있었다. 임금은 그 문서의 복사본을 요구했다. 평온한 정원에서 위협의 손길을 뻗치는 유령처럼, 음지에서 모습을 드러내고 있는 이 위험한 정치 집단에 대해 본인 스스로 알아보기 위해서였다.

# 뇌와 의식

휴식 시간이 끝나자 청중들은 다시 제자리로 돌아왔다. 칼뱅 교수는 발언자들에게 일반 주제는 '나는 무엇을 인식할 수 있는가?' 였고 구체적으로 '뇌와 의식 간의 관계를 어떻게 설명할 것인가?' 라는 질문을 다루고 있다고 반복했다. 그리고 주제가 너무나 방대하기 때문에 좀 더 구체적으로 '임사 현상을 어떻게 설명할 것인가?'라는 질문이 추가되었다는 것도 상기시켰다.

라다 양이 다시 선두주자로 나서겠다고 했고 이는 수락되었다.

"절대 다수의 동양인들이 보기에―영혼, 영, 자아, 푸루샤 등으로 불리는 우리 자신 안에 있는 비물질적인 부분인―의식은 육체의 활동과 연관되어 있습니다. 즉 뇌와 연관되어 있으면서 동시에 고유한 독립성을 지닌다고 말입니다. 힌두교에서는 전통적으로 여섯 가지 철학적 입장(다르샤나) 혹은 학파에 대해서 말합니다. 모든 것은 보는 방법이란 말이지요. 인도 종교 철학은 개념적이기 이전에 시각적입니다. 스토아 철학자들처럼 말이지요. 그들은 '이론'이란 말을 사용할 때 본다는 것에도 중점을 둡니다. 왜냐하면 이론 theoria이란 말을 어원학적으로 보면 '신적인 것theion을 나는 본다 orao'란 의미를 지니기 때문입니다."

라다는 약간 짓궂은 표정으로 샤를르를 보았다.

"무신론은 그래서 사실 말 그대로 모순이지요!"

반응을 할 틈도 주지 않고 그녀는 말을 이었다.

"샹키야는 이 여섯 가지 '관'들 중에서 가장 오래된 것이라고들 합니다. 샹키야란 말은 '판별하다'라는 뜻을 지녔던 것 같습니다. 이 철학의 주목적이 영을 물질과 분리하는 것이기 때문입니다. 그 근간에는 인간의 경험 내에서 소멸하는 요소들을 초월하는 불멸의 요소, 즉 진정한 자아를 구분하고자 하는 의지를 볼 수 있습니다. 샹키야는 그 어떤 신성에도 준거하지 않기 때문에 자주 무신론적 체계라고 여겨집니다. 이 점이 샤를르 씨의 관심을 끌 것입니다."

"무신론적이지만 유물론적 체계는 아니지요." 샤를르가 수정했다.

"사실 이 관점은 어떤 신도 인정하지 않지만, 모든 것이 두 가지 영원한 실재의 공존에 의해 구성되었다고 합니다. 즉 제약되고 동적인 물질 내지 자연(프라크리티)과 자유로우면서 부동적인 영 혹은 자아(푸루샤)에 의해 이루어졌다고 말이지요. 유물론자들이 단 한 가지 실재, 즉 물질만 인정하는 데 비해, 샹키야는 두 가지를 인정합니다."

청중들 중에 있었던 철학과 학생들은 라다 양의 설명을 들으며 이상한 느낌을 받았다. 철학 강의 도중에 이런 세계관에 대해서는 전혀 들은 바가 없었기 때문이다. 대다수 학생들은 동양 사상에 대한 자신들의 무지를 의식하게 되었다.

"이 학파의 특성은 영원한 영을 유일한 것으로 보지 않고 다수로 본다는 점입니다. 사람 수만큼이나 푸루샤(영)가 있다는 것입니다. 그리고 이 수없이 많은 영들은 또 개별적 총체라는 것입니다."

라다는 눈을 감고서 명상을 시작했다.

"우리 각자 안에는 자유롭고 영원한 영이 존재합니다."

그녀의 얼굴에 평화로운 기운이 감돌기 시작했고 눈을 뜨고서 어느 정도 정신을 차릴 시간이 필요했다.

"샹키야는 우주의 복합성에 관한 분석에 많은 관심을 기울였습니다. 우주를 구성하는 기본 실재들을 25가지로 구분했는데, 이 25가지 실재들은 자연과 연결되어 있고 자연에서 유출되며, 그중에는 육체, 감각, 심지어 지성(부디)도 있습니다. 이런 관점에 의하면 의식적 삶의 주요한 부분이 뇌에서 비롯된다고 보는 데 전혀 어려움이 없습니다. 하지만 25번째 요소인 푸루샤, 즉 우리 각자 안에 있는 영적 총체는 자연에서 유출되는 것이 아니라 명상을 통해서 아니면 임사 체험을 통해서 그 진정한 본질을 발견할 수 있다는 것입니다. 즉 의식이 자유롭고 영원하다는 것을 말입니다."

라다는 간단하게 이 관점을 요약했다.

"의식의 주요한 부분이 즉 뇌와 연결되어 있지만, 그 근본적인 기체는 뇌와 무관합니다. 임사 체험은, 즉 죽음이 임박한 상황에서 육체를 떠나 저세상의 일부분을 발견할 수도 있는 그런 체험은 바로 이런 자율성에 의해 설명됩니다. 여러분도 죽음의 문전에 다다랐던 2만여 명의 사람들을 연구 조사한 엘리자베스 퀴블러-로스 박사가 유물론 과학자들의 패러다임에 반대하는 결론을 내렸다는 것을 알고 계실 것입니다. 그녀가 기록한 바를 소개하겠습니다. '그때까지 나는 사후 세계를 전혀 믿지 않았다. 하지만 조사한 결과들로 인해 이것이 단순한 우연이나 환각 현상이 아니라는 확신을 얻게 되었다. (……) 이런 특별한 발견들로 인해 나는 더욱 놀라운 과학적 결론에 이르렀다. 즉 죽음은 존재하지 않는다는, 말하자면 전통적인 개념에 상응하는 그런 죽음은 없다는 결론에 이르렀다. 죽음에 대한 새로운 정의는 물리적 육체의 죽음을 넘어설 것이다. 그러자면 우리가 영과 정신을 소유하고 있고, 더 지고한 존재의 이유, 시적인 의미, 단순한 생존보다 더한 즉 불멸성을 지니고 있다는 증거를 들어야 할 것이다.'

퀴블러-로스 박사는 의식이 뇌와 함께 죽는 것이 아니라는 결론에 도달했을 뿐만 아니라, 의식이 궁극적 빛 안으로 들어가기 전에 수차례 환생할 수 있다고 확신했습니다."

라다 양이 말을 끝내자마자 의사 한 사람이 손을 들고 외쳤다.

"퀴블러-로스 박사 덕분에 의사들은 예전보다 더 신중하게 인생의 말기에 있는 환자들을 간호할 수 있게 되었습니다. 하지만 이런 유익한 의식과 그녀가 말한 온갖 종류의 잡동사니 같은 영적 경험은 구분해야 할 것입니다. 그녀는 말년에 저승의 영혼들과 통교할 수 있고 심지어 그들과 함께 사진까지 찍었다고 주장했습니다. 사자와의 영적 대화 채널링의 추종자가 된 그녀는 어떤 영혼이 전생에 그녀가, 즉 예수가 살던 시대에 아주 존경받던 현자 이사벨이었다는 것을 전해주었다고 주장했습니다. 이런 애매한 이론을 들이대면서 '과학적 결론'을 들먹이고 또 인간이 영원한 영혼을 지니고 있다는 것을 '증명'하겠다고 떠들어댔습니다."

진행자는 차분하게 그 의사를 진정시키고서 아나스타시아 양에게 발언권을 주었다.


## 영혼과 육신과 지옥?


그리스 여성은 예수의 말을 인용하면서 발제를 시작했다.

"'육신soma을 죽이지만 영혼psyche을 죽일 수 없는 사람들을 두려워하지 마십시오. 오히려 지옥gehenne에서 영혼과 육신을 죽일 수 있는 자를 두려워하십시오.' 몇 십 년 전부터 많은 사람들이 임사 체험을 한 사람들의 증언에 관심을 보이기 시작했습니다. 앞에서 보았듯이 퀴블러-로스 박사 덕분에 이 경험들이 알려지게 되었습니다. 레이몬드 무디 박사 역시 같은 일을 했습니다. 하지만 무디 박사는 퀴블러-로스 박사와는 달리 뉴에이지와 관련된 일체론적 관점에는 전혀 공감하지 않았습니다. 그는 유대교·그리스도교 일신론에 근거를 두었습니다. 그가 만났던 사람들은 대부분 '탈육체' 경험과 '다른 육신' 의식에 대해 말했습니다. 그런데 무디 박사는 이 점이 사도 바오로가 '영적인 육체'라고 했던 것과 유사하다고 했습니다. 저는 동감하지 않습니다. 왜냐하면 바오로 사도는 새롭게 부활한 육체를 묘사하기 위해 이 말을 사용했기 때문입니다. 하지만 그리 중요한 사항은 아닙니다. 정교회 전통에 따르면, 죽음에 이르러 사람의 영혼은 육체와 분리되지만 양자는 계속 연관성을 유지한다고 합니다. 그렇게 영혼은 소멸되는 육체와 완전히 분리되지 않고 '형태eidos'를 유지한다고 합니다. 그래서 임사 체험 시 의식과 육체가 분리되기도 하고 연결되기도 한다는 것을 이해할 수 있습니다. 어떤 사람들은 '총체적 양분'이라고 말하기도 합니다. 그 외에도 신경신학이라는 새로운 학문이 있습니다. 신경과학과 신학(아주 광범위하게 과학적 입장과 종교적 입장) 간의 가능한 상호작용네 가지, 즉 분쟁, 독립성, 대화, 통합이라는 상호작용에 대해 성찰하는 학문입니다."

젊은 여성이 손을 들고 아나스타시아에게 말했다.

"설명을 잘 들었습니다만, 지금 지옥이라고 말씀하셨습니까?"

"예, 예수님께서는 인생에서 아주 비참한 일은 육신의 죽음이 아니라, 지옥에서 영혼과 육신을 잃는 것이고 했습니다. 수년 전부터 부정적인 임사 체험에 대해서도 언급되고 있습니다. 4, 5퍼센트 정도에 해당되는데, 증인들은 불길이나 마귀들에 의해 고문당하는 고통의 장소에 대해 설명합니다. 무감각 한 무無 속에 영원히 혼자 있는 체험을 한 사람들도 있습니다. '감옥은 지옥이고, 지옥은 감옥이다'라고 했던 카뮈는 자살 문제만이 유일하게 타당한 철학 문제라고 했습니다만……."

"예, 알고 있습니다." 샤를르가 말했다. 자신이 존경하는 사상가가 이런 식으로 인용되는 것이 못마땅했기 때문이다. "카뮈는 '철학 문제 중에 정말 심각한 것은 단지 하나뿐이다. 그것은 자살이다. 삶이 살 만한 것인가 그렇지 않는가를 판단하는 것, 이것이 철학의 근본 문제에 답하는 것이다'라고 말했습니다."

"아나스타시아 씨가 발언을 마치도록 하세요." 라다가 조용히 말했다.

아나스타시아가 말을 이었다. "하지만 제가 보기엔 카뮈의 생각은 옳지 않아요. 가장 심각하고 또 유일한 실존의 문제는 지옥이에요. 나머지는 그저 쓸데없는 말이지요."

"지옥이 쓸데없는 말이지요." 샤를르가 응수했다. "현대 신학자들 중에 지옥을 믿는 사람은 아무도 없습니다. 악마를 믿는 사람도 없고요."

"제가 샤를르 씨와 유일하게 공유하는 점은 바로 지옥과 악마는 서로 연관되어 있다는 것이에요. 잘 알려진 비유를 하나 들자면, 그리스도께서는 배고프고, 병들고, 감옥에 갇힌 자들을, 즉 불의한 사회의 모든 희생자들을 소외시키는 사람들에게, 이렇게 그 사람들을 사회에서 소외시킴으로써 자신들 역시 소외시키고 있다고 경고합니다. '저주받은 자들이여, 나에게서 물러나 어서 악마와 그의 수호자들을 위해 준비된 영원한 불 속으로 가버리시오.' 만일 영원한 불이 있다면 그것은 악마와 비슷한 자들을 위한 것입니다."

한 젊은이는 토론의 분위기가 심상치 않게 흘러가는 것을 보고서 갑자기 나섰다.

"지혜와 자비를 알고 있는 동양은, 특히 불교는 더 평화로운 관점을 제시하니까 안심하시길 바랍니다!"

"오해하지 마세요." 미모의 라다 양이 답했다. "환생을 믿는 대부분의 서양인들은 환생의 긍정적인 면만 보고 또 인간의 육신으로만 환생한다고 생각하는 반면, 동양인들은 인간, 신, 동물로의 환생이 가능하고 또 모든 종류의 세상에 환생한다고 가르칩니다. 지상이나 천상에서 또 지옥에도 환생할 수 있다고 말이지요. 그래서 붓다의 가르침에 따르면, 죽은 자들의 '마음'은 불길이나 펄펄 끓는 청동 솥에도 들어갈 수 있는 것으로 소개되었습니다."

"참 그다지 달가운 일이 아니구먼." 익살꾼 광대가 중얼거렸다. "나는 시원한 맥주 한잔이나 해야겠다. 누구 나하고 같이 한잔할 사람 없소?"

"후대 불자들은 심지어, 악을 행한 자들의 '마음'은 뜨거운 지옥 여덟 곳과 차가운 지옥 여덟 곳을 거쳐야 한다는 견지를 제시했지요. 어떤 문헌들에서는 악한 행위의 업 때문에 철로 된 손톱으로 서로 살을 찢어 내거나 불로 된 코끼리의 발에 치인다고 합니다. 또 다른 문헌들에서는 5억 7,600만 년 동안 뜨거운 지옥에 머물러야 한다고 합니다. 하지만 걱정하지 마세요. 불교의 지옥은 천당처럼 일시적이니까요. 그러고선 풀려난답니다."

샤를르가 비웃는 투로 말을 막았다. "정말 다행스럽군요. 그렇게 5억 7,600만 년 동안의 지옥생활이 일시적이라면, 전혀 걱정할 필요가 없지요. 자, 이제 농담은 그만합시다. 라다 씨 그리고 아타스타시아 씨, 제발 부탁이니, 그런 지옥에 대한 말들이 비유에 불과하단 것을 인정합시다."

라다가 먼저 답변했다.

"이런 가르침들이 모두 사변이란 것을 저도 인정해요. 그리고 수행자들이 이생에서 해방될 수 있도록 고무시키려는 의도를 지닌 가르침이란 것도 알고 있어요. 하지만 영혼이나 마음이 깨달음을 얻기 전에 수많은 형태로 환생한다는 것을 저는 믿기 때문에, 그 형태들 중에 어떤 것들은 아주 고통스럽다는 점을 거부할 수가 없어요. 중요한 것은 우리 모두가 감옥 같은 이생의 무한한 순환으로부터 벗어나는 것이지요."

아나스타시아가 그 뒤를 이었다.

"어쩌면 이생 다음에 있는 지옥은 행로를 바꾸라고 요청하는 비유에 지나지 않을 수도 있지만, 저는 경험을 통해서 이 현세에도 지옥과 비슷한 것을 벌써 경험할 수 있음을 알고 있어요. 절망에 빠져 자살하려는 청소년들에게서나 처참한 살인 현장에서는 이미 끔찍한 지옥 같은 현실은 느낄 수 있지요. 임사 체험을 한 사람들 중에서 이렇게 어두운 면을 증언하는 사람들이 있다는 것은 아주 의미 깊은 일이지요. 제가 확신하기로는 그리스도께서 지옥을 비우기 위해서 자신의 목숨을 내놓았다는 것입니다. 하지만 어쩌면 그렇지 않을 수도 있을지 모릅니다. '우리 모두는 천당에 갈 것이다'라고 신학자들이 안심시키려고 하지만 그들은 실수를 범하고 있는지도 모르지요. 그리고 우리 자신도 말이지요."


## 천사와 악마


진행자는 세 발언자들이 주제를 벗어나지 않도록, 즉 의식과 뇌 사이의 연관성에 대해 다루어달라고 상기시켰다.

아나스타시아는 발제를 계속했다.

"임사 현상은 오늘날 계속 연구되고 있습니다. 심장병 전문의인 핌 반 롬멜은 유명한 전문의학 학술지인 《랜싯(The Lancet)》에 「심장 마비 이후의 임사 체험」이라는 논문을 발표하여 논란을 일으켰습니다. 임상적으로 사망을 경험하고 되살아난 344명의 환자들의 경우를 분석했는데, 그들 중 18퍼센트는 임사 체험을 했고 7퍼센트는 심층 임사 체험을 했답니다. 경제교역이 모든 것을 지배하고 있는 물질주의 사회에서, 동시대인들의 그런 증언들과 학계에서 이루어지는 이 증언들에 대한 연구는 우리로 하여금 근본적인 문제를 다시 제기하게 합니다. 그중에는 우리가 지금 토론하고 있는 '의식은 육체와 분리되어 존재할 수 있는가'라는 질문도 포함되어 있습니다. 이 동시대인들의 증언에 따르면 의식이 육체와 분리될 수 있다고 합니다. 하지만 종교적 전통에 몸담고 있는 사람들에게 이는 전혀 새로운 사실이 아닙니다."

그리고 아나스타시아는 적지 않은 사람들을 놀라게 할 사실을 소개했다.

"임사 체험이 이미 오래전부터 그리고 모든 문화 영역에 알려져 있었다는 것을 잊지 마시기 바랍니다. 플라톤의 저서 『공화국』에 보면 마지막에 에르라는 병사가 어떻게 전장에서 죽었는지 묘사되어 있습니다. 그리고 며칠 뒤 그 병사의 시신을 장작 위에 놓았는데 갑자기 그가 되살아납니다. 그는 어떻게 자기 영혼이 육신을 떠났고, 또한 선을 행하여 보상받는 사람들과 악을 행하여 벌 받는 사람들이 있는 심판장을 설명합니다. 『티베트 사자들의 서』에는 영혼이 죽음 후에 밟는 절차들이 자세히 묘사되어 있습니다. 바오로 사도는 신약성서에서—그가 자기 육신 안에 있는지 그렇지 않은지를 모르는—넋을 잃은 경험을 설명합니다. 그 경험을 통해 바오로 사도는 천상에 올라가 그가 발설할 수 없는 말들을 들었다고 합니다. 그래서 레이몬드 무디 같은 과학자들은 '육체 이탈 현상'에 관심을 두고 있습니다. 예를 들어 음악의 거장이나 우주인들이 하는 그런 경험 말이지요. 하지만 더욱 놀라운 증언은 바로 감정이입 임사 체험입니다. 친지의 임종 순간에 옆에 있던 사람들이 빛이나, 천사 아니면 이미 세상을 떠난 가족들이 다가오는 것을 경험한다고 말합니다. 정교회 그리스도인인 저에게 이는 전혀 이상한 일이 아닙니다."

그리스 여성은 여러 교회 교부들을 인용하기 시작했다.

"아주 유명한 교부인 콘스탄티노플의 요한네스 크리소스토무스(407년 사망)는 '육체의 눈에는 보이지 않는 영혼이 육체를 떠나고 천사들이 영혼을 맞이한다'고 확언합니다.

'가난한 자는 죽어 천사들이 와서 그를 아브라함에게 데려갔다'고 하는 라자로와 부자에 관한 예수님의 비유처럼 천사의 현존을 언급하는 크리소스토무스 역시 죽은 자들을 저세상으로 인도하는 빛나는 영혼을 언급합니다. 알렉산드리아의 키릴로스(376~444)는 '영혼과 육신이 분리될 때, 천상의 군대와 어둠의 힘이 우리 앞에 나타날 것이다'라고 가르쳤습니다.

물론 이런 말들은 모두 신화적이고 과학 이전의 사고들이라고 생각할 수도 있습니다. 하지만 죽어가는 사람들을 동반했던 사람들의 오랜 증언들은—거룩한 수도자이건 악의에 찬 신앙인이건 간에—감정이입 임사 체험 증언과 전혀 무관한 것이 아닙니다."

젊은 여성 수학자는 다음과 같이 결론을 내렸다.

"뇌와 의식 간의 관계는 대단히 복잡한 문제입니다. 이것은 우리가 인간 의식 이해에 있어서 미숙하기 때문이 아니라, 우리를 둘러싸고 있는 의식들이 단지 인간의 의식만이 아니기 때문입니다. 즉 빛나는 의식 혹은 무서운 의식, 천사 같은 의식 아니면 악마적인 의식들이 있고, 이런 힘들이 우리와 함께하고 있으며 또 우리를 변화시킵니다. 안타깝게도 서양은 영성적으로 문맹상태에 놓여 있습니다. 그리고 이는 또 지나치게 합리주의적이고 회의적인 신학자들 때문이기도 합니다. 루이 포웰스가 이를 잘 지적했습니다. '그리스도인들은 악착같이 자신들의 메시지를 아주 납작하게 만들어서 유물론자들의 문 밑에 밀어 넣으려고 한다'고 말이지요.

그렇게 함으로써 그들은 복음 메시지를 배반합니다. 이 사회는 포스트모던할 뿐만 아니라, 정교분리주의 시대를 넘어섰고 또 그리스도교 시대를 넘어섰습니다. 어떤 이는 그리스도교 이전 시대라고 말하기도 합니다. 점점 확산되고 있는 현 시대의 신이교도적 태도는 이에 대한 명백한 징조입니다. 오직 천사 같은 의식과 악마적인 의식을 심각하게 대할 때만 임사 체험 중의 이상한 징조들을 이해할 수 있습니다. 예를 들어 부활했다고 하는 사람, 외계인들에게 납치되었다는 사람, 종교·예술·정치 단체에 대한 저주 현상, UFO 출현 현상, 미확인 비행물체가 아니라 오히려 미확인 의식 현상 등, 사실 모든 시대를 거쳐 사람들은 기사나 배 혹은 '비행접시'가 하늘에서 움직이는 것을 보아왔습니다. 그리고 그런 모습들은 당시 사회의 기술적 수준에 맞게 묘사되었습니다. 이런 현상들의 배면에서 정신병자들의 환각 작용이나 사기 행위가 아니더라도 인간이 영적 의식을 인식한다는 사실을 볼 수도 있을 것입니다."

아나스타시아는 고함 소리로 인해 말을 계속할 수 없었다. 진행자가 나서서 장내를 정리하려고 하였으나 소용없었다. 10여 명의 사람들이 자리에서 일어나 반발했기 때문이다.

"대학은 과학의 장이지 광란의 장이 아니오!"

"저런 몽매한 사람과 정신병자의 입을 다물게 하시오!"

"저런 자유와 지식의 적은 밖으로 내보내라!"

"대학을 진정한 대학교원들에게 돌려주시오!"

프레데릭 다미앙 데로쉬 교수는 조용히 미소를 짓고 앉아 있었다. 자기 의도대로 이렇게 학문적으로 볼품없는 토론회와 그 진행자에게 반발하고 나서는 조교들이 자랑스러웠다.

놀랍게도 샤를르 드락 교수의 개입으로 사람들은 진정하게 되었다.

"신사 숙녀 여러분, 조금 진정하시길 바랍니다. 육체에서 분리된 의식에 대한 말들은 합리적·비판적 견지에서 볼 때 받아들일 수 없는 입장이란 것을 휴식 시간 후에 제가 증명할 것입니다. 용기를 내서 토론을 계속합시다. 물론 이런 식의 주제는 아주 황당하지만 말입니다".

반발하던 자들이 조금 진정하자 진행자와 샤를르는 한숨 놓았다. 특히 샤를르 교수는 자신이 발언할 때 토론회장이 텅 빌까 봐 걱정되었던 것이다.

점심 식사 후 15시에 다시 토론을 시작할 예정이었다.

## 아름다움이 세상을 구할 수 있을까?

아나스타시아의 반순응주의적 발언들과 독특한 태도에 호기심이 생겼던 살로메 공주는 단둘이서 식사를 하자고 제안했다. 그리스 여성은 공주의 초대를 받은 것을 영광으로 생각하며 기꺼이 응했다. 궁전 운전기사가 두 여성을 공주가 잘 아는 레스토랑으로 안내했다. 사람들로부터 약간 떨어진 곳에 식탁이 마련되었다.

공주는 호기심 반 걱정 반의 심정으로 아나스타시아를 바라보았다. 사실 공주는 암에 걸렸고 치병생활을 하면서, 외견상 경솔하게 보이면서도 삶의 열정을 내면에 숨기는 태도를 지니게 되었다. 그래서 스스로가 더 역동적이 되었지만 약화된 생의 비약을 밝히거나 숨길 수 있다는 것을 알았다. 살로메는 다른 토론 참가자들과 마찬가지로 그리스 여성의 얼굴에 난 상처가 마음에 걸렸다. 그 흉터로 인한 어색함에 익숙해진 아나스타시아가 먼저 말을 꺼냈다.

"이 상처에 신경이 쓰이시나 보지요?" 그녀가 조용한 목소리로 일그러진 얼굴에 손을 대며 물었다.

"아니에요……. 아니 어쩌면 그래도 조금은……." 공주가 말을 더듬었다.

"이런 모습으로 사는 법을 익히기 위해 수년의 시간이 필요했어요. 공주님께서 당황하시는 것은 너무나 당연해요. 제 친구들은 더 이상 상처에 신경 쓰지 않고 저 자신도 이 사실을 잊고 지낼 때가 있어요……."

"우리 서로 말을 편하게 하는 게 어떨까요?" 살로메 공주가 갑자기 물었다. 마치 이 상처에 대한 얘기 때문에 서로 간에 생길 수 있는 틈을 메우려는 듯했다.

"아주 좋아요. 그런데 어떻게 불러야 할까요? 공주님이라고 할까요?"

"그냥, 단순하게 살로메라고 해요." 공주가 안도하며 답했다.

한 시간이 넘도록 두 여성은 자유롭게 대화를 나누었다. 공주는 자신의 직책에 얽힌 특권과 장애들에 대해 말했고 비비안의 혼수 상태와 자신의 병으로 인한 내적 변화에 대해서도 밝혔다. 아나스타시아는 가족과 친구들, 수학에 대한 열정과 신앙 등에 대해 말했다. 그런데 갑자기 그녀의 목소리가 작아졌다.

"살로메 씨가 제게 속 이야기를 하니, 저도 이 상처에 대해 말씀드리지요. 이런 얘기는 사실 잘 하지 않는데 내 이야기를 신중하게 들어줄 것 같아서요."

아나스타시아가 숨을 깊이 들이쉬고서 잠시 눈을 감았다. 마치 그동안 잠가두었던 비밀의 방에 들어가려는 듯했다.

"어제 발제 도중에 아버지는 무신론자이고 어머니는 무슬림이라고 말했지만, 라픽크라는 남동생이 있다는 말은 하지 않았지요. '라픽크'는 아랍어로 '친구' 혹은 '부드럽고 조용한 사람'을 의미하지요. 그런데 이름과는 반대로 라픽크의 청년기는 참 어려웠어요.

특별한 일은 아니었지만, 정보기사가 되기 위해 학업을 마쳤어도 직장을 못 구하자 동생은 술집을 자주 드나들기 시작했지요. 그런데 하루는 늦은 밤에 어떤 만취한 사람이 친구 두 사람과 함께 술집에 들어와서 남동생에게 쓸데없는 질문을 하며 시비를 걸었다는 거예요. 남동생이 화를 내며 그자를 밀쳤는데, 그 술 취한 사람은 화가 난 듯 다른 쪽으로 가서 또 다른 사람에게 시비를 걸었다는 거예요. 그리고 싸움이 일어나 그 술 취한 사람이 많이 다치게 되었지요."

"그 사람이 죽은 건 아니겠지요?" 공주가 물었다.

"아니, 천만다행이었어요." 아나스타시아는 떨리는 목소리로 답했다. "병원에서 치료를 받고 다시 출근하게 되었고, 법정에서 판사는 사태를 파악하고서 적절한 형을 내렸지요. 그런데 그 사람이 동의를 하지 않는 것이었어요. 몇 달 후, 제가 약혼자와 지내다가 저녁에 혼자 집에 들어가는데 복면을 한 사람 셋이서 나를 납치했어요……."

아나스타시아는 오랫동안 말을 멈추고서 거의 기어들어가는 목소리로 말했다.

"몇 시간 동안 재갈이 물리고 묶인 상태에서 욕설을 듣고 뺨을 두들겨 맞고 난 다음, 옷이 벗겨지고…… 성폭행을 당했어요……. 그리고 그것도 모자라서 그자들은 냉소를 지으며 유리병을 내 얼굴에 으깨어 부셨지요. 미치광이들처럼 소리를 지르면서 말이에요. 나는 혼수상태에 빠졌고…… 얼마나 시간이 지났는지 모르지만 병원에서 정신을 차리게 되었어요. 얼굴에는 붕대가 감겨 있었지요."

공주는 마음이 아파 자기도 모르게 아나스타시아의 손을 잡았다. 놀란 얼굴은 눈물로 흥건히 젖어 있었다.

"비열한 놈들, 남동생에게 시비를 걸었던 그자였단 말이지요?" 살로메가 물었다.

"바로 그자라고 생각했는데 세 폭행자들 중에 한 사람은 입을 전혀 열지 않았어요. 그리고 그자의 알리바이는 아주 완전했어요. 싸움이 일어났던 술집에서 밤새 있었다는 거예요. 공범인지 아니면 그자의 친구인지는 확실치 않았어요. 그리고 사건은 해결되지 않았어요. 이 악몽에서 벗어나는 데 몇 년의 시간이 필요했는지 몰라요……."

"약혼자가 도움이 되었겠지요?"

"그러기만 했어도……. 얼굴의 붕대를 풀었을 때 완전히 일그러진 얼굴을 보고 그는 엄청난 충격을 받았어요. 그전엔 고운 얼굴이었는데……."

"지금도 아름다운데!" 공주가 응수했다.

아나스타시아가 희미한 미소를 지었다.

"고마워요. 하지만 파블로스가 보기에는 그렇지 않았어요. 처음에는 외출도 함께했는데 길에서 본 사람들의 반감이나 혐오하는 눈길이 참기 힘들었나 봐요. 그리고 어느 날 작별을 고하는 편지를 남기고 떠났어요. 이후로는 그를 다시 보지 못했어요.

"나쁜 인간 같으니라고!"

"아주 오랫동안 그에게 너무나 화가 났었어요. 하느님에게도 또 모든 것들에 화가 났었어요. 그리고 조금씩 인생의 활로가 펼쳐졌어요. 이미 말했듯이 도스토예프스키의 영향을 많이 받았어요. 혹시 그의 책을 읽었는지요?"

"아니, 도스토예프스키에 대해서는 '아름다움이 세상을 구한다'는 말뿐이에요."

"아름다움이……." 아나스타시아가 눈을 내리깔면서 중얼거렸다.

살로메 공주가 아나스타시아의 상처를 응시했다. 그리고 생각에 잠겨 밀려오는 슬픔을 느꼈다. 공주는 자신이 세상의 기준에서 보면 아름답지 않다는 것을 알고 있었다. 아니 심지어 못생긴 축에 속한다고 생각했다. 어찌되었든 '세상을 구하는 것은 나의 미모가 아니니까'라고 생각했다.

"아름다움이……." 아나스타시아가 눈길을 위로 향하며 평화로운 얼굴로 말했다. "그래요, 아름다움이 세상을 구할 거예요! 사실 도스토예프스키는 그런 식으로 말한 것 같지 않지만―딸 소냐를 제네바에서 잃고 나서 저술한―유명한 저서 『백치』에 보면 결핵 환자이며 아주 반항적인 인물이 소설의 주인공에게 '왕자님께서 아름다움이 세상을 구할 것이라고 말했습니까?'라고 묻는 장면이 나와요. 그 무이츠키네 왕자는 만나는 사람들을 자애롭게 대해주는 그리스도 같은 인물이었고 삶의 고통으로 힘들어하는 아름다운 나스타시아에게 연민의 정을 품기도 하지요. 세상을 구원하는 아름다움은 이상적이고 인위적인, 미디어에서 말하는, 컴퓨터로 만들어진, 우리를 옮아 죄는 그런 아름다움이 아니라, 선한 눈길의 아름다움, 그리스도의 아름다움, 손대는 것은 모두 변화시키는 그런 아름다움이지요. 그리고 그 눈길이 저를 감동시켰고 치료했지요."

잠시 동안 살로메 공주는 시간을 벗어난 것 같았다. 사람의 얼굴이 아니라 성화를 보는 것 같았다. 그리고 더욱 이상한 것은 아나스타시아의 눈에 비친 자기 모습이 마치 다른 사람처럼 보였던 것이다. 그 순간에 살로메 공주도 자신이 아름답다고 느껴졌다.

이런 영원의 맛을 보고 있던 공주는 아나스타시아의 말에 깨어났다.

"도스토예프스키는 천재적인 작가인데, 고통의 극치를 알면서도 치유의 빛을 거부하지 않는 개방된 태도를 취하지요. 자식을 잃고 난 후에 쓴 그의 명작 『카라마조프 가의 형제들』을 보면, 알렉시스는 모든 형태의 아름다움을 찾고자 하지요. (도스토예프스키가 그 사고 후에 만났던 암브로시우스 은자에게서 영감을 받은, 한 수도원의 영적 지도자인) 수도자 조시스무스의 그리스도와 같은 아름다움이 있는 반면, 카라마조프 가의 형제 중 첫째인 드미트리가 보는 파란만장한 아름다움도 있지요. 그에게 아름다움은 무섭고 소름끼치는

것이지요. 더 무서운 것은 아름다움이 무서운 것일 뿐만 아니라 신
비롭다는 사실이지요. 신과 결전을 벌이는 존재는 악마이고 그 결
전의 장은 인간의 마음이지요."

"보들레르가 말한 것처럼." 살로메가 말했다.

그리고 그녀는 『악의 꽃』에 담겨 있는 「미의 찬가」란 시의 두 소
절을 암송했다.


너는 깊은 하늘에서 오는가 아니면 나락에서 나오는가?

아, 아름다움? 너의 지옥과 같으며 신적인 눈길,

선행과 범죄를 동시에 쏟아내는,

그래서 너를 포도주에 비유한다.

(……)

사탄으로부터 아니면 신으로부터, 무슨 상관인가. 천사인가 인
어인가?

무슨 상관인가. 네가 항복한다면─부드러운 눈의 요정,

리듬, 향기, 서광, 아 나의 유일한 여왕!

좀 덜 추한 세상과 좀 덜 힘든 순간들?


아나스타시아는 슬프게 보였다.

"대작가들은 모두 마음속에서 일어나는 선과 악의 대립, 악마와
신의 대립을 알고 있지요. 보들레르는 결국 절망 속에서 인생을 마

쳤는데, 그것은 어쩌면 이 두 목소리를 구분하지 못했기 때문인지도 몰라요. 도스토예프스키 역시 이런 대립에 대해 알고 있었지만 양자를 구분할 줄 알았어요. 『카라마조프 가의 형제들』은—절대적 무신론자인 프로이트는 이 작품을 인간이 저술한 최대의 소설이라고 했지요—바로 이 점을 너무나 잘 보여주잖아요. 즉 도스토예프스키는 선택을 했던 거예요. 그의 말을 따르자면 '그리스도보다 더 아름다운 것은 없다고 믿는 것'으로 말이지요. 그의 선택은 나의 선택이 되었고, 바로 이 선택이 내 삶을 구했지요."

공주의 마음속에 수천 가지의 질문들이 떠올랐다. 아나스타시아는 천재일까, 아니면 정신병자일까? 악마와 신이 우리 삶에 영향을 미칠 수 있다고 정말로 믿는 것일까? 그리스도의 '아름다움'을 어떻게 알 수 있을까? 그 아름다움을 능가하는 것이 없다고 어떻게 확신할 수 있단 말인가?

토론회가 다시 시작될 것이었다. 아나스타시아는 지각하고 싶지 않았다. 서로 존경하는 마음을 느끼면서 두 여성은 담화를 마쳤다. 다시 만나길 약속하면서.


## 모든 것이 설명될 때


토론장은 사람들로 북적거렸다. 사람들이 쇄도하는 것을 보고 샤를르 드락은 마음을 놓았다. 오전에 들었던 객설들을 완전히 정리할 것이라고 마음먹고 있었다. 진행자는 다시 한 번 일반 주제는 뇌와 의식 간의 관계이고, 구체적으로는 임사 체험에 대해 토론하던 중이라고 상기시켰다. 마침내 명석한 소장 생물학 교수에게 발언권이 주어졌다.

"어떻게 설명을 해야 할까요? 우리는 이제야 확고한 지반 위에 서게 되었습니다. 신사 숙녀 여러분, 친애하는 동교 교수님들, 인류의 역사는, 마치 썰물이 엄청난 퇴적물을 남겨놓는 것처럼, 우리에게 꿈과 신화, 성찰과 환상, 지속해야 하는 성공적인 결과, 뚫고 나가야 할 막다른 길들을 남겨놓았습니다. 제가 두 매력적인 발언자들과 달리 생각하는 것은 바로, 인생이 너무 짧으므로 확인할 수 없는 그런 수많은 증언들의 진위를 구분하는 데 시간을 허비할 수 없다는 것입니다. 과학은 계속 발전하고 있는 반면에 종교는 제자리걸음만 하고 있습니다. 물론 몇몇 지성인들이 의미를 찾기 위해 종교적 영성 혹은 무신론적 영성에 관심을 두고 있지만, 개인적으로는 구체적이고 확인할 수 있는 것에 관심을 두고 있습니다. '투사'와 '생성'이라는 개념을 통해서 인간의 뇌가 왜 그리고 어떻게 독립적이고 심지어 불멸하는 의식을 상상해내는지 설명할 수 있습니다."

회의장에는 아주 심각한 분위기의 침묵이 감돌았다. 인생에서 그렇게 중요한 것들이 산산조각날 수도 있다는 두려움을 느낀 사람도 있었고, 이제야 과학이 저 순진한 사람들을 완전히 박살낼 수 있게 되었다며 강한 기대감을 갖게 된 사람들도 있었다.

자기 발제가 지닌 중요성을 인식하고 있는 샤를르가 말을 이었다. "투사…… 이미 언급한 에피쿠로스는 모든 것이—우주, 영혼, 신—기계적이고 우연한 원자 조합에 의해 만들어진 결과라고 했습니다. 그에 따르면, 인간 안에는 '영원에 대한 욕망'이 있기 때문에 저세상에서의 삶을 기대하게 만든다는 것입니다. 그러나 이 욕망은 공허한 것입니다. 차라리 한계가 있지만 실현 가능한 행복이 현실에서 동떨어진 공허한 것에 대한 동경보다 낫습니다. 이 욕망의 투사를 현대적인 언어로 표현하자면 '독자적인 의식'과 '죽음에 종속되지 않는 것'입니다. 프로이트는 인간에 의해 상상된 초감각적 실재는 무의식적 심리 작용이 자신을 외부에 투사하는 것이라고 알려주었습니다. 즉 종교들이 '저세상에 대한 지식'이라고 여기는 것은 사실 '내적 삶에 대한 무지'일 뿐입니다. 그래서 '유령'과 '악마'는 무의식적인 악한 욕망의 투사에 불과합니다. 그리고 '신'은 두렵기도 하고 갈망의 대상이 되기도 하는, 그런 아버지의 상이 투사된 것입니다. 간략하게 말하자면, 뇌가 독립적인 의식을 지닐 수 있다는 희망은 불멸하고자 하는 욕망의 투사에 불과합니다. 그래서 임사 체험은 두려운 죽음에 대한 체험입니다."

샤를르 드락은 경청하고 있는 청중들을 보면서 다시 환희에 젖었다. 이런 전율을 느낀 것이 처음은 아니었지만, 명확하고 증명 가능한 지식을 제시함으로써 암흑 같은 미신들을 제거할 때마다 매번 희열을 느꼈다.

"투사를 '분열'이라고도 할 수 있습니다. 루트비히 포이에르바하는 이미 19세기에 그리스도교의 본질은 인간 본질의 분열이라고 명확히 보여주었습니다. '신적 존재는 인간의 본질 외에 다른 것이 아니다, 아니 인간의 본질 자체다. 개별적 인간의 한계와 분리된, 즉 현실적이고, 육체적이고, 대상화된 인간의 한계와 분리된, 특별하고 인간 자신과 구별되는 다른 존재처럼 생각되고 존중되는 그런 존재……' 자신의 한 부분을 외부에 투사함으로써 종교적 인간은 오해하게 되고 자신을 소외시킨다는 것입니다. 이 투사된 부분을 자신 안에 복구함으로써 무신론적·과학적 인간은 확연하게 보게 됩니다. 프리드리히 니체 역시 인용할 수 있을 것입니다. 목사의 아들이었던 그는 포이에르바하처럼 처음에는 신학을 공부했습니다. 그리고 아주 단호하게 신과 세계의 분열을 비판했습니다. 삶을 찬양하고 인정하기보다는 오히려 삶에 모순되는 그리스도교의 퇴화된 신을 증오했습니다. 그리고 그렇게 명석한 사상가들은 모두……."

"샤를르 씨, 죄송한데요. 청중들을 위해 지금 인용한 문구가 담긴 책의 이름을 알려줄 수 있을까요?" 아나스타시아가 물었다.

"물론이지요." 생물학자는 약간 당황하며 답했다. "『적그리스도』라고 합니다."

"고마워요." 아나스타시아가 답했다.

젊은 여성 수학자의 입가에 조심스럽고 알 수 없는 미소가 떠올랐다.

함정에 빠지지 않겠다는 듯 샤를르가 말을 이었다. "그런데 이 명석한 사상가들은 모두 현대 생물학의 지대한 발전에 대해서는 알지 못했습니다. 신경과학은 전대미문의 발전을 이룩했습니다. 오늘날 우리는 뇌가 어떻게 의식을 형성하는지 이해하기 시작했습니다. 이제 저는 '생성'이라는 두 번째 개념을 다루겠습니다. 점점 더 많은 전문가들이 아주 일상적인 것에서부터(탈육체 의식, 현존 현상, 빛의 체험, 신비적 환영, 외계인과의 만남 등) 기이한 것에 이르는 의식의 모든 현상들이 뇌와의 전자기 반응이나 뇌 안에서 일어나는 화학작용을 통해 설명될 수 있다고 확신합니다. 지구 자기장의 변화가 간질성 미세 뇌엽 발작을 일으킬 수 있고 이로 인해 의식 변화상태를 초래할 수 있음이 관찰되었습니다. 이러한 변질은 실험을 통해서도 유발할 수 있습니다. 즉 뇌의 특정 부분을 자극하는 특수 헬멧을 사용하거나, 향정신성 약물을 복용함으로써 말입니다. 새로운 기구들을—예를 들어 MRI—통해 명상하는 승려들, 또 묵상 중인 갈멜 수녀들과 '방언'을 하는 오순절교회 신자들에게서 뇌의 특정 부분이 자극되는 것을 알 수 있게 되었습니다. 참 대단하지요! 이제 이런 경험을 하기 위해 '영'이나 외부의 힘을 개입시킬 필요가 없게 되었습니다. 영혼과 영의 신비는 더 이상 존재하지 않게 되었습니다. 생화학 과정이나 복합 전자 충격을 통해 이제 의식의 모든 현상을 일으키는 것은 뇌라는 사실을 알게 되었습니다. 과학자 공동체는 의식 연구에 있어서 역사적인 돌파구를 만들고 있습니다."

청중들 중 일부는 거의 본능적으로 기립박수를 보냈다. 아직 시간이 있었기에 진행자는 다른 두 발언자들의 반응을 물었다.

라다 양이 먼저 발언했다.

"제 생각에 샤를르 씨는 여느 과학자들처럼 두 가지 관계를 혼동하고 있습니다."

"자세히 설명해주십시오." 진행자가 요청했다.

"당연하지요. 즉 인과관계와 상관관계를 혼동하고 있는 거지요. 훨씬 정밀한 기구들을 통해 관찰하면 (영적 수행 같은) 어떤 행동 X는 뇌의 상태 Y와 연관되어 있습니다. 뇌가 Y상태에 있기 때문에 X를 행한다고 말하는 것은 인과관계입니다. 반면에 X를 행할 때, 뇌가 Y상태에 있는 것을 인정하면 이는 상관관계입니다. 인과논리는 의식을 뇌의 활동으로 축소시키려고 합니다. 반면 상관논리는 양자의 관계를 열어놓습니다. 달리 말하자면, 샤를르 씨 같은 유물론자의 입장에서 보면 뇌는 단지 의식의 발생 기관일 뿐입니다. 반면 아나스타시아 씨나 저 같은 유심론자의 입장에서 보면, 뇌는 의식의 수신 기관입니다(마치 라디오가 파동을 변화시키고 컴퓨터가 네트워크에 연결되어 있듯이)."

아나스타시아의 얼굴에 슬픈 기운이 감돌았다.

"라다 씨가 지금 언급한 내용에 전적으로 동의합니다. 좀 지루하게 느껴지기 때문입니다. 이미 말씀드렸지만, 샤를르 씨처럼 유물론적으로 사고하는 생물학자들이 있는가 하면, 일신론이나 일체론적 입장에서 사고하는 뛰어난 생물학자들도 있습니다. 과학이 실재의 부분들을 설명할 수는 있지만 실재 전체에 대해서는 결코 설명하지 못한다는 사실을 언제쯤 이해하게 될까요? 우주론, 양자물리학, 생화학, 고생물학, 심리학, 신경과학 등등은 부분들을 분석하고, 설명하고 이해하는 훌륭한 수단들입니다. 그런데 어떤 과학도 전체를 설명할 수 없으며 단지 부분들의 집단에 대해서만 설명할 뿐이지요."

또다시 장내가 어수선해졌다. 칼뱅 교수는 비판자들이 의견을 표명할 기회를 허용할 수밖에 없다고 직감했다.

단지 익살꾼 광대만이 홀로 보란 듯이 하품을 해댔다. 그리고 현자를 바라보며 말했다.

"불멸의 실재와 소멸의 욕망이냐, 아니면 소멸하는 실재와 불멸의 욕망이냐, 이것이 문제로다. 사람들은 욕망을 실재라고 생각하는 데 너무나 익숙해서, 누가 실재에 대해 말하면 다들 그냥 욕망을 표현한다고 생각해버리지."

# 학자와 미치광이

　무언가 알 수 없는 이유로 아나스타시아 양이 비판의 핵심 대상이 되었다. 어쩌면 우리가 (경쟁의 위기에 처한 기업들이 교묘하게 조작해서) 무제한 소비지향 물질주의와 (어느 정도 불교와 무속신앙의 색체를 띤) 근거 없는 보편주의 영성을 결합시킨 세계화 시대를 살고 있기 때문일까? 청중들의 의견에 따르면, 단지 아나스타시아의 세계관만 제외하고 모든 세계관들을 수용할 수 있을 것만 같았다. 종교 재판부터 창조론을 주장하는 근본주의자들을 거쳐서 어린이들을 성희롱하는 소아성애 도착증 신부들에 이르기까지, 유대교·그리스도교 반계몽주의에 반대하는 선입견들은 예나 지금이나 만연해 있다. 이 점은 왕국의 독자들에게 너무나 잘 알려져 있기에 여기에서 보고할 이유가 전혀 없을 것이다. 더 흥미로운 것은 경쟁하는 다양한 세계관들의 '논리'와 '합리성'에 관한 문제였다.

　"명석한 샤를르 드락 교수에게 찬사를 보냅니다." 나이가 들어 보이는 남성이 외쳤다. 어쩌면 그 역시 대학 교수였던 것 같다. "그 연구 덕분에 의식은 이제 더 이상 미지의 대상으로 남지 않을 것입니다. 몇 년 후에는 종교들도 이 점을 인정하게 될 것입니다."

　"바실로풀로스 양은 참으로 진지하고 순수한 것 같습니다. 그런데 어떻게 아직도 신에 의거하여 비합리적으로 사고할 수 있습니까?" 다른 사람이 말했다.

"영적인 세계가 존재한다는 그녀의 확신은 당연히 비논리적입니다." 어떤 대학생이 보라는 듯이 비판을 고조시켰다. 그는 "다행스럽게도 우리 대학에서는 그런 식의 언사에 속아 넘어가지 않도록 하고 있습니다"라고 결론을 내리며 총장과 교수들의 찬동을 구했다.

공주는 아나스타시아와의 만남에 아직도 감격해서 새로 만난 친구의 반응이 걱정스러웠다. 아주 조용하고 침착하게 젊은 여성 수학자는 비판자들에게 답했다.

"오늘의 서양과 서양의 유대교·그리스도교 뿌리에 대해 비판하는 것은 올바른 태도일 것입니다. 저 역시 교회가 성서의 메시지에 전혀 걸맞지 않게 행동해왔다는 것을 너무나 잘 알고 있습니다. 이는 또한 복음이 가장 뛰어난 과학자들, 철학자들, 예술가들에게 자극제가 되었다는 것을 인정하지 않는다면 역사적 실수란 뜻이기도 합니다."

공주를 향해 눈길을 주면서 아나스타시아는 약간 과장스럽게 말했다.

"바보! 제임스 맥스웰(1831~1879)은 젊었을 때 바보라는 별명을 달고 다녔어요. 그런데 그의 유명한 화학식은 전자에 대한 우리의 이해를 완전히 뒤바꿨지요. 아인슈타인은 맥스웰의 연구가 뉴턴 이후로 가장 중요한 물리학의 성과였다고 말했습니다. 맥스웰은 평생을 연구에 이바지하고 나서, 과학은 현재까지 죽음의 물리적 결과에 관해서는 그 어떤 중요한 것도 첨가하지 못했다고 인정했습니다. 오히려 과학의 발전으로 인해 우리 눈앞에서 소멸하는 가시적 부분과 우리의 진정한 정체성 간의 차이는 점점 더 깊어졌다고 말했습니다. 이 장로교 신자에 의하면, 자연과 인간의 운명은 과학이 접근할 수 있는 것 너머에 있다고 합니다."

"'현재까지'라고 맥스웰은 말했어요. 그런데 그때는 19세기였어요. 20세기 이후로 과학은 엄청나게 발전했습니다." 누가 소리쳤다.

"맞는 말입니다. 루돌프 카르납이 소속되었던 비엔나 학파의 선언에서도 볼 수 있는 것처럼 말이지요. 즉 '모든 것이 인간에게 가능하다. 그리고 인간은 모든 것의 기준이다. (……) 세상에 대한 과학적 개념으로 해결할 수 없는 수수께끼란 없다'라고 말이지요. 지식의 엄청난 발전과 함께 우리는 형식논리의 활용, 형이상학적 사변의 거부, 인식의 확인 가능성을 통해 해결할 수 없는 불가사의를 모두 제거할 것이라고 꿈꾸었습니다만, 실현하지는 못했습니다. (아돌프 히틀러와 같은 학교에서 공부를 하고 한때 수도자가 되려고 했던) 루트비히 비트겐슈타인은 모든 세계관 안에 있는, 말로 표현할 수 없는 것에 눈을 뜨게 했고, 그 꿈을 파괴해버렸기 때문이지요."

그리스 여성 수학자는 청중들을 유심히 살펴보면서 다음과 같은 질문을 던졌다.

"영적 세계를 믿는 것이 '비논리적'이라고 누가 그랬지요?"

조심스레 누군가 손을 들었다.

"20세기 최고의 논리학자가 누군지 아십니까?"

"모르겠는데요." 그 손든 사람이 난처해하며 답했다.

"힌트를 드리겠습니다. 그 사람은 '불필요한 지식의 유용성'을 연구하기 위해 세워진, 프린스턴의 유명한 고등 연구소에서 아인슈타인과 함께 있었습니다. 아직도 모르시겠습니까?"

"쿠르트 괴델이요!" 다른 사람이 외쳤다.

"그렇습니다. 아인슈타인은 말년에 물리학 연구에서 손을 때었지만 이 연구소에 유일한 목적을 지니고서 출근했다고 합니다. 그 유일한 목적은 다름 아닌 괴델과 함께 걸어서 집으로 돌아올 수 있는 특권이었답니다. 그런데 바로 이 '아리스토텔레스 이후 최고의 논리학자'라고 불렸던 괴델은 신이 존재할 뿐만 아니라 악마 역시 존재한다고 확신했다고 합니다."

샤를르의 얼굴에 교만한 미소가 스쳤다.

"친애하는 수학자 아나스타시아 씨, 괴델이 편집증 환자로 죽었다는 점을 상기할 필요가 있을까요? 사람들이 자신을 독살하려 한다고 생각했던 그는 영양실조로 죽었지요. 몸무게가 대략 30킬로그램 정도였다고 들었어요."

"그게 무슨 상관인가요? 니체가 말년에 정신병에 걸렸기 때문에 그의 저술이 가치가 없다는 것인가요?"

"당신이 한판 이겼소, 맞는 말입니다." 샤를르가 답했다.

"괴델은 조심스런 사람이었어요. 그는 비엔나 학파 회의에 드물게 참여했지요. 하지만 1931년, 25세 때, 이 학파의 철학적 기반을 흔들었고 일관되고 완전한 형식체계를 꿈꿨던 모든 수학자들의 기반을 흔들어버린 글을 발표합니다. 그때부터 그의 이름을 따서 붙인 두 가지 정리—괴델의 불완전성 정리—를 통해 그는 수학을 포함한 모든 형식체계에는 진리이면서도 증명할 수 없는 정리가 있고, 체계의 일관성은 체계 밖에서만 증명될 수 있다는 점을 논증합니다."

아나스타시아는 논리학 수업을 받은 적이 없는 사람들을 위해 이 새로운 사상을 요약 설명했다.

"소크라테스가 자신이 아무것도 모른다는 것을 (그 사실만을 제외하고서) 알았던 것처럼, 데카르트가 모든 것을 의심할 수 있다는 것을 (그 의심을 제외하고서) 확신했던 것처럼, 괴델은 수학적으로 모든 체계 안에는 입증할 수 없는 것이 있다는 점을 입증했습니다."

임금을 비롯한 많은 참석자들이 현기증을 느꼈다.

"그렇게 미치광이 같은 논리학자인 괴델은 심지어 수학 체계 안에도 결정할 수 없는 것과 입증할 수 없는 것이 담겨 있다는 점을 증명했습니다. 체계의 일관성을 증명하기 위해서는 체계를 벗어나서…… 그것을 넘어서는 곳에 눈을 열어야 합니다."

## 장난이 심하면 결국······ 싸움이 나기 마련

아나스타시아는 유명한 M. C. 에셔의 그림을 화면에 보여주면서 설명했다.

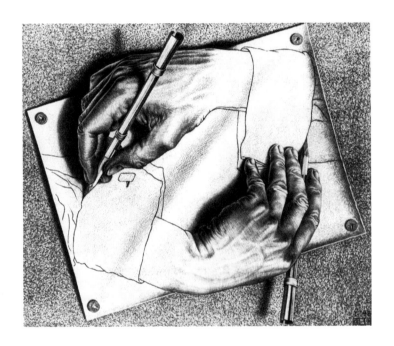

"이 '이상한 고리' 혹은 '얽힌 구조'는 아주 매혹적이면서도 혼란스럽지요. '닫혀 있는' 체계가 (즉 그림 그리는 손이) 체계를 넘어 '열려' 있습니다(그림 그리는 손을 그리는 손). 이렇게 얽혀 있기 때문에 도대체 어떤 손이 그림을 그리기 시작했는지 알 수 없습니다. 역설적으로 화가의 다른 손이 이 두 손을 그린 것이지요. 그래서 진짜 문제가 제기됩니다. 당연히 존재하는 이 화가의 손을 과연 그릴 수가 있을까요?"

"당연하지, 그 손은 존재하니까." 익살꾼 광대가 손을 빙빙 돌리면서 소리쳤다.

"맞는 말이오."

갑자기 청중의 일부가 이 젊은 여성 수학자가 의도한 바를 이해하게 되었다.

"이제 손을 그린 손을 그린 화가의 손을 그릴 수 있냐고 제게 질문하실 것입니다……. 그리고 이것은 가능한 일이란 것을 여러분은 이해하셨습니다. 새로운 그림은 매번 더 복잡한 면을 보게 합니다. 하지만 새 그림은 결코 마지막 그림이 될 수 없습니다. 무엇인가 아직도 우리의 능력을 벗어나는 것이 있습니다."

임금은 특히 괴델이 마음에 걸렸다. 대단히 논리적이지만 광적인 그가 자신을 넘어서는 어떤 원천을 믿는 것처럼 보였다. 왜 그럴까? 그리고 무슨 의미가 있단 말인가? 답을 찾기 위해 임금은 현자와 익살꾼 광대의 눈길을 찾았다. 그들 역시 자신을 보고 있었고 서로 놀라서 유심히 바라보게 되었다. 동일한 직감에 사로잡힌 것이었다. 직책의 차이를 넘어서 논리성과 광기와 위대함으로 뒤범벅된 동일한 인간성에 의해 일치된 것이었다.

청중들의 질문을 미리 예상한 아나스타시아가 발언을 계속했다.

"괴델은 세계가 기계적 법칙으로 축소되지 않는다는 것을 확신했습니다. 서양에서 지배적인 변화, 즉 신학에서 유물론을 향해 가는 변화와는 반대로 이 천재적 논리학자는 달리 생각했습니다. 그가 남겨놓은 사항을 한번 들어보시지요. '유물론은 세계를 무질서한 무더기로 보는 경향이 있다. 결과적으로 무의미한 원자들의 무더기로 말이다. 그래서 죽음은 결정적이고 완전한 소멸로 보이는 반면, 신학과 관념론은 모든 것 안에서 의미와 의도와 동기를 본다.'

여기에서 우리가 처음에 언급했던 바를 다시 보게 됩니다. 죽은 다음에 무슨 일이 생기는가? 소멸하는가, 아니면 생존하는가? 괴델은 전혀 주저하지 않고 후자를 택합니다. 자신의 불완전성 정리가 근본적으로 기여한 바는, 비물질적 대상을 필요로 하지 않을 수 없다는 점이라고 확신했어요. '내 정리는 단지 수학의 기계화, 즉 정신과 추상적 본질을 제거하는 것이 불가능하다는 것을 보여준다. 만일 수학의 만족할 만한 기반과 체계를 얻고자 한다면 말이다.'

수학 체계 안에는 결정할 수 없는 정리들이 있기 때문에, 수학적 대상은 언제나 고유성을 지니게 될 것이라고 괴델은 말합니다. 그리고 수학적 진리의 증명은 어떤 기계도 할 수 없는 초월적 체계에 속하는 능력을 요구하기 때문에, 이런 능력 안에서 실재와 영의 초월성을 인정해야만 합니다. 괴델이 말하는 '영靈'이란 제한된 삶을 사는 개인의 영혼이라는 것을 다시 설명드릴 필요가 없겠지요. 그래서 20세기 최고의 논리학자는, 샤를르 씨와는 반대로 영을 단지 생화학적 운동으로 축소시킬 수 있다고 생각하지 않았습니다. 그렇게 생각하지 않았을 뿐만 아니라 그런 입장은 터무니없다고 생각했죠. 암으로 죽어가는 동료 아브라함 로빈손에게 그가 보낸 글을 한번 들어보시지요. '우리 자신이 단백질 분자로 구성되었다는 명제는 지금까지 들어본 것들 중에 제일 어처구니없는 진술이네'라고 그는 적었습니다."

토마 송은 마음이 언짢았다. 아나스타시아의 발제가 예상 외로 너무 길어졌기 때문이기도 했고, 자기 연인의 죽음으로 인한 고통스러운 기억이 되살아났기 때문이다. 그래서 자신의 역할을 망각하고 약간 흥분하여 질문을 던졌다.

"사랑하는 사람들과 저세상에서 재회할 수 있는가라는 질문에 괴델은 어떤 대답을 했을까요?"

"그에게 같은 질문을 던졌던 자기 어머니에게 했던 답변을 그대로 제시했을 것입니다. '우리가 다시 만날 수 있다고 생각하는가라는 질문은 참 어려운 질문이지요. 단지 세상이 합리적으로 만들어졌고 의미를 지니고 있다면 그렇게 될 것이라고밖에 말씀드릴 수 없어요'라고 말이지요. 괴델은 과학이 '모든 것에는 원인이 있다'라는 근본적 생각에 기초한다면, 라이프니츠가 말한 것처럼 '모든 것은 의미가 있다'라는 생각이 무의미하지 않다고 생각했어요."

"질병과 아이들의 죽음도 말인가요?" 누가 외쳤다.

"삶이 죽음으로 인해 중단되지 않는다면 그렇지요. 심지어 질병과 아이들의 죽음도 우리를 기다리고 있는 저세상에서는 최종적인 의미를 지닐 수 있겠지요."

청중들이 몸서리를 쳤다.

"괴델은 세례 받은 장로파 신자로서 규칙적으로 일요일 아침마다 침대에서 성서를 읽었다고 그의 부인은 말했습니다. 그는 종교 제도에도 만족을 느끼지 못했고 그 당시 학계에도 만족을 느끼지 못해 외롭게 살았습니다. 그가 보기에 그들은 부차적인 질문에 시간을 낭비하는 사람들이었어요. 그리고 제가 보기에는 그가 너무나 옳게만 보입니다. 괴델에게는 오직 아인슈타인과의 우정만이 중요했습니다. 그와 함께 엄청난 직관에 대해 토의하고 확실성을 추구할 수 있었답니다."

청중들 중에서 한 남성이 일어나 큰 소리로 외쳤다.

"지금 확실성이라고 했습니까? 어떻게 이렇게 비합리적인 논리학자를 신용할 수 있습니까?"

"다른 질문을 통해서 답변해드리겠습니다. '내가 제시하는 이유들을 통해서 신의 존재(영혼의 존재)에 대해 아직도 수긍하지 않는 사람들이 있다면, 나는 예를 들어 그들이 육신을 지니고 있고 별들과 지구가 존재한다는 확실한 일들이 사실은 그렇게 확실하지 않다는 것을 알기 바란다'고 말한 사람이 누구인지 아시는지요?"

"또 정신없는 신비주의자로군!"

"아닙니다. 그 사람은 바로 무신론자 버트런드 러셀이 '현대 철학의 창시자'라고 부른 르네 데카르트입니다."

그때까지 아나스다시아의 변론을 침을성 있게 듣고 있던 사를르가 개입하기로 결정했다.

"제 기억이 옳다면, 데카르트는 자신의 다섯 살 된 딸아이가 사망했을 때, 인생 최대의 비극을 겪었다고 했습니다. 1년이 지난 후 그는 유명한 『형이상학적 명상』이라는 책을 발간했고 신과 불멸성에 대한 신앙을 입증하려 했습니다."

아나스타시아가 동의했다. "데카르트는 괴델처럼 '영혼은 육체와 함께 죽지 않는다'고 확신했습니다. 자세히 말하자면, 그 사실을 믿는 것 역시 완전히 '합리적인' 것이었습니다."

"아나스타시아 씨가 말하고자 하는 바를 이해합니다만 제 말을 끝까지 들어보시지요. 어느 누구도 데카르트가 신과 영혼을 믿었다는 것을 부인할 수 없습니다만 철학적 후예들은, 특히 칸트는 그가 제시한 증거들을 인증하지 않았습니다. 후대에 받아들여졌던 사항은 먼저 방법론적 회의의 가치였고 물질 세계의 결정론이었습니다. 이후로 프로이트는 이런 재회에 대한 희망은 단지 환상일 뿐이란 것을 잘 입증했고 현대 생화학은 우리에게 데카르트 자신보다 더 합리적인 태도를 취하라고 합니다."

"각자는 단지 원하는 것만을 받아들이지요." 아나스타시아가 응수했다.

"아나스타시아 씨도 나처럼 말이지요……."

"그리고 저도 샤를르 씨처럼 말이지요······."

그때 누군가 불안한 목소리로 물었다. "그런데 어떻게 의미 있는 것을 선택하지요? 어째서 에피쿠로스가 아니라 소크라테스를 선택하고, 소크라테스 대신에 데카르크를, 데카르트 대신에 다윈을, 다윈 대신에 괴델을, 괴델 대신에 도킨스를 선택한단 말이지요?"

샤를르가 답변의 첫 실마리를 제시했다.

"어떤 권위에 의한 논증도 받아들이지 마십시오. 어떤 유명한 사람이 무엇인가를 확신하기 때문에 그를 믿어야 하는 것이 절대 아닙니다. 오히려 여러분 자신이 스스로 확인한 다음에야 어느 정도 신뢰할 수 있을 것입니다."

라다 양이 유사한 생각을 토로했다.

"여러분의 경험을 믿으세요. 하지만 여러분이 존경하는 사람들의 경험을 결코 거부하지는 마세요."

아나스타시아는 샤를르와 라다를 다정하게 바라본 후 웃는 얼굴로 청중들에게 말했다.

"그 답은 바로 사랑입니다. 여러분이 가장 사랑받고 또 사랑하게 되는 곳에, 심지어 여러분을 사랑하지 않는 사람들을 사랑하게 되는 곳에 진리가 있습니다.

# 소동

장-클로드 칼뱅 교수는 토론회 둘째 날의 마감을 알렸다.

"친애하는 발언자 여러분, 참석자 여러분, 우리는 벌써 토론회의 중반기를 넘어섰습니다. '나는 무엇을 희망할 수 있는가?'와 '나는 무엇을 인식할 수 있는가?'라는 질문 다음에 이어 내일 '나는 무엇을 경험할 수 있는가?'라는 질문을 다룰 것입니다. 우리 각자의 철학적 토대는 성, 가정, 직업, 돈, 정의, 환경 문제 등 모든 분야에 있어 피할 수 없는 영향을 미치고 있습니다. 상대성 역시 사실일 수 있습니다. 우리의 생활 방식은 다른 사람들을 희생시키면서까지 특정 토대를 중시하게 할 수 있습니다. 여러 점들에 대해 참으로 많이 숙고하게 되었습니다. 여러분 모두 편안한 저녁을 맞이하시고 좋은 밤이 되길 바랍니다. 그리고 '아름답게 살기 위해서 시간을 내라'는 단순하지만 실천하기 어려운 격언을 기억하시길 바랍니다."

그가 채 말을 끝내기도 전에 대학 총장이 다가왔다.

"장-클로드, 좀 심각한 일이 생겼네. 한 영향력 있는 교수 단체가 자네의 사임을 요구해왔네. 그들 말로는 자네가 대학에서 교수직을 맡기에는 지적 능력이 부족하다는 거야."

충격을 받고 할 말을 잃은 칼뱅 교수는 멀지 않은 곳에서 한 사람이 자신을 주시하고 있다는 것을 알아차렸다. 그자는 윤리철학자 데로쉬 교수였다. 그의 얼굴에 승리의 미소가 만연해 있었다.

한편 임금은 경호원들에게 둘러싸여 그날의 반론들을 사유하며 출구를 향하고 있었다. 그 순간에 경제부 장관이 다가왔다.

"전하, 죄송합니다만, 다국적기업 버들리의 신임 최고경영자 매리 로이 부인을 전하께 소개하고 싶습니다―『공주와 예언자』에 등장하는 로이 부인은 수년 동안 인도에서 근무했고 얼마 전부터 왕국 지부의 책임자로 임명되었다―로이 부인이 오늘 토론회에 참석하게 되었습니다. 제 생각에 전하께서도 만나보시면 좋을 것 같아서 소개를 드립니다. 그리고 전하께서 이 기업에 대해 칭찬을 자주 하시기 때문이기도 합니다."

임금은 젊은 여인을 보자 몸이 굳어버리는 것 같았다. 이 신임 책임자의 미모가 마음을 끌었을 뿐만 아니라, 아주 이상한 느낌을 받았기 때문이다. 알 수 없는 일에 함께 연루된 것 같았다. 마치 서로 만나야 할 운명에 처한 것처럼 아니 이미 오래전부터 서로 알고 있었던 것처럼. 임금은 자신의 동요를 감추기 위해 일상적인 말을 몇 마디 건넸다. 임금은 이 젊은 여성이 자신을 존경스럽게 바라보며 심적으로 동요하면서도 감정을 억제하는 것을 보고 충격을 받았다.

이렇게 서로 내밀한 눈길을 주고받는 것이 왕비의 눈에 비치지 않을 수 없었다. 왕비는 질투심으로 화가 치밀어 올랐다. 하루를 아주 지루하게 보냈던 왕비였다. 발언자들의 견해에는 관심이 없었고 오직 파울로에게만 관심이 쏠렸다. 마치 가볍고 자유분방한 나비가 되어 파울로에게 날아가 그의 몸 구석구석에 내려앉는 것을 상상하면서. 왕비는 그를 초대하여 다시 환락의 밤을 보내는 것 외에는 아무런 관심거리가 없는 것처럼 보였다. 그런데 한순간에 그런 환상들이 사라져버렸다. 엄청난 복수심이 솟구치는 것을 느끼며, 남편이 행복감을 느끼도록 놓아둘 수 없다는 생각이 들었다. 임금은 자신에게 그런 행복감을 선사하지 못했다. 그래서 보란 듯이 아무런 거리낌도 없이 임금과 그의 새로운 사냥감 사이의 대화를 막아버렸다.

"여보, 너무 늦었어요. 우리를 기다리는 사람들이 있어요. 어서 갑시다."

신문기자들은 토론회가 끝나자 임금 내외의 사진을 찍을 기회를 놓치지 않았다. 임금은 아내의 요구에 웃는 얼굴로 복종할 수밖에 없었다. 반면 내면에서는 은밀하게 적의가 떠올랐다. 그는 경제부 장관을 향해 몸을 돌리며 조심스럽게 매리 로이의 연락처를 물었다.

공주는 병원에서 일상적이 되어버린 검사를 받고 비비안의 병문안을 가기 전에, 친구의 어머니를 찾아가 보기로 결심했다. 레오 수사와 부인 미라벨은 아나스타시아의 발제에 깊은 인상을 받았고 그녀의 확신감에 경탄했다. 하지만 인간 마음속의 굴곡을 잘 아는 레오 수사는 단지 외모만을 믿어서는 안 된다는 것도 잘 알았다. 명석한 사고의 소유자이지만 아나스타시아도 모든 사람들처럼 연약한 인간이었다. 그녀 역시 인정받고, 감사받는 것이 필요했다. 레오 수사가 그녀에게 저녁을 함께하자고 제안하자 그녀는 기쁘게 받아들였다.

샤를르는 경박하고 불필요한 질문을 수도 없이 던지는 대학생들과 조교들에게 둘러싸여 있었다. 이 소장 교수는 어떤 화학작용이 일어나고 있는 것을 알아차렸고 진지하게 그들과 함께했다. 그는 성적 충동을 일으키는 체취인 페로몬, 환희 현상을 설명해주는 페닐레틸라민, 열정적인 행복감을 전달해주는 도파민의 효과를 느끼고 확인했지만, 오랫동안 사람에게 흥미를 끌게 하는 호르몬인 옥시토신이 작용하는 것에 두려운 마음이 들기도 했다.

한편 라다는 슬픈 생각이 들었다. 아직도 하고 싶은 말이 너무나 많았지만 토론의 추세로 인해 그럴 수가 없었기 때문이다. 아나스타시아와 샤를르는 과학을 잘 알았고 그래서 자신이 하찮은 영성주의자 취급을 받아서는 안 되겠다는 생각이 들었다. 그녀 역시 과학에 많은 관심을 두고 있었다. 1927년부터 1930년까지 있었다고들 하는 알베르트 아인슈타인과 닐스 보어 간의 '세기의 과학 논쟁'에 대해 언급하고자 했다. 아인슈타인은 (미립자의 위치와 속도를 동시에 규정할 수 없다는) 양자물리학의 개연적 해석에 만족할 수 없었고—그래서 그의 유명한 '신은 주사위 놀이를 하지 않는다'는 말이 있다—반면 보어는 불확실성과 개연성이 자연의 핵심이라고 했다—그래서 '신에게 무엇을 하라고 말하는 아인슈타인 당신은 누구입니까?'라는 그의 반문이 유명하다―그런데 결국 대부분의 물리학자들이 동의하게 된 보어는 라나가 중요하게 여겼던 음양 상징을 문장紋章으로 선택했다. 이 도교 상징은―즉 앞에서 말한 표현을 따르자면 일체론적 상징은―상반되는 것이 상충한다Contraria sunt complementa는 표어하에 성립된다.

찬사를 원하는 라다의 슬픈 눈이 파울로를 향했다. 그는 보좌관의 도움을 받아 출구를 향하고 있었다. 미모의 요가 선생은 주저하지 않고 자신의 매력적인 제자에게 다가가 집까지 동행해주겠다고 제안했다. 파울로는 기쁜 마음을 숨기지 않고서 기꺼이 제안을 받아들였다.


## 거룩한 분절


대학 앞 광장에서는 몇몇 시위 단체들이 소리치며 그들의 불만과 반대 의사를 표현하고 있었다. 그들 중에는 무슬림도 있었다. 토론회에서 예언자의 진리를 대변할 이슬람 대표자가 초대받지 않은 것이 불만스러웠기 때문이다. 그들의 슬로건이나 플래카드에서 아주 모순된 주장들도 볼 수 있었지만 그들 대부분은 중도적 입장을 취했다. "이슬람은 평화의 종교", "코르도바, 이성과 계시의 모델", "모든 진리의 토대는 코란이다" 등등.

반면에 더욱 강력한 주장을 하는 단체도 있었다. "발언자 선정을 잘못한 수치스러운 대학", "언젠가 이슬람이 왕국을 지배하게 될 것이다", "이슬람을 배제하는 다원주의는 배제 당해 마땅한 다원주의다" 등등. 어떤 소수 단체는 아나스타시아 양이 그리스도교 신자가 되기 위해 이슬람을 버렸다고 오해하여, 이런 배교자가 토론에 참석한 것에 분노했다. "개종자는 죽어 마땅하다고 예언자는 말씀하셨다!" 그런데 비논리의 극치는 바로 이슬람으로 개종한 어떤 서양인의 문구에서 볼 수 있었다. "종교 없는 자들은 모두 죽여야 한다. 이슬람이 진정으로 유일한 평화의 종교다!"

무슬림이며 대학에서 존경받는 한 정치학 교수는 극단주의자들을 진정시키려고 중재에 나섰다. "중국까지 가서라도 지식을 찾으시오"라는 예언자의 말을 인용하면서 그들에게 인간성과 신앙과 지성 추구에서 뛰어나야 한다고 권고했다.

그 젊은 개종자는 교수에게 그 지식이란 바로 이슬람에 계시된 종교적 지식이지, 대학에서 가르치는 과학적·세속적·무종교적 지식이 아니라고 반박했다. 간발의 차이로 단체들 간의 몸싸움을 피하게 되었다. 경찰들이 제때에 나타나 그들을 진정시킬 수 있었기 때문이다.

그런데 신나치주의 단체가 광장에 나타나자 경찰들의 임무는 더 힘겹게 되어버렸다. 그들은 오른손을 똑바로 치켜들고 큰 소리로 "섭리는 자연이고, 자연의 법칙은 강자의 법칙이라고 히틀러는 말했다"라고 외쳐댔다.

이 이상한 슬로건에 무슬림 광신도들은 박수를 보내며 "유대인들은 죽어라. 셈족 사람들은 죽어라. 유대인 배척자들은 죽어라"하고 소리쳤다. 그 순간 신나치주의자들은 "우리 나라는 민중을 위해 있다. 민중은 바로 우리다. 우리 나라는 민중을 위해 있다. 외국인들은 나가라" 하고 반격했다. 그 무슬림들은 자신들 역시 치욕적인 외국인들에 속한다는 것을 알아차렸고 아무 생각 없이 화를 '못된 이교도들'에게로 돌렸다.

한 시간 후에 30여 명의 부상자를 내고서 사태는 진정되었다.

## 모든 것이 명백해진 밤

그날은 공주에게 참 만족스러운 하루였다. 토론은 흥미로웠고 아나스타시아와 함께한 식사 역시 참으로 좋은 시간이었으며, 금상첨화로 토마 송 조교가 멋지게 느껴졌다. 공주는 가벼운 마음으로 비비안의 어머니인 마리아 부인 집의 초인종을 눌렀다. 그리고 이상한 소리를 들었다. 날카로운 고함 소리와 개 짖는 소리 같았다. 귀여운 강아지 한 마리가 뒷발로 서서 경비견 역할을 하겠다는 듯 자신을 주시하고 있는 것을 보고 추측이 틀리지 않았다고 생각했다.

"랴카! 조용히 해야지. 요 귀여운 녀석. 그분은 아는 사람이라고."

이런 식으로 서로 인사하고서, 공주는 한동안 바닥에 앉아 맹랑해 보이는 (잭 러셀 종) 강아지의 부드러운 털을 쓰다듬었다.

마리아 부인을 바라본 공주는 친구 어머니의 얼굴에 서린 슬픈 기색에 놀랐다.

"무슨 일이 있는 건가요?" 공주는 걱정되어 물었다.

"비비안이 이 강아지를 꼭 돌봐달라고 했어요. 아직 내가 병원에 들어갈 수가 없어서 사진밖에 보여주지 못했는데. 비비안이 참 행복해 보였는데. 그런데 한 가지 이상한 일이 마음에 걸려서……."

"무슨 일인데요?"

"비비안이 임종을 준비하고 있는 것 같은 느낌이 들어서. 내가 너무 힘들지 않도록 하려고 이 강아지를 돌보라고 한 것 같은데, 사실 난 강아지를 좋아하지 않지만 그 말을 할 수가 없었지요. 그리고 럭카를 보면 그냥 눈물이 나와서……."

"비비안이 지금은 많이 좋아졌잖아요." 공주는 말했다.

비비안의 어머니는 공주에게 그렇지 않다고 말하지는 않았지만, 찌푸린 눈썹과 긴장된 입술을 보는 것만으로도 충분히 상황을 알 수 있었다. 그녀는 더 심각한 일이 닥치리라는 것을 예감했다.

"그리고 한 가지 걱정스런 일이 있는데, 비비안이 남겨놓은 글을 이해할 수가 없어요."

마리아 부인은 침실로 들어가 쪽지를 들고 나와 공주에게 주었다. 봉투에는 "엄마에게"라고 쓰여 있었다. 약간 흥분된 마음으로 살로메는 최후의 메시지를 보았다.

용서해줘.

이루어질 수 없는 사랑. 널 내 목숨보다 더 사랑해.

비비안

"'이루어질 수 없는 사랑'이라니, 무슨 말인지 알 수가 없어요. 내가 그렇게도 못된 엄마였었나 봐요."

"직접 물어보시지 그랬어요."

"그렇게 할 수가 없었어요. 나 대신 그렇게 해줄 수 있겠어요? 비비안이 살로메를 그 어느 누구보다 좋아한다는 것을 알지만……."

그 말을 듣는 순간 공주는 충격을 받았다. 마치 뺨을 한 대 맞은 것 같았다. 충격의 순간이 지나고 공주는 비비안이 자기에게 전해준 메시지를 마리아 부인에게 알려주었다.

삶은 너무 힘들어.

그는 나를 영원히 모욕했어.

내 인생이 너무나 지겨워.

용서해줘.

더 나은 세상에서 다시 만나길 바라며.

비비안

아주 기괴한 가설이 공주의 머리를 스쳤다. 만일…… 비비안이 수습할 수 없는 일을 자행하기 전에 너무나 흥분해서 부주의로 쪽지를 바꿔넣었다면? 그 말은…… 비비안 어머니가 받은 메시지가 공주에게 줄 것이었고 또 반대로……!

"이루어질 수 없는 사랑. 널 내 목숨보다 더 사랑해"라는 말을 마리아 부인은 이해할 수 없었지만 살로메 공주는 이해할 수 있었다. 비비안이 살로메를 너무나 사랑했던 것이다. 고백하지도 못하고서. 약혼자가 바람을 피웠다는 사건은 단지 그를 떠나기 위한 수단에 불과했다. 비비안은 살로메를 사랑했던 것이다. 하지만 '이루어질 수 없는 사랑'으로 인해 그녀 스스로 삶을 포기하려 했던 것이었다.

공주는 이런 생각을 비비안의 어머니에게 말하지 않았지만, 자기 생각이 진실일 수 있다는 것을 느꼈다. 그녀 자신도 전혀 눈치채지 못했었지만. 마리아 부인과 럇카에게 인사를 하고서 공주는 혈액 검사를 받기 위해 병원을 향했다. 아직도 충격이 가시지 않은 그녀는 비비안에게 도대체 무슨 말을 해야 할지 걱정스러웠다.

## 경주의 핵심

칼뱅 교수는 완전히 낙심했다. 동료 교수들이 총장에게 감히 자신의 능력을 의심하는 발언을 했고 사임을 요구했다는 사실로 인해 완전히 아연실색했다. 모든 교수들처럼 자신 역시 개선할 점이 있다고 인정하지만, 비열하고 치사한 권력놀이를 하는 인물들이 자신을 문제 삼으리라고는 상상도 못했다. 그들 중 다수는 사실 사회에서 전혀 인정받지 못하는 사람들이었고, 그들에게 '영예'로운 일이란 전문적인 논문을 작성하는 것뿐이었다―교수직 갱신을 위해서, 자기 동료들조차 읽지 않는 그런 논문들을 썼다. 시간이 없거나 관심이 없어서 읽지 않든지, 그렇지 않을 경우, (자기들 파에 속하지 않는) 동료가 잘못 인식하고 있는 것이 무엇인지를 밝히기 위해서였다.

칼뱅 교수는 한 달에 한 번씩 토마 조교와 동참을 원하는 몇몇 대학생들과 함께 조깅하는 시간을 마련했다. 이 조깅 모임은 일종의 과학 연구와 비교되는 일이었다. 인내력과 공동의 노력과 목적이 필요했다. 그런데 그달 모임이 그날 저녁이었다. 장-클로드 칼뱅은 잠시 주저했지만 그래도 조깅 모임에 참석하기로 결정했다. 달리면서 기분 전환도 할 겸 그러기로 했다.

10여 명 정도가 대학 캠퍼스 옆에 있는 공원 입구에 모였다. 조교와 쾌활한 젊은이들을 보니 장-클로드 칼뱅은 원기가 회복되는 것만 같았다. 서로 인사를 나누고 준비운동을 한 후 모두 달렸다. 한 시간 정도 행복하게, 온화한 달빛을 받으며 공원을 달리고 땀을 흘렸다.

그런데 뜻밖의 일이 벌어졌다. 조금 전부터 장-클로드 칼뱅은 상체 부위에 통증을 느꼈다. 보통 때보다 훨씬 숨이 가빴고 땀을 많이 흘렸지만, 그날의 악몽을 잊기 위해 계속 달렸다. 그러다 갑자기 힘이 빠졌고 쓰러져서 정신을 잃고 구토를 하게 되었다. 학생들이 즉시 달리기를 멈추고 탈진한 교수 주위로 몰려갔다. 상태가 심각한 것을 알아차리고 응급실로 전화를 걸었다.

하지만 이미 늦은 상태였다. 토마 송은 존경하는 교수의 얼굴에 머리를 기울이고서 그의 마지막 말을 들었다. 구급차가 몇 분 후에 도착했지만, 칼뱅 교수는 이미 숨을 거둔 상태였다.

장-클로드 칼뱅은 급성 심장마비로 사망했다.


## 쉬바와 샥티가 서로 껴안을 때


탐식가 파울로는 흥분된 마음으로 라다 양과 함께 집에 들어섰다. 매혹적인 요가 선생이 처음으로 저녁 시간에 자기 집에 온 것이었다. 그는 그녀가 얼마나 아름답고 매력적인지 말해주려 여러 번 시도했다가 그냥 요가 수업의 혜택에 대해서만 허풍을 떨며 고맙다는 말로 얼버무렸었다. 여러 신체적 체위, 호흡 조절, 거룩한 말씀의 내면화 과정에 입문한 이후로 파울로는 점점 상태가 좋아지는 것을 느꼈다. 무어라고 표현하지는 못했지만, 그는 그날 밤 아주 새롭고 신비한 경험을 하게 되리라고 확신했다.

사실 며칠 전부터 시력이 약간씩 아주 미세하게나마 회복되고 있었다. 그것만으로도 방향 감각을 잃지 않기에는 충분했다. 라다는 자연스럽게 그가 어떻게 느끼는지 물었다.

"이상하지요. 시력을 상실한 이후로 새로운 감각들이 발전했어요. 전에는 전혀 관심을 두지 않았던 소리를 듣게 되고, 새로운 맛과 향을 발견하고, 더 놀라운 것은 주위에 있는 사람들의 마음상태를 직감하기도 한답니다."

"저에 대해서는 무엇을 느끼세요?" 호기심과 두려움이 섞인 심정으로 라나는 그에게 다가가며 물었다.

파울로는 손을 뻗어 아름다운 인도 여인의 어깨를 조심스레 잡았다. 그리고 자신의 얼굴을 그녀의 얼굴 가까이 대고선 여러 부분의 체취를 맡기 시작했다. 머리에서 시작하여 천천히 볼, 목…… 둥근 가슴, 근육이 느껴지는 복부, 은밀한 하복부를…… 마치 흡수하듯 탐사해나갔다. 라다는 쾌감과 두려움으로 몸서리를 쳤다.

"파울로, 너무 서두르지 마세요. 부탁이에요……."

아주 조심스럽게 탐사를 마친 그는 일어나 여인의 손을 잡고서 소파에 앉도록 했다. 그리고 아주 다정하게 그녀의 발치에 앉았다.

"당신은 수천 개의 태양처럼 빛나고 주변을 향기롭게 하는군요. 그런데 아주 심한 심리적 거부 반응이 느껴집니다. 어쩌면 당신이 숨기고 있는 불안감일지도 모르겠군요."

라다는 유혹자이자 정복자라고만 알고 있던 이 남성의 뜻밖의 배려 때문에 더 이상 그를 거부할 수 없었다. 수 시간 동안 그녀는 자기 인생에 대해 이야기했다. 파울로는 이 젊은 여성의 파란만장한 인생을 알게 되었다.

"저는 어렸을 때부터 영적 실재에 관심이 많았어요. 어쩔 수 없는 일이었어요. 사실 아주 종교적인 집안에서 태어났고 그래서 어려서부터 힌두교인의 일상 기도를 암송하곤 했어요. 아침에 일어나면 창조자 브라흐마, 유지자 비슈누, 파괴자이자 우주의 삶을 관장하는 쉬바라는 세 가지 국면을 지닌 위대한 신에게 기도하고, 영적 스승이자 해방의 모범인 구루에게 인사를 드렸고, 마지막엔 심오한 자아와 점진적 운명에 대해 명상했어요. 전통적 힌두교의 언어로 '나는 신 외에 다른 것이 아니다. 나는 확연하게 모든 고뇌를 넘어선 브라흐만이다. 나의 형태는 존재, 지성 그리고 지복이다. 나의 본성은 영원히 자유롭다'라고 하는 명상이었지요.

조부님은 인도에서 아주 잘 알려진 철학 교수이기도 했어요. 그래서 자연스럽게 그 길을 따르려고 했지요. 그런데 대학 시절에 불교, 특히 티베트 불교에 매혹되고 말았어요. 힌두교인과 불자들 간의 경쟁은 아주 오래된 일이었지만, 티베트 사원에 가서 수행하기로 결정했어요. 완전히 매료당했고 제가 갈 길을 찾았다고 생각했어요. 그리고 7년 동안 티베트어를 배우고 한 위대한 라마의 가르침을 따르게 되었어요."

"7년 동안이나? 아니, 어디에서 그런 힘이 생겼단 말인가요?" 파울로가 경탄하며 물었다.

"금욕, 자비, 지혜는 깨달음을 얻고자 하는 모든 수행자들에게 세 가지 기본 원칙이지요. 그리고 금욕은 절대적으로 필요하지요. 소비 문화에 사로잡힌 서양인들이 삶에 불교의 향수를 조금씩 뿌리는 것을 보면 저는 웃음이 나오기도 하고 눈물이 나기도 해요. 그리고 '웰빙 상품'으로 슈퍼마켓에 진열된 불상들은 또 어떻고요. 참으로 기괴한 일이지요. 우리가 사로잡혀 있는 실망스런 현세를 떠나고 싶은 마음이 가득했었어요."

"삶은 그렇게 실망스러운 게 아니잖소." 파울로가 말을 받았다.

"피상적으로 보면 그렇지 않지요. 하지만 실존을 조금만 분석해 보아도 붓다께서 가르치신 첫 번째 진리, 즉 모든 것이 고통과 실망(두까)이란 점은 확연해져요."

탐식가는 눈살을 찌푸렸다.

"고통일지도 모르겠지만 기쁨도 있소!"

"서양에서 아주 중요하게 여기는 '욕구'가 무엇보다 집착, 탐욕, 소유욕이라고 말하는 불교가 옳다는 것을 알게 되었어요. 기쁨이 문제가 되는 것은 아니에요. 오히려 그 반대지요. 하지만 어떤 쾌락에 묶여 있는 것 그리고 계속해서 그 쾌락을 맛보려고 하는 것이 문제지요. 우리가 그 상태에서 벗어나지 않는다면, 기쁨은 또 다른 고통을 낳게 하니까요."

"그래서…… 불자가 되었다는 말인가요?" 파울로는 물었다. "난 당신이 힌두교도라고 생각했소."

"잠깐 기다리세요. 불교를 통해 무엇보다 모든 육체적 쾌락을 경계해야 한다는 것을 배웠어요. 장래의 붓다 역시 부인과의 모든 성관계를 중단했잖아요. 사원에서는 수행자들에게 살아 있는 육체를 시체로 보라고, 즉 불쾌하고 추한 것으로 보라고 가르칩니다."

"농담이겠지."

"아니에요. 전혀 그렇지 않아요."

"하지만 당신의 모습과 체취는 전혀 불쾌하거나 추하지도 않고 오히려 그 반대인데도 말이오."

"지금은 매력적일지 모르지만 몇 년 후에 이 육신은 어쩔 수 없이 시들게 되고 부패할 거예요. 제가 아주 존경하는 샨티데바 스님은 여성의 육신과 매력은 쓰레기봉투처럼 될 거라 가르치지요. 하지만 조금씩 티베트 불교가, 특히 밀교 전통에서는 육체에 대해 다른 입장을 취한다는 것을 알게 되었어요. 그래서 매료되었지요."

"참 다행이군요."

"그런데 그렇게 오랫동안 매료되었던 것은 아니었어요. 처음에는 성적 양극을 조화하는 것처럼 보이는, 서로 포용하고 있는 티베트 신들에 매료되었었지요. 즉 능동적 방법(우파야)을 표현하는 남성성과 호의적인 지혜를 나타내는 여성성의 조화에 매료되었어요. 티베트 종교 예식에서 볼 수 있는 금강 왕홀(바즈라)과 작은 종(간타)은 이 남성성과 여성성을 조화시키는 것이지요."

라다는 잠시 말을 멈추었다. 감정이 북받쳤기 때문이다.

"그리고 차츰 탄트라 불교의 다른 면도 알게 되었어요. 즉 스승이 무드라(여성 상대자)나 다키니(여성의 육체 안에서 육화된 영적 에너지)와 실제로 성적인 관계를 맺는다는 것을 말이지요. 이 여성 상대자를 티베트어로는 '카드로마'라고 하는데, 말 그대로 '공간을 여행하는 여성'이란 말이지요. 깨달음과 불멸에 다다르기 위해서 탄트라 불교는 육체와 성에 기대어 육체와 성을 정화하고 산화시키려고 하지요. 이렇게 준비된 성관계는 영이 육체를 떠나게 될 때 드러나는 자유를 경험하게 하지요. 탄트라를 통해 오르가즘이란 '작은 죽음'은 광명에 찬 '큰 죽음'에 미리 참여하게 되는 것이지요."

"와, 그것 참 대단하군요." 파울로가 말했다. "당신을 요가 선생으로 택하길 너무 잘한 것 같군요. 성적으로 욕구불만 상태에 빠져 있는 남성들이 가르치고 육신의 쾌락에 회의적 태도를 지닌 가톨릭 신앙 때문에 어려서부터 영성과는 너무나 소원하게 되어버렸지요. 탄트라 만세, 라다 만세!"

파울로는 인도 여인에게 우아하게 다가갔다.

"그리고 모든 것이 뒤집어졌어요."

그녀의 단호한 목소리로 인해 탐식가의 열기는 사그라져버렸다.

"제 스승인 L. 린포체는 14년 동안 혼자 수행했어요. 그리고 세계적으로 유명한 라마가 되었지요. 저도 그에게 매료되었어요. 하지만 시간이 지나면서 그가 이중생활을 한다는 것을 알게 되었어요. 독신 서약을 한 사람이었는데 비밀리에 여러 파트너와 성관계를 맺고 있었던 거예요. 그리고 저를 그 수행에 입문시키려 했지요. 처음에는 기분이 너무 좋았어요. 스승께서 자비롭게도 영적 자유를 전수해주신다고 생각했죠. 하지만 예식이 시작되었을 때, 제가 행하게 된 성관계 수행이 가부장적 관점에서 행해진다는 것을 알게 되었어요. 성관계 파트너로서 저는 수동적인 역할을 하게 되었고, 스승의 영적 발전에 도움을 주는 것이 제 역할이었어요. 그리고 여성 불자로서 조금씩 여성성을 포기하고 남성성을 내재화해야 했어요. 제가 그런 역할을 수행하기를 원하지 않자 스승은 제게 입을 다물라고 했어요. 그리고 아주 단호하게 조용히 있지 않으면 정신병을 앓게 되거나 죽음에 이르게 된다고 말했어요. 달라이 라마께서 여성들의 가치를 진정으로 인정하기 위해서 불교 내에서도 많은 점들을 개선해야 한다고 한 것을 알았지만, 저는 2년 동안 그렇게 이용당하는 고통을 겪어야 했어요."

파울로는 "붓다의 말이 옳다. 모든 것은 고통이다"라고 말하고 싶었지만 참았다. 더 중요한 직무를 하고 싶었기 때문이다.

"그러면 탄트라는 더 이상 하지 않는단 말인가요?"

"그렇기도 하고 그렇지 않기도 해요." 라다가 답했다. "그 괴로운 경험 때문에 저는 힌두교 전통을 재발견할 수 있었어요. 힌두교에서, 특히 쉬바교 탄트라의 영적 여정에서는 여성과 남성을 모두 존중하지요."

파울로는 안심이 되었다.

"좀 더 자세히 설명해줄 수 있나요?"

"힌두교 전통에서, 여성적 차원은 불교 전통에서 더 능동적이에요. 토론회에서 말했던 것처럼, 샹키야 철학에 따르면 자연(프라크리티)은 여성적이고 역동적이에요. 영혼(푸루샤)이 남성적이고 자유롭고 부동적인 것과는 반대로 말이지요. 그래서 어머니 신이자 우주의 역동적 힘인 샥티와 그의 남편 신이며 초월적이고 자유로운 쉬바의 관계도 마찬가지예요. 쉬바와 샥티의 결합은 의식 해방을 위한 왕도이지요."

"어떤 종류의 결합인가요?" 파울로는 걱정스레 물었다.

"힌두교 성화를 보면, 쉬바와 샥티는 자주 껴안고 있고 성적으로 결합되어 있어요. 그들의 길을 따르는 것은 우선 영적이고 상징적인 과정이에요. 하지만 상황에 따라 여자 요가 수행자는 제자들을 성性과 신비주의가 일치하는 그런 경험에 입문시킬 수도 있어요. 만일 어쩌면 당신이……."

그때 누군가 초인종을 세차게 눌러댔다. 실망한 파울로는 문을 열러 갔다. 그런데 놀랍게도 몇 년 동안 보지 못했던 딸아이 상드린이 문 앞에 서 있었다.

"아버지, 힘들어 죽겠어요…… 들어가도 되겠어요?"

파울로는 즉시 거룩한 성애 입문 과정은 다음 기회로 미뤄야 한다는 것을 직감했다.


## 그날의 눈물


공주는 조심스럽게 호위를 받으며 병원 11층으로 올라갔다. 그곳에서 늘 하듯이 진찰을 받았고 혈액 검사를 했다. 간호사가 친절하게 웃으며 그녀를 맞아주었다. 살로메는 또다시 그녀의 친절에 감명을 받았다. 공주처럼 사회적 지위가 높지 않은 사람들에게도 역시 친절한 그 간호사였기에 살로메는 더욱 감사의 마음을 느꼈다.

"우리 공주님은 오늘 어떠신지요?" 처음부터 그녀를 치료해준 암 전문의가 정중하게 손을 내밀며 잔잔한 목소리로 물었다.

"안녕하세요, 의사 선생님! 조금 피곤한 점을 제외하고는, 저녁 무렵엔 당연한 일이겠지만, 모두 좋은 것 같아요. 가끔 숨이 가쁘지만, 아마 며칠 동안 운동을 하지 않아서 그런 것 같아요."

공주는 속으로 웃고 있었다. 운동광인 아버지는 그녀가 어렸을 때부터 좋아하는 운동 종목에서 뛰어나라고 강조했다. 지구력이 부족하고 좋은 성적을 올릴 수가 없었던 그녀는 아버지를 자주 실망시켰다. 하지만 이제 공주는 강당이나 운동장에서 발을 질질 끌면서 보란 듯이 부모에게 반발하는 나이가 아니었다.

의사는 공주를 진찰했다. 쾌활했던 그의 목소리는 점점 집중하는 것 같더니만 깊은 침묵이 뒤따랐다.

"작은 점들이 생긴 것을 보셨는지요? 언제부터 그랬죠?" 그는 차분하고 전문가다운 태도를 유지하려 애쓰면서 물었다.

공주는 기억하려고 노력했다.

"어제 팔에 작은 빨간 점이 생긴 것을 보았고…… 오늘은 보이지 않는데요. 심각한 건가요?"

"혈액 검사를 해보아야 할 것입니다."

의사는 몇 가지 추가 검사를 하고서 간호사에게 혈액을 여러 번 추출하라고 지시했다.

시간이 지나면서 공주는 주사 맞는 일에 익숙해졌지만 그날 밤에는 걱정스런 마음이 생겼다. 간호사는 혈관을 찾기 위해 몇 번이나 시도해야만 했다. 혈액 추출이 끝나자 혈액은 곧바로 분석 실험실로 보내졌다. '긴급'이라는 빨간 글씨가 크게 쓰여 있었다. 의사는 억지로 웃음을 지으며 안내실에 공주의 휴대전화 번호가 적혀 있는지 함께 확인했다.

"걱정스러워 보이는데요. 무슨 일이지요?"

"어쩌면 별일이 아닐 수도 있습니다만, 만일을 생각하여 위험을 방치하고 싶지 않아서 그렇습니다. 이후에는 어디에 머무르실 예정인가요?"

"친구 비비안을 만나본 후 왕궁으로 돌아갈 거예요."

"좋습니다. 휴대전화를 켜놓고 계십시오. 만에 하나……."

"알겠어요. 안녕히 계세요, 선생님."

"안녕히 가세요, 공주님."

검사실을 나서는 살로메의 다리가 후들거렸다. 갑자기 눈물이 흘러 앞을 볼 수가 없었다.

몇 분 후 친구의 병실 문을 두드릴 때도 마음이 편치 못했다. 희미한 불빛 아래 천상의 음악이 흐르고 있었다. 침대에 누워 있는 비비안은 빛을 발하는 것만 같았다. 살로메는 다른 사람이 방에 앉아 있는 것을 곧바로 보지 못했다. 그리고 얼마 후 다른 사람이 있는 것을 알아차린 공주는 그가 비비안의 약혼자, 엘리아스인 것을 보았다. 그의 앞을 지나며 공주는 그가 울고 있다는 것을 확인했다. 알 수 없는 눈물이 그의 얼굴에 흐르고 있었다. 하지만 두려움이나 낙심의 눈물이 아니었다. 오히려 부드럽고 평안하며 비단 같은 눈물이었다.

그 순간 합창단의 천사 같은 멜로디가 들려왔다.


눈물을 흘리게 될 그날,
죄인이 잿더미에서 일어나

심판받게 될 그날.

하느님, 그를 용서하소서.

인자하신 주 예수님,

그들에게 안식을 주소서, 아멘.


살로메는 친구에게 다가갔고 그녀의 얼굴 위에 몸을 기울였다. 비비안은 조용했다. 너무나 조용했다. 마치 빛을 발하는 것만 같았다. 그녀가 눈을 감고 있었기에, 엘리아스가 공주의 귀에 대고 속삭였다.

"오늘 하루 종일 비비안과 함께 지냈어요. 나에게 모든 것을 설명해줬어요. 살로메에 대한 고백할 수 없는 사랑, 나에 대한 애정, 어쩔 수 없이 세상을 떠나려고 했던 일, 저세상에 대한 믿을 수 없는 전망, 이제 편안한 마음으로 세상을 떠나고 싶은 욕망 등을 말이지요. 비비안은 이제 마지막이란 것을 알고 있어요. 계속 살로메를 기다리고 있었어요."

"안 돼!" 공주는 슬픔에 북받쳐 자기도 모르게 소리쳤다.

의사를 부르려고 했지만 엘리아스가 만류했다.

"이제 시간이 되었어요. 비비안은 더 이상 아무런 조치도 취하지 말라고 제게 신신당부했어요. 그래서 저는 예수가 말했던 것처럼, 그렇게 하라고 Let it be 말했지요."

그 순간에 비비안이 눈을 조금 열었다. 부드러운 빛이 그들을 감쌌다.

"사랑하는 사람들, 나의 천사들, 어서 내 곁으로 와줘요."

그들의 손을 잡은 그녀는 다시 눈을 감았다. 몇 분 동안 세 사람은 하나가 된 듯 서로를 꼭 붙잡았다.

"이 마지막 여행에 나와 동반해주는 살로메, 엘리아스 그리고 모차르트. 모두 고마워요. 고마워요. 고마워요."

그러고는 엘리아스를 끌어당겨 그만 알아듣게 말했다. 그의 얼굴에 눈물이 줄줄 흘러내렸다. 그리고 힘을 모아 자기 약혼녀를 조심스럽게 마지막으로 껴안아주었다.

서로 화해하였기에 부드러운 마지막 눈길을 주고받을 수 있었다. 비비안은 살로메를 보고서 끌어안았다. 두 여인은 서로 포용하고서 말로 할 수 없는 서로의 사랑을 표현했다. 공주는 친구가 점점 힘을 잃어가고 있는 것을 느꼈다. 약간 물러서며 두려운 눈으로 친구를 바라보았다. 비비안은 그녀에게 작은 손짓을 하며 마지막 말을 중얼거렸다.

"우리는 삶과 죽음 사이에 있는 것이 아니라 삶과 삶 사이에 있는 거야. 두려워하지 마. 우리는 곧 다시 만날 거야. 나를 안아줘……."

엘리아스는 공주의 반응에 놀랐다. 전혀 눈물을 흘리지 않았고 대신 확신에 찬 모습으로 비비안의 눈길을 따사롭게 받아주었다. 그리고 공주는 머리를 숙여 점점 창백해지는 비비안의 얼굴에 오랫동안 부드럽게 입을 맞추었다.

그때 의사와 간호사가 병실로 들어섰다. 흥분된 마음으로 그 광경을 보았고 무기력하게 장례 미사곡의 마지막 부분을 들었다.

주님, 영원한 빛이 그들을 비추게 하소서.

성인들과 함께 늘 그렇게 하소서, 당신은 자비로우시기 때문입니다.

주님, 그들에게 영원한 안식을 주시고

영원한 빛이 그들을 비추게 하소서.

성인들과 함께 늘 그렇게 하소서, 당신은 자비로우시기 때문입니다.


비비안은 숨을 거두었다.

# 토론회
## 셋째 날

## 나는 무엇을
## 경험할 수
## 있는가?

## 출판물과 중압감

토론회 셋째 날은 아주 어수선하게 시작되었다.

라디오에서는 칼뱅 교수 사망 보도로 인해 다른 보도를 들을 수가 없었다. 대학은 완전히 충격에 빠져 있었다. 라디오 방송에서 많은 사람들이 이 사건을 논평했는데 '위대한 인물'을 잃게 된 사실을 슬프게 생각하는 사람들이 있는가 하면, 대학 교수진들을 과로하게 만드는 상황을 비난하면서 분개하는 사람들도 있었고, 이 기회를 통해 교육 예산을 높여야 한다고 정치계를 향해 비판의 목소리를 높이는 사람들도 있었다.

청취자들과의 전화 인터뷰 중에서 세 사람이 주의를 끌었다. 데로쉬 교수는 칼뱅 교수의 사망이 대학의 엄청난 손실을 의미한다고 말했다. 그런 찬사를 하면서도 대학 총장이 데로쉬 교수 자신을 슬픔에 잠긴 철학과의 학장직을 맡을 능력이 있는 사람으로 본다는 점도 추가했다.

작은 키에 콧수염을 기른, 왕국 개신교 연합회장 악셀 브릴은 자기 교회의 활동적인 일원이었던 칼뱅 교수의 사망이 모두에게 고통스러운 손실이라고 말했다. 그리고 칼뱅 교수가 수 년 전부터 교회 일치 운동 부재, 개신교회들 간의 대화 부족, 권력 치중 과도 등에 관해 계속 비판했었다는 점도 언급했다. "당신의 명예에 대한 집착을 줄이고 대신 복음을 더 사랑하시오"라고 그에게도 수차례 말했다는 것이다.

하지만 기자들과 청취자들을 가장 애타게 했던 것은 한 여대생의 증언이었다.

"어제 저녁에 칼뱅 교수님과 함께 조깅을 하려고 모였어요. 교수님께서 쓰러지셨을 때, 우리는 모두 옆에 있었어요……." 그녀가 울먹이며 말했다.

여대생은 앞뒤 없이 사건 경위를 설명하다가 냉정하고 화난 목소리로 말했다.

"존경하는 칼뱅 교수님의 사망은 자연사가 아니에요. 심장마비를 일으킨 것은 바로 동료 교수들의 폭언 때문이고 그렇게 살해당하신 거예요."

방송 진행자는 감사의 말을 횡설수설하더니, 너무 흥분해서 관련 없는 말을 하는 여대생과의 인터뷰를 끝내버렸다.

신문은 전날에 있었던 시위에 대해 여러 면을 할애했고 무슬림들의 요구에 대해서도 자세히 보도했다. 다수의 기자들은 공적 영역에서의 종교 평등이란 이름으로 이슬람이 토론회에 초대받지 못한 것은 있을 수 없는 일이라고 했다. 또 불교에 호의적인 사람들은 자신들이 보기에 '유일하게 타인들에게 관용적인' 불교 전통의 참여를 요구했다.

가장 혹독한 비평은 비종교적 정교분리주의자들과 반교조주의적 인문주의자들로부터 들려왔다. 이 토론회를 평가하도록 요청받은 능력 있고 명석한 지식인들은 장-폴 사르트르의 말을 인용하여 '우리 시대에 능가할 수 없는 진리'는 다원주의와 회의주의라고 썼다. 어떤 세계관이 다른 세계관보다 낫다고 하는 입장은 세계관들 중에서 최하위이며, 그래서 거부해야만 하는 유일한 세계관이라고 말했다.

물론 이런 입장은 최고라고 자부하는 다른 세계관에 해당하는 것이었지, 자신의 세계관과는 무관하다고들 하는 태도였다. 그 당시 가장 잘 알려진 사상가 중 한 사람이 '가치 있는 유일한 진리는 모든 진리들이 유효하다는 것이다'라고 요약했다.

다른 분석가들은, 어떤 사람들이 토론회에서 영감을 받아 국가에 영적 혹은 종교적 토대를 제공하려고 하지 않을까 하며 걱정했다. 그러한 '퇴행적 관점'은 새로운 '종교 전쟁'을 유발시킬 뿐이기에, 종교적 반계몽주의에 맞서 과학적·비판적 계몽주의를 고무시켜야 한다는 것이었다. 사실 심리학자요 인식론자인 장 피아제가 이미 입증했듯이 '지식이 발전하는 반면 철학과 종교는 침체해 있다'는 것이었다.

몇몇 사람들은 토론회 발언자들이 인용구를 남용한 것을 두고 비난했다. 이런 관점을 정당화하기 위해 약삭 빠른 기자는 '인용은 나비와 같은 것이다. 몇 마리는 잡을 수 있지만, 나머지는 날아가버린다'란 인용구를 들어 비평의 끝을 맺기도 했다.

대학 총장은 긴장하고 있었다. 토론회 셋째 날의 개회 발언을 해야 했기 때문이다.

"임금님, 왕비님, 친애하는 동료 교수님, 발언자 여러분 그리고 참석자 여러분, 장-클로드 칼뱅 박사님의 뜻하지 않은 죽음으로 우리 모두는 충격을 받았습니다. 그분을 추모하기 위해 모두 일어서서 1분간 묵념하겠습니다."

참석자 모두 민첩하게 총장의 요구를 따라 종교 예식을 행하는 것처럼 침묵의 시간을 지켰다.

"여러분께 진심으로 감사합니다." 총장은 간단하게 말함으로써 만감이 교차되는 그 시간을 끝맺었다. "대학 본부 요원들과 함께 이 토론회를 중단할 것인지에 대해 장시간 상의했습니다. 그리고 우리는 만장일치로 칼뱅 교수께서는 중단에 반대할 것이라는 결론을 내리게 되었습니다. 그분에게 이 토론회는 아주 중요했습니다. 그래서 우리는 토론회를 지속하기로 결정했습니다. 제가 이 토론회의 의장 역을 맡을 것이며, 일부 토론의 진행을 맡게 될 사람은……."

데로쉬 교수는 숨을 멈추었다. 그 자신이 지명되리라고 확신하면서.

"바로 칼뱅 교수님의 조교인 토마 송입니다. 칼뱅 교수님과 함께 이 토론회의 세부 사항들을 준비한 송 조교는 교수께서 어떤 방향으로 토론을 이끌고자 했는지 그 누구보다 잘 알고 있습니다. 토마 송 조교께 이런 부담을 수락해준 것에 감사의 마음을 표합니다. 이렇게 슬프고 어려운 상황에도 불구하고 말입니다."

청중의 일부는 이런 해결책에 찬성하는 듯 박수갈채를 보냈지만, 불안한 소문을 퍼트리며 반대 의사를 표명하는 사람들도 있었다. 이런 긴장된 분위기 속에서 토마 송이 마이크로 향했다.


## 공생?


그에게서는 의연하면서도 회의적인 태도를 볼 수 있었다. 친구 비비안의 사망에도 불구하고 토론회에 참여한 공주의 눈에는 그가 멋지게 보였다.

"먼저 저를 신뢰해주시는 총장님께 감사의 말씀을 드리며, 최선을 다해 역할을 담당하도록 노력하겠습니다. 칼뱅 교수께서는……."

물론 급하게 수습하기는 했지만, 갑자기 밀어닥친 오열로 인해 그는 말을 중단해야 했다.

"칼뱅 교수님은 토론회 셋째 날에 '나는 무엇을 경험할 수 있는 가?'라는 일반 주제를 다루도록 결정하셨습니다. 이 방대한 주제를 다루기에 앞서 간략하게 한 가지를 언급하고 싶습니다. 여러분께서도 잘 아시는 바와 같이, 무슬림 시위자들이 어제 대학 앞 광장에서 의견을 표명했는데, 그들은 이슬람이 세계 종교이며 전 세계 인구의 20퍼센트에 해당하는 사람들이 무슬림이란 점을 상기시켰습니다. 유대인들 역시 이 토론회에 참석하지 못하게 된 것을 서운하게 생각할 것입니다. 다른 소수 종교전통들도 마찬가지일 것입니다. 여러분께서도 이미 잘 이해하셨으리라 생각합니다만, 이 토론대회가 어렵지 않으면서도 복합적인 내용을 포용할 수 있도록 하기 위해 그런 결정을 하게 되었습니다. 오늘의 주제 '나는 무엇을 경험할 수 있는가?'와 관련하여, 앞에서와 마찬가지로 첫 번째 질문을 뽑아 시작하겠습니다."

송 조교는 상자 안에 손을 넣어 쪽지를 뽑았다. "'당신의 세계관은 어떤 공생관에 기초하는가?'입니다." 그는 이 질문의 중요성에 대해 설명했다.

"우연하게도 경제, 정치, 가정, 성, 환경 문제, 학교 등의 구체적인 문제를 다루기 전에 공생을 위한 토대라는 주제를 다루게 되었습니다. 각 발언자들은 우선 각자의 세계관이 제시하는 공생관을 간략히 설명해주시기 바랍니다."

이번에는 먼저 아나스타시아에게 발언권이 주어졌다. 그녀는 경의를 표하고서 발언을 시작했다.

"저는 먼저 칼뱅 교수님의 뜻하지 않은 사망이 얼마나 충격적인지 말씀드리고 싶습니다. 그분의 지식과 열린 마음, 겸손에서 많은 것을 배울 수 있었습니다. 그분이 보여주신 모범을 잊지 못할 것 같습니다. 교수님의 유족과 친지 분들에게 심심한 조의를 표합니다. 이런 힘든 시련에도 불구하고 삶에 대한 희망을 간직하시길 바랍니다."

아나스타시아는 잠시 말을 멈추었다가 발제를 시작했다.

"선택된 주제는 아주 중요한 사항입니다. 각 세계관의 기초를 이루는 공생관은 무엇인가? 아직도 시사성이 있는 복음의 메시지는 2000년간의 분쟁을 통해 드러났습니다. 사실 그리스도교의 역사는 교회 분열의 역사였습니다. 겸손보다는 권력을 추구하는 무례한 소수 교회지도자들 때문이며, 지배적인 정치 구조와 결탁하고 기득권에 빠져 영의 새로움에 개방되지 않는 그런 폐쇄적인 교회들 때문입니다. 유대인, 무슬림, 인디언, 다른 유형의 그리스도인 등에게 폭력을 행사한 교회 때문입니다……."

그리고 머리를 들고 대담하게 선포했다.

"하지만 그리스도교의 역사는 그것만이 아닙니다. 복음 때문에 병자들이 치유되었습니다. 최초의 병원 제도는 체사리아의 바실리우스의 업적입니다. 문맹자들이 글을 읽게 되었고, 계층 구조와 카스트 제도를 극복하게 되었습니다. 폭력적인 전재 정권이 무너졌습니다. 노예들이 해방되었습니다. 물질적 풍유가 이루어졌고 가난한 사람들에게 분배되었습니다. 과학이 발전하게 되었습니다……. 서양은 단지 십자군전쟁과 반계몽주의만이 아니며, 예루살렘(이스라엘 신의 계시)과 아테네(이성적·정치적 철학)와 로마(법지식)의 조화이기도 합니다. 심지어 위르겐 하버마스도 서양과 현대성은 유대교·그리스도교의 덕을 보았다고 했습니다. 평등주의, 개인의 자유, 사회적 연대, 인권, 민주주의는 유대교 정의 윤리와 그리스도교 사랑 윤리의 직접적인 유산이라는 것입니다."

"그렇지만 방법론적 무신론의 한계를 넘어서는 철학은 진지한 철학이 아니라고 하버마스가 말했습니다." 샤를르가 개입했다.

"맞는 말이에요. 하지만 철학이나 과학에 있어서 (연구의 한 단계인) 방법론적 무신론과 세계의 궁극적 실재에 관한 호전적인 무신론을 혼동해서는 안 되지요. 하버마스는 철학적 윤리학에 있어서 지금까지 발전된 기초 개념은 성서 내용의 섬세한 의미를 다 이해하지 못했다고도 말했습니다."

그때 토마 송이 해당 질문과 관련 없는 너무 전문적인 내용은 피해달라고 부탁했다.

아나스타시아가 말을 이었다. "유대교·그리스도교 유산이 제안하는 공존의 토대는 다음과 같습니다, 우주 그리고 지구상의 인류는, 사랑이시고 정의로우시고 유일하신 분의 피조물입니다. 즉 모든 자녀들의 행복을 원하시는 아버지의 작품입니다. 그분은 자유롭게 (물리적이고 생화학적인) 법칙에 의해 지배되는 세계를 창조하셨습니다. 그분은 인간들을 자신의 모상으로 창조하셨습니다. 즉 그분의 자유와 창조성을 드러내는 남성과 여성으로 창조하셨습니다. 그래서 일신론에 따르면, 인간은 첫째도 마지막도 아니며, 전체도 아니고 아무것도 아니며, 두 번째 존재입니다. 그것은 하느님이 알파요 오메가이시며 인간의 토대이자 목적이시기 때문입니다.

## 삶의 알파벳

명석한 여성 수학자는 놀라운 신비주의적이고 수학적인 설명을 시작했다.

"유대교는 처음으로 유일신의 신비에 관해 깊이 성찰한 전통입니다. 랍비들은 사고의 범주들이 신에 대해 말하기에 부적합하다는 것을 관찰하게 합니다. 잠시 동안 너무 진부하고 공허한 신 개념들을 포기해봅시다. 부정확한 이미지와 거부 반응들의 근원이기도 한 신 개념들 말입니다. 우리가 사용하는 언어보다 더 중요한 것은 바로 그 언어가 지적하고자 하는 실재입니다. 숫자로 말하자면 '신'은 하나(제일자, 유일자, 혼자)이며, 알파벳순으로 볼 때 A, 히브리어로는 '알레프(א 역주)'라고 할 수 있습니다. 무한에 대해 연구한 대수학자

게오르그 칸토르는 무한을 지칭하기 위해 알레프 개념을 선택합니다. '신'의 세계가 '하나', 'A'라면, 창조된 우주는 '둘', 'B'입니다. 그런데 세 가지 일신론의 성경인 토라와 신약성서와 코란이 'B'(히브리어로 '베트(ㄱ 역주)', 그리스어로 '베타(β 역주)', 아랍어로 '바(ب 역주)'로 시작되는 것은 우연이 아닐 것입니다. 우리 모두는 궁극적 실재의 알파벳을 찾고 있습니다(알파벳이란 말은 그리스어 첫 두 철자, 알파와 베타를 합한 것입니다). 유대교 전통은 우주의 신비는 '하나'의 세계와 '둘'의 세계 간의 연관성이라고 합니다. 알파벳이 알파와 베타 간의 연관성이듯 말이지요. 그런데 히브리어 '알레프'와 '베트'를 합하면 'AB'라는 이름이 됩니다. 이것은 다름 아닌 '아버지'를 의미하는 말입니다. '신'이 '아버지'이자 예수처럼 '아빠ABBA'라고 인정하는 것은, 근원인 하나가 (하늘과 땅, 영과 물질, 남성과 여성, 나와 너, 우리와 당신들……) 양극으로 이루어진 세계를 사랑한다는 것을 인정하고, 근원이 세상을 불러 화해하려 한다는 점을 인정하는 것입니다."

아나스타시아는 전격적으로 모든 철학적 연구를 한 가지 공식으로 요약했다.

"여러분께서는 세상에서 가장 유명한 물리학 방정식을 알고 계실 것입니다."

"$E=mc^2$입니다!" 누가 소리쳤다.

"저는 이제 세상에서 가장 어려운 형이상학 방정식을 공개하겠습니다. 신비들 중의 신비를 X라고 한다면, 가장 힘든 일이 하나와

둘, 즉 A와 B를 연결하는 것이라면, 세상의 비밀을 드러내는 공식
은 바로……." 아나스타시아는 긴장감을 느끼게 하려는 듯 말을 멈
추었다. 그리고 그 공식을 화면에 투사했다.

$$X = AB$$

"아주 정교하군요." 샤를르가 인정했다. "$X = AB$라, 신비들 중의
신비는 아버지란 말이지요. 하지만 당신 언어에 문제가 있다는 것
도 인정해야겠지요. 먼저 신이 하늘에 계신 아버지라고 믿으라고
하면서(프로이트는 이를 유아적 투사라고 비판했지요), 동시에 신이 우
주의 화해 원칙이라고 하잖아요. 무지한 자들은 그들의 무지 안에
남아 있게 하고, 철학자들에게는 지혜로운 공식을 제공하는군요."

"사실 종교 경험을 적절하게 설명하기 위해서는 여러 차원의 언
어를 사용해야 하지요. 말하자면 모든 것이 암시라는 것을 보여주
기 위해 비유와 시적인 언어를 사용하고, 모든 것이 논리적이란 것
을 증명하기 위해 철학적이고 추상적인 언어를 사용합니다. 그래
서 샤를르 씨가 잘 알고 있는 뇌의 두 영역에 호소하지요."

"그럴지도 모르지요. 하지만 두 가지 언어를 혼동하는 것은 위
험한 일입니다."

"그 점에는 동의해요."

아나스타시아가 양보했기에 샤를르는 빈틈을 찾은 것만 같았다.

"X=AB 공식이 우주에서 가장 중요한 방정식이라고 가정해봅시다. 철학이나 종교는 각자 다른 의미를 부여할 것입니다. 유물론자인 제가 보기에, 우리가 밝혀야 할 신비는 최초의 질적 공허(A)가 어떻게 우주와 인류의 근원인 근본 미립자(B)를 생성하는가 입니다."

"일체론자인 제가 보기에는, 우리가 명상해야 할 신비는 우주의 무한한 2, 3, 4…… 안에 있는 1의 현존입니다." 라다가 개입했다.

아나스타시아는 다음과 같이 결론을 내렸다. "그리고 제가 보기에, 경탄할 신비는 하나이신 하느님이 다른 우주의 근원이란 것이지요. 삶의 의미는 하나(아버지, 성부)와 타자(아들, 성자)가 영원히 우리 안에서 서로 사랑하는 (영, 성령) 관계에 있다는 점입니다. 이 점에 근거하여, 교회와 사회의 공존은 의미를 지니게 됩니다. 앞으로 보게 되듯이 성性은—공동체적, 사회적, 정치적 삶처럼—사랑과 진리, 정의와 신뢰 안에서 일치된 하나와 타자 간의 존중을 반영하기 위한 것입니다."

아나스타시아는 자신이 좋아하는 인용구를 들면서 종합했다.

"교회의 박사인 요한네스 크리소스토무스는 복음을 다섯 가지 단어로 요약했습니다. '하느님께서 인간이 되시어 십자가에 처형되고 부활하셨다'고 말이지요. 그리고 더 완전하게 하기 위해서는 루터처럼 두 가지 단어를 추가해야겠습니다. '우리를 위하여'라고."

그리고 이 일곱 가지 단어의 의미를 아주 명확히 요약했다.

"서양은 복음의 영향을 받은 다른 지역들과 마찬가지로, 실재에 의해 깊은 영향을 받았습니다. 하느님께서 인간이 되셨습니다. 위대하시고 유일하신 신이 인간 안에 거주할 수 없다고 확신하는 유대인들과 무슬림들의 확신과는 달리 (카발주의자들과 수피들을 제외하고) 그리스도교 신자들은 하느님께서 가장 건너기 힘든 구렁을 넘어오셨다고 고백합니다. 즉 창조자와 피조물 사이의 구렁입니다. 이를 설명하기 위해 철학자 쇠렌 키에르케고르는 천민 출신의 아가씨를 사랑한 왕의 이야기를 합니다. 그녀에게 사랑을 고백하기 위해, 자신의 출신을 내세우지 않고 하인이 되기로 결정하는 왕의 이야기지요."

임금은 많은 사람들이 재미있다는 식으로 자신을 보고 있는 것을 알아차렸다.

"하느님이 인간이 되셨고, 우리를 위해 십자가에 못 박히셨습니다. 예수님 안에서 하느님은 그 어떤 존재보다 더 자신을 이동시키는 분으로 또 가장 버림받은 사람들에게 가까이 오시는 분으로 계시됩니다. 하느님께서는 자신을 권력자들과 동일시한 것이 아니라, 모욕당한 자들과 일치시킵니다. 즉 지배자 황제가 아니라 십자가에 못 박힌 노예와 동일하게 되었습니다. 이 사실은 다른 일신론자들이 보기에는 추문입니다. 복음에 따르면, 모든 이들에게 배척당한 사람의 얼굴 속에서 모두를 사랑하시는 주권자의 얼굴이 계시됩니다. 심지어 그를 배척하는 자들의 얼굴 속에서도 말이지요. 하느님의 아드님은 우리가 받아들여질 수 있도록 자신을 버리셨고, 우리가 살 수 있도록 죽으셨고, 우리가 사면될 수 있도록 처벌받으셨습니다. 그리고 바로 이렇게 이동하시는 자신을 가난한 사람들과 동일시하는 신관에 근거하여 교회는 사랑과 정의, 참여와 선교의 보편적 구원론을 이룩했습니다."

갑자기 아나스타시아의 얼굴에 슬픈 기색이 돌았다. 마치 마음속 깊은 곳에 있는 번민에 사로잡힌 것처럼.

"불행하게도 이런 비폭력적 보편 구원론은 불순한 동기들로 인해 계속 변질되었고 승리와 정복을 갈망하는 유럽과 연합하여 부패하게 되었습니다."

아나스타시아의 얼굴에 다시 미소가 감돌았다.

"하느님께서 우리를 위하여 인간이 되시어, 십자가에 못 박히시고 부활하셨습니다. 인간의 고통 안에 함께하신 하느님의 현존은 헛된 것이 아니었습니다. 죽음은 그리스도의 부활로 극복되었습니다. 그 부활을 통해 인간에게 전에 없던 최고의 변화가 주어졌습니다. 무덤에 누워 있던 사람이 일어나는 힘, 곤경에 빠져 갇힌 사람이 해방되는 힘 그리고 이미 입증되었듯이, 이 부활의 힘은 우리 모두에게 주어졌습니다. 물론 이를 받아들일 때 그렇지요. 막다른 길에는 출구가 있습니다. 세상 안 관계에 있어서나 아니면 이 세상을 넘어선 물리적 죽음에 있어서 말이지요. 저는 우리가 새롭게 태어나게 해달라고 기도합니다. 그리고 '하느님께서 우리를 위해 사람이 되시어 십자가에 못 박히시고 부활하셨다'는 복음은 아직도 계속 찾아야 하는 보물입니다. 다마스 공의회는 '하느님이었던 분이 사람으로 태어났고, 사람으로 태어난 분이 하느님처럼 행동했다. 그리고 하느님처럼 행동한 분이 사람처럼 죽었고, 사람처럼 죽었던 분이 하느님처럼 부활했다'고 이를 요약했습니다.

이런 복음을 주시는 하느님 위에 이룩된 사회는 구성원들 간의 그 어떤 간극도 메울 것이며, 가장 약한 자들의 행복을 위해 일할 것이며 모든 난관을 넘어설 힘을 얻을 것입니다. 이보다 더 나은 공생을 바랄 수 있겠습니까?"

청중들은 사회에 만연된 반그리스도교주의와 그리스도교 혐오 현상에도 불구하고, 아니스타시아 양의 발제에 무관심할 수는 없었다. 잃어버린 보물을 다시 찾아야 한다는 그녀의 호소는 많은 이들의 박수를 받았다. 특히 그리스도교가 비약적 발전을 이루며 사회의 모든 면에서 혁신을 이루고 있는 아시아(중국과 한국)와 아프리카와 라틴 아메리카 출신 대학생들이 많은 박수를 보냈다.

잠시 동안 아무도 모르게 버들리의 신임 책임자 매리를 찾고 있던 임금까지도 아나스타시아의 발언에 깊은 감명을 받았다.

## 갈등의 연속인 삶

샤를르는 청중들이 전혀 예상치 못한 반응을 보이는 것을 알아차렸다. 이런 불길한 징조를 막기 위해 그는 발언권을 요청했다. 토마 송은 즉시 발언권을 주었다.

"고귀하신 전하, 친애하는 동료 교수님, 참석자 여러분, 아나스타시아 바실로풀로스 양이 고백한 아름다운 사항들이 모두 상상이자 이상이요 실현될 수 없는 것이란 점은 자명한 사실입니다. 교회의 역사는 아직도 해결되지 못한 분열의 연속이었습니다. 교회가 진정 타자를 염려하고 이웃에게 다가가고자 하는 의지를 지녔다면, 교회 지도자들이 서로 화해하는 것이 불가능한 일이라고 쉴 새 없이 반복해대는 그런 어처구니없는 현상을 더 이상 볼 수 없을 것입니다. 정교회 교부들이 로마 주교의 우월성을 인정해주지 않는다는 둥, 개신교 목사들은 (로마 가톨릭교회나 정교회 같은) 진정한 교회에서 벗어났다는 둥, 교황과 교부들과 주교들이 복음에 충실하지 못하다는 등의 이유를 대면서 말이지요. 이 자리에서 오래된 증오의 역사, 즉 그리스도교 신자들 사이뿐만 아니라, 그리스도인과 유대인들 간의, 그리스도인들과 이방인들 간의, 그리스도인과 무슬림 간의, 그리스도인과 교회의 가르침에 회의적인 지식인들 간의 증오의 역사를 상기시켜야만 하겠습니까? 아닙니다. 이 모든 것을 여러분은 잘 알고 계십니다. 가난하고 소외된 자들에게 다가가는 자애로운 신이라고 하며, 아양을 떠는 담론들은 제게 아무런 감동도 주지 않습니다. 그리고 우리가 다루고 있는 문제에 답하자면, (단지 신앙인들의 의식 안에만 존재하는) 그런 신은 공생을 위한 현실적 토대가 될 수 없다고 확신합니다."

샤를르는 청중들이 자기 말을 주의 깊게 들어주는 것을 음미했다.

"신사 숙녀 여러분, 지상으로 되돌아옵시다. 우주의 기원은 결정적인 답을 찾을 수 없는 미궁에 불과합니다. 어떤 사람들은 우주 출현 시 '초기 조건들의 정밀성' 안에서 (불교 전통의 우주론자인 트린 슈안 투안의 말대로) '창조 원리'를 인정하기도 합니다. 저를 비롯한 다른 사람들은 '시간 이전의 시간'에서 영원하게 우연히 이루어진, 다행스런 필요성 개념을 통해 우주의 출현을 설명하려고 합니다. 즉 대략 38억 년 전에 지구상에 생명체가 출현한 것으로 봅니다. 여러분께서 제게 생물학 강의를 요청한 것이 아니라, 유물론자가 이해하는 공생관을 요청하셨으므로, 우리 세계관을 혁명적으로 변화시킨 찰스 다윈의 이론을 다시 보도록 하겠습니다."

샤를르는 다윈이 근본적으로 기여한 바를 요약 설명했다.

"어쩌면 다윈이 불가지론자가 되기 이전에는 유신론자였는지도 모르겠습니다만, 그의 이론으로 인해 신다윈주의와 현대 생물학자들의 다수가 지지하는 유물론이 생성되었습니다. 공생은 다윈이 주장한 '자연도태설'에 근거할 때 이해가 가능해집니다. 평화주의에 사로잡힌 영성주의자들의 주장과는 달리, 자연은 전쟁을 하고 있습니다. 다윈은 '우수한 개별 변이의 보존'과 '해로운 변이의 제거'를 '자연도태'라고 불렀습니다. 생명체의 발전을 이해하기 위해서 더 이상 가설적 신이 필요 없게 된 것이지요. 이런 전쟁상태의 자연 속에서는 오직 적응을 가장 잘하고, 가장 강하고, 가장 안정적인 것만이 살아남는 것이지요. 그런데 우리는 지금 무엇에 대해 말하고 있습니까? 개인, 계급, 인종, 종에 대해 말하고 있습니까? 아닙니다. 다윈 이후로 연구는 많이 발전하게 되었습니다. 현대 생물학은 그래서 다른 답변을 제시합니다. 논란의 대상이 되었던 유명한 생물학자의 말을 들어봅시다. 그는 '우리는 생존을 위한 기계다. 유전자라는 이름으로 알려진 이기적 분자를 보존하기 위해서 맹목적으로 프로그램이 된 로봇이다'라고 말합니다.

인생이란 무엇이겠습니까? 단순함에서 복잡함으로 무작위하게 변하고, 또 다른 것들보다 더 안정적으로 재생산되는 아주 복잡한 분자들의 생존이 아니라면 말입니다?"

그의 말에 충격을 받은 한 여성 때문에 샤를르는 발제를 중단해야 했다.

"자연의 전쟁, 강자의 생존이라고요? 그런 이론이 빚어낸 끔찍한 일들을 모르신다 말인가요? 다윈 자신도 『종의 기원』에서 '기아와 사망으로 번역되는, 이러한 자연 전쟁의 직접적 결과는 우리가 이해할 수 있는, 고등 존재들의 생산이라는 감탄할 만한 사실이다'라는 지독한 말로 결론을 내렸지요.

히틀러는 1914년에 병사로서 전장에 참여하여 수천의 병사들이 옆에서 죽어가는 것을 보면서 큰 교훈을 얻었다고 합니다. 즉 삶은 강자의 종 보존, 고등 존재의 지배 외에는 다른 목적이 없는 잔인한 투쟁이란 것을 알았다고 합니다. 그래서 그는 약자들을 보호하는 그리스도교를 증오했지요. 자연 법칙에 반역하는 것으로 보였기 때문이지요."

샤를르는 조용하면서도 분명하게 답했다.

"저처럼 진화론을 지지하는 생물학자가 보기에는, 인간이 침팬지에 비해, 도마뱀이 버섯에 비해 어떤 우월성도 지니지 않습니다. 어떤 종을 다른 종보다 우월하게 여길 수 있는 객관적 근거가 전혀 없기 때문입니다. 그리고 인류 내에서 한 집단(종족, 공동체, 국가, 민중 등)이 다른 집단을 지배하는 것을 정당화할 수 있는 근거는 더더욱 없습니다. 공생은 그래서 존재하는 모든 것과 관련됩니다. 이 말은……."

"어떻게 그렇단 말입니까? 종들을 구분하지 못한단 말입니까? 어린아이의 죽음과 침팬지의 죽음이 지금 같다고 말하는 것입니까?" 그 젊은 여성은 흥분을 감추지 못하고 말했다

진행자는 그 여성에게 드락 교수의 설명을 끝까지 들어달라고 당부했다.

샤를르는 여전히 차분하게 말을 이었다. "이 말은 생물학을 근거로 삼아 어떤 윤리를 제시할 수 없다는 뜻입니다. 진화를 통해 우리는 유전자의 자기중심적 복제에 반대할 수 있는 뇌를 얻게 되었습니다. 이 사실은 우리가 피임약을 사용한다는 점을 통해 확연해졌습니다. 생명의 논리는 자기 복제, 즉 재생산의 논리입니다. 인간

의 논리는 출산하지 않고서 쾌락을 누리는 것입니다. 우리 유전자가 '이기주의적'이라는 의식으로 인해, 이타주의와 다른 생명을 존중하면서 인류가 협력해야 한다는 점을 가르치게 합니다. 한마디로 말해서 제가 권장하는 공생은 이기주의적 생체 논리를 극복한 이타적 공생 윤리 의식입니다."

샤를르는 잠시 말을 멈추고 자신의 답변에 자족하고 있었다. 그때 아나스타시아가 개입했다.

"유물론자인 샤를르 씨와 일신론자인 제가 이번에는 결국 같은 의견을 제시하게 되었네요."

"무엇과 관련해서 그렇단 말입니까?" 샤를르는 함정이 있다는 것을 눈치채고 물었다.

"우리는 둘 다 반항자잖아요! 샤를르 씨의 뇌가 유전자의 이기주의에 반항하고 자연도태에 의해 강자만이 살아남는다는 관점에 반항하고, 저는 정의의 하느님께서 악에 의해 지배된 자연의 불의에 저항하도록 우리를 부르신다고 보기 때문이지요."

"그럴지도 모르지요. 하지만 아나스타시아 씨는 확인할 수 없는 신의 이름으로 반항하는 것이죠."

"샤를르 씨는 자연이 확증하지 못하는 이타주의의 이름으로 반항하는 거잖아요. 거기에 무슨 차이가 있나요?"

무거운 침묵이 흘렀다.

진행자는 샤를르에게 더 추가할 말이 있는지 물었다.

"지금은 없습니다." 그는 생각에 잠겨 대답했다.

토마 송은 20분 정도의 휴식을 취하자고 제안했다. 그다음에는 라다 양에게 발언권이 주어질 것이었다.

대학교 술집 앞에 장사진이 이루어졌는데 갑자기 익살꾼 광대가 나타나 사람들을 밀치며 소리쳤다.

"아, 목마르다. 좀 비켜봐요. 목말라 죽을 지경이라고."

몇몇 대학생들이 자리를 내주기 싫어 익살꾼 광대를 제지했다. 화가 난 익살꾼 광대는 그들 중 제일 큰 학생의 뺨을 때려버렸다. 그리고 술집을 향해 달려갔다. 뺨을 얻어맞은 학생은 화가 났고 사람들 앞에서 모욕을 당한 것이 분해서 광대의 뒤를 쫓았다. 그런데 술집에 먼저 도착한 광대는 맥주 두 잔을 주문했다.

"하나는 내가 마시고 다른 하나는 내 친구를 위해서…… 그런데 자네 이름이 뭐였지? 골리앗이었던가?"

전혀 예상치 못한 익살꾼 광대의 태도에 그 대학생은 말문이 막혀버렸다.

"어, 고마워"라고 말하며 그는 말을 더듬었다.

"원 별말씀을. 오히려 내가 고맙지. 이타주의가 있는 곳에서는 이기적 유전자가 죽는 거라고." 익살꾼 광대가 말을 받았다.

그러고는 맥주잔을 들고서 자리를 떴다.

"맥주 값을 지불하지 않았잖아요." 술집 주인이 소리쳤다.

"뭐라고요? 아니, 이 거대한 상어 같은 녀석이 나를 뒤쫓아와서

한잔하는데, 내가 돈을 내야 된다고? 쓸데없는 소리를 해도 분수가
있지!" 익살꾼 광대는 그렇게 말하고 사라져버렸다.


## 모든 것 안에 있는 거룩함


휴식이 끝나고, 청중들이 목을 적시고 마음을 조금 가라앉힌 상
태로 토론회장에 다시 들어섰다. 라다는 왕국을 위해 참으로 중요
한 문제에 일조할 수 있어서 기뻤다.

"당신의 세계관은 어떤 공생관에 기초하는가? 이 문제는 사실
너무나 방대합니다. 힌두교도, 불자, 유학자, 도교인 같은 일체론
자들은 모두 파란 많은 역사를 겪어왔습니다. 우리에게도 마찬가
지로 이상과 현실 간에는 큰 격차가 있습니다. 힌두교도들은 평화
와 비폭력에 대해 아주 아름다운 말들을 하지만, 사실상 하부 카스
트에 속하는 사람과 (불결한 자들로 취급당하는) 비힌두교도들에게
는 아주 거만한 태도를 취했습니다. 말할 필요도 없이 힌두교는 불
교처럼 선교를 하는 종교가 아닙니다. 불교는 아시아 대륙에 전파
되었고 몇 십 년 전부터 서양에도 전파되고 있는데 놀랍게도 복합
적인 상황에 잘 적응했습니다. 일체론적 세계관은 아주 다양하고
도 다양한 방법으로 '공존'을 이루었습니다. 하지만 모두가 공유하
는 점은, 모든 것 안에 내재된 거룩함을 인정함으로써 모든 삶을 인

정한다는 것입니다. 이는 '살아라, 그리고 살게 하라'는 자이나교의 공리에 잘 드러나 있습니다."

라다는 샤를르와 아나스타시아를 향해 몸을 돌렸다.

"명석하신 논쟁자 두 분께서 각자의 주장을 펼치기 위해 유명 학자들을 인용했으니 저도 그렇게 해보겠습니다. 그들 중에서 제일 유명한 아인슈타인을 인용해보겠습니다.

"그는 유대인이었습니다. 즉 일신론자였다고요." 누가 외쳤다.

"아인슈타인은 그리 열성적이지 않았던 유대인 가정에서 태어났지만, 그런 범주를 넘어선 사람이었습니다. 그는 자신의 뿌리를 부인하지 않았고 오히려 자신이 유대교 공동체에 속해서 행운이었다고 말했습니다. 그는 다음과 같이 자신이 느낀 소속감에 대해 말했습니다. '유대교에서는 모든 피조물들이 살 권리가 있다고 말한다. 각자가 지닌 존재의 의미는 모두의 삶을 더 아름답고 더 존귀하게 한다. 삶은 거룩한 것이고, 모든 가치들이 귀속되는 최고의 가치이다.'

제가 아인슈타인을 인용한 이유는 그가 당시의 많은 학자들이 지녔던 유물론과 동시에 대부분 신앙인들이 지녔던 신인동형적 일신론을 함께 비판했기 때문입니다. 그의 이런 태도는 모든 일체론의 근본적 직관과 만나게 됩니다. 즉 종교의 궁극적 차원과 말이지요. 아인슈타인은 이를 우주적 종교성이라고 했습니다. 우주는 법칙들의 조화와 다르지 않으며―그리고 그 안에서 발견되는 최상의 지혜인—종교성은 우리가 아는 모든 것의 요람이자 무덤인 우주와 분리되는 것이 아니라고 합니다. 그래서 아인슈타인은 아나스타시아 씨가 말하는 우주와 다른 신, 하느님 아버지를 거부했고, 샤를르 씨가 말하는 우연히 필요성에 의해 생성된[모성母性 같은] 물질도 역시 거부했습니다."

라다는 청중들에게 말하며 슬그머니 두 경쟁자들을 바라보았다. 그들은 감정을 노출시키지 않으면서 라다의 말을 신중히 듣고 있었다.

"아인슈타인에 의하면, 각자는 개인적 삶이라는 감옥에서 벗어나도록 부름 받았고 존재의 총체를 이해하도록 부름 받았습니다. 거룩함이—그는 '영속적 미'라고 했지요—우주 안에서 자신을 드러내고, 모두의 삶이 더 아름다워지도록 '공존'을 실현하는 것은 우리 각자의 일입니다."

아주 조심스럽게 아나스타시아는 라다에게 물었다.

"한 가지 질문을 해도 될까요?"

"당연하지요." 라다가 답했다.

"잘 아시겠지만 형이상학에도 관심이 많은 수학자인 저는 아인슈타인에 많은 관심을 가지고 있습니다. 라다 씨는 정확하게 그의 신이 대부분의 일신론자들이 고백하는 그런 신이 아니라고 지적했습니다. 즉 우리 삶에 역사하시는 자유롭고 인자하신 하느님이 아니라고 말이지요. 아인슈타인은 인과법칙이 모든 사건을 지배하며 그래서 우주적 발전 과정에 개입하는 존재는 생각할 수 없다고 명확히 말했습니다. 그리고 그는 인간의 자유 역시 믿지 않았지요. 그래서 이 명석한 물리학자에 의하면, 자유로운 신은 없으며 자유로운 인간 역시 없게 되는 거지요. '인간은 당연히 그가 원하는 것을 할 수 있다. 하지만 인간은 그가 원하는 것을 원할 수는 없다'라는 쇼펜하우어의 공리로부터 깊은 영향을 받았지요.

아인슈타인의 가정생활은 불행했습니다. 1986년에서야, 즉 그가 사망한 지 오랜 후에야 그와 첫 부인 밀레바 마리치—취리히 이공과 대학에서 만난 세르비아 여대생—사이에 딸이 있었다는 것을 알게 되었지요. 아인슈타인은 리제를이라는 자기 딸에 대해 공식적으로 전혀 언급하지 않았어요. 1902년에 태어난 딸은 다음 해에 죽은 것 같아요. 아인슈타인 이전과 이후의 수많은 사람들처럼, 예를 들어 공자나 폴 리쾨르처럼, 그 역시 자식의 죽음이라는 비극을 겪었지요. 그 딸이 장애자였는지, 성홍열로 죽었는지는 알 수 없습니다. 1914년 아인슈타인 부부는 이혼했고 그로 인해 두 아들들은 (한스-알베르트와 에두아르) 심한 고통을 받게 됩니다. 아이들의 어머니가 양육을 담당했고 그들은 동방정교회의 세례를 받았습니다. 1930년에 20세의 에두아르는 정신분열증에 걸렸고, 1933년부터 아인슈타인은 그와의 관계를 끊은 것으로 보입니다."

청중 일부가 술렁였다.

"도대체 무슨 말을 하려는 것입니까? 한 사람의 천재성은 그 사람의 가족관계와 별 상관이 없습니다." 누군가 소리쳤다.

"당연한 말씀입니다. 제가 이런 말씀을 드리는 것은 아인슈타인을 비판하기 위해서가 아닙니다. 제가 그의 삶과 관련된 이 사건들을 언급하는 것은 단지 개인적 경험들로 인해 중요한 형이상학적 신념들의 방향이 정해질 수 있음을 상기시키기 위해서입니다."

라다는 아나스타시아의 말에 반대하고 싶지 않았다.

"부분적으로는 맞는 말이지요. 스피노자를 표방하는 아인슈타인을 인용하면서 저는 일체론적 관점이 서양에도 존재한다는 것, 그것도 가장 뛰어난 사상가들이 이런 관점을 지녔다는 것을 확증하고자 했을 뿐입니다. 이제는 더 잘 알려진 붓다의 예를 들어보겠습니다."

임금 가족에게 눈길을 주면서 인도 여성은 다음과 같은 이야기를 했다.

"언젠가 바디야라고 불리는 왕자가 붓다를 찾아왔습니다. 붓다에 대한 좋지 않은 소문을 들었던 그가 직접 확인을 하러 온 것이었습니다. 그는 붓다가 요술을 부려 사람들을 속인다는 말을 들었습니다. 이런 거짓말들에 저항하기 위해 붓다는 왕자에게 근거 없는 의견이나 주장을 믿지 말고 자신이 직접 확인한 것만을 받아들이라고 했습니다. 그리고 다음과 같은 질문을 던졌습니다. '아, 바디야, 탐욕에 빠져 있고, 탐욕에 정복당하고, 탐욕이 마음을 감싼 사람은 중생을 죽이고, 도둑질을 하며 불륜을 저지르고 거짓말을 퍼뜨립니다. 심지어 다른 사람들로 하여금 그런 행동을 하게 합니다. 이런 행위가 악과 불행을 오랫동안 초래합니까? 세존이시여, 당연히 그렇습니다.'

그리고 붓다는 증오, 방탕, 혈기 같은 성향을 들어가며 같은 질문을 했습니다. 매번 왕자는 그런 성향이 해롭다고 답했습니다. 그러자 붓다는 그런 마음이 없는 상태가 행복을 자아내느냐고 물었습니다. 왕자는 이에 대해서도 그렇다고 할 수밖에 없었습니다. 그렇게 왕자는, 붓다의 가르침이 사람들을 행복에 다다르게 하고자 하는 목적을 지니고 있다는 것을 이해했습니다. 붓다와 동양의 대부분 현자들이 권장하는 공생은 그래서 탐욕을 제한하며 행복을 자아내기 위한 공생입니다."

라다는 아름답고도 놀라운 축복으로 발제를 마쳤다.

"힌두교도, 불자들, 유학자들, 서양의 일체론자들은 각자 다른 기반을 두고 있습니다. 모든 것의 근저에는 브라흐만이나, 초인격적 신이 있다고 하는 사람이 있는가 하면, 사사무애事事無碍와 무상성을 보는 사람도 있습니다. 그리고 또 비인격적 우주 질서가 있다고 하는 사람도 있습니다. 하지만 우리 모두는 행복과 평화를 추구합니다. 언어를 넘어서는 상좌부 불교의 다음과 같은 기원이 우리가 실현하고자 하는 공생의 내용을 잘 요약합니다.

나는 행복을 바란다.

나는 평화를 바란다.

나는 자유를 바란다.

친구들이 행복하기를 바란다.

친구들이 평화롭기를 바란다.

친구들이 자유롭기를 바란다.

적들이 행복하기를 바란다.

적들이 평화롭기를 바란다.

적들이 자유롭기를 바란다.

모든 중생이 행복을 알길 바란다.

모든 중생이 평화를 알길 바란다.

모든 중생이 자유를 알길 바란다.


이런 만족스러운 결론에 감명 받은 일부 청중은 본능적으로 박수를 보냈다. 어떤 사람은—익살꾼 광대일 수도 있었다—큰 소리로 "아멘, 아멘, 아멘" 하고 외쳤다.

토마 송은 이렇게 그날 아침의 토론회를 마치며 다음 모임의 '메뉴'를 다시 한 번 알려주었다.

"신사 숙녀 여러분, 오늘 오후와 내일 아침에는 세 발언자들이 보는 사회적 삶은 구체적으로 어떤 것인지 다룰 예정입니다. 그리고 내일 오후에는 우리 모두가 관심을 두고 있는 문제, 즉 '무엇이 진정한 진리인가'라는 문제를 다룰 예정입니다."

청중들은 전율을 느꼈다. 이 궁극적 문제에 대해 벌써 즐거워하는 사람들이 있는가 하면, 이 문제는 최악의 근심거리라며 꺼리는 사람들도 있었다.

진행자는 모두 정확히 15시에 회의장에 돌아와달라고 부탁했다.


## 왕국을 겨냥한 위협


임금과 왕비는 경호원들의 호위를 받으며 대학 옆에 있는 고급 레스토랑으로 향했다. 그곳에 특별실이 준비되어 있었다. 공주는 딸이 죽은 후 심신이 지쳐 있는 비비안의 어머니를 찾아보기로 했다. 수도사와 그 부인은 임금 내외와 함께하는 점심 식사에 초대받았다. 임금이 제안한 것이었다. 왕비는 마음이 없었지만 그래도 거절하지 않고 받아들였다. 사실 레오 수사를 아직껏 만나보지 못했기 때문이다. 임금이 어째서 그 수사에게 많은 관심을 보이는지 이해하기 위해 직접 만나보는 것도 나쁘지 않았다. 그리고 남편이 그 기이한 종교인에게 어떤 약점이 잡혔는지 알고 싶기도 했다.

네 사람을 위해 화려한 식탁이 준비되었다. 레스토랑 주인과 지배인 그리고 주방장이 특별 손님들에게 인사하러 왔다. 그들은 기쁨을 감추지 못해 호들갑을 떨었다. 임금 내외는 친절하게도 그 레스토랑에 영예가 되도록 사진 촬영을 허용했다. 임금과 왕비는 활짝 웃는 얼굴이었지만, 이런 외관 뒤로 반목이 선연하다는 것을 모두 잘 알고 있었다.

형식적인 절차들로 인한 긴장이 좀 완화되고 전채를 든 후, 임금은 수도사에게 식사 기도를 부탁했다. 왕비가 놀라는 것을 레오 수사는 놓치지 않았다. 그래서 눈짓으로 왕비에게 동의하는지 물었다. 왕비는 눈을 아래로 내리는 것으로 답했다. 수사는 손을 내밀어 서로 손을 잡도록 했다. 그리고 조용하고 확신에 찬 목소리로 기도했다.

"살아 계시는 주님, 찬미 받으소서. 당신은 모든 선의 근원이시니, 이 음식에 감사드리며 음식을 준비한 이들에게도 감사합니다. 우리를 위해 힘들게 일하고서도 그에 합당한 보수를 받지 못하고 인정받지도 못하는 왕국과 지구상의 모든 농부들을 위해 특별히 기도합니다. 또 우리의 대화도 축복하소서. 진정한 대화가 되고 이 세상에서 당신의 사랑과 정의가 커지는 데 도움이 되는 대화가 되게 하소서. 아멘."

식사 기도 중 왕비는 은밀히 임금을 살폈다. 너무나 오랜만에, 어쩌면 왕국 대성당에서 거행한 그들의 혼인 미사 이후로 처음으로 그가 기도하는 것을 보았다. 왕비는 그런 신앙을 공유할 수 없었지만, 그래도 가증스러워 보이지 않는 영적 태도에 무감각하게 있을 수는 없었다.

식사가 시작될 때쯤 왕비가 자신이 농가 출신이라고 밝혔기에,

농촌 문제가 대화의 주제가 되었다. 레오 수사와 미라벨 부인은 농촌 문제를 잘 알고 있었다. 공동체를 위해서 그들은 지역 생산자들과 거래해왔다. 그들이 보기에 생산자들은 대기업과 소비자들 사이에 끼어 적절한 가격을 받지 못한다는 것이었다. 그들은 '오늘 우리에게 일용할 양식을 주소서'라는 그리스도교의 주기도문 한 구절에 대해서도 언급했다.

"인간은 일의 대가로서 양식을 요청합니다. 그런데 이 '우리'는 누구입니까? 신자들 대부분에게 이 '우리'는 가족입니다. 하지만 신앙이 깊어질수록 이 '우리'는 점점 모든 인간에게로 확장됩니다. 그리고 모든 생명체들에게까지도 확장됩니다. 영성은 어떤 생명체도 굶주리지 않게 하는 그런 생산 체제, 경영 체제, 공급 체제를 실현하라고 요청합니다. 하지만 아직 멀었습니다. 탐욕, 부패, 무관심, 무기력 등으로 인해 책임을 소홀히 하고 있습니다."

"레오 수사님까지도 말인가요?" 왕비가 물었다.

수사는 미소를 지었다. 그는 왕비가 신앙 문제에 별 관심이 없고 신앙인의 모순을 지적하는 재미를 즐긴다는 것을 알았다.

"저도 마찬가지입니다. 어쩌면 특별히 제가 그럴 수도 있습니다. 아는 바가 많을수록 그에 따르는 책임 역시 커지고 책임이 커질수록 이를 구체적으로 실현하기 위한 내적 힘이 더 필요하기 때문입니다."

왕비는 수도사가 이렇게 자신의 책임감에 대해 언급하는 것을 호의적으로 받아들였다. 임금은 농업과 식량 문제에 관한 대화를 마감해버렸다.

"그것은 참으로 중요한 일이지요. 그런데 핵심 주제를 말하자면, 내일 토론회가 끝날 것이고 진리를 선택해야 한단 말이오. 본인은 이미 명확한 결정을 한 상태요. 그 아나스타시아 양은 참으로 명석하고 신념이 굳건하지요. 그렇지 않은가요?"

임금의 말은 갑자기 불어닥친 찬바람처럼 왕비를 마비시키는 것 같았다.

"아니, 무슨 말이에요. 진리를 선택하다니요?" 왕비가 아연실색하여 물었다. "우린 토론회를 하고 있는 거지 슈퍼마켓에 온 것이 아니잖아요! 당신은 마치 장보러 가는 사람처럼 말하는군요. 그리고 도대체 누가 무엇을 선택한다는 것이지요? 토론회 개막식에서 사고의 자유가 언제나 보장되도록 할 것이라고 당신이 말했잖아요. 생각이 바뀐 건가요? 임금으로서 개인적인 종교 감정 표현을 자제해야 하잖아요."

"사우디아라비아의 왕은 '이슬람 성지의 종'이고 영국 여왕은 '교회 최고 지도자'이잖소. 그래도 영국 사람들은 각자 원하는 것을 신앙하잖소."

"하지만 사우디아라비아 사람들은 사고의 자유를 누리지 못하잖아요. 그리고 현재 우리가 16세기에 살고 있는 것도 아니고요. 그리고 당신이 헨리 8세가 되는 것도 아니잖아요. 잘 알고 있잖아요. 헨리가 아라곤의 캐서린과 이혼한 후 교황에 의해 파문당하자 '교회의 수장'이라고 자칭했다는 것 말이에요. 당신 지금 제가 아라곤의 페르난도와 가스티야의 이사벨의 딸이라도 되라고 암시하는 건가요? 그래서 당신이 이혼을 원한다는 것을 말하고 싶은 건가요?"

언성이 높아졌고 어투가 심상치 않았다.

레오 수사가 분위기를 가라앉히려고 좋은 말들을 했지만 완화되지 않았다. 마치 땅속에서 부패하고 있는 쓰레기처럼, 차이점들로 인해 그들의 관계는 썩고 있었다. 소란스런 대화는 기대하지 않았던 뱅상 블라디스 국무총리의 등장으로 중단되었다. 그는 신임 경무·법무장관 조셉 폰 부르그와 파울로 카리니의 수행을 받으며 나타났다.

왕비는 자신의 정부情夫를 보고 얼굴이 약간 붉어졌다. 왕비의 반응을 임금도 알아차렸고 갑자기 많은 것을 이해하게 되었지만 모르는 체했다.

국무총리가 말했다. "전하, 갑자기 방해를 하게 되어 죄송합니다만 상황이 위급합니다."

뱅상 블라디스 국무총리는 레오 수사와 그 부인을 향해 약간 의심스런 눈길을 주었다.

"걱정하지 마세요. 짐이 신임하는 사람들이오. 어서 말씀하시지요." 임금이 말했다.

"경무 · 법무장관의 안전 문제 담당 파울로 카리니 차관에 의하면 내일 아침에 전하를 대상으로 테러 행위가 자행될 것이고 합니다. 민족의 진리 정당 내부에 투입된 요원이 보내온 정보에 따르면 '지도자'라는 자가 토론 대회의 마지막에 전하의 생명을 노리려 한답니다. 그들의 선언문은 읽어보셨는지요?"

"대략 살펴보았소. 하지만 어떤 환상가의 작품 같았소. 강력한 정권을 비호하고 자연을 찬미하며 이교도 문명을 칭찬하고, 반차별주의적 정치 성향에 반대하고, 전통적 가정을 비호하며…… 그 어떤 것도 우리 왕국과 민주주의를 전복할 것 같지가 않던데……."

"전하, 그렇지 않습니다. 그 사상이 점점 확산되고 있습니다." 파울로 카리니가 국무총리의 의견에 동의했다.

"전하, 전하의 말씀을 전적으로 존중하옵니다만……."

왕비는 자기 정부의 정중한 태도에 속으로 웃으면서 그의 수완과 외교술에 경탄했다.

"……블라디스 국무총리의 의견을 지지해야만 할 것 같습니다. 그 민족의 진리 정당은 소수 단체입니다만, 그 사상은 왕국의 안전과 전하의 생명에 위협이 되고 있습니다. 대학 시절에 잠시 그 단체에 가담한 적이 있는 조셉 폰 부르그 장관 역시 동의할 것입니다. 전하께서 말씀하신 사상 이외에도 그 단체는 '민족 정화' 계획을 지지하고 있습니다. 그 말은 유대인, 외국인, 동성애 혐오자들을 제거하려는 의도를 담고 있다는 것입니다."

"지금, 동성애 혐오자라고 했소? 짐은 신나치주의자들이 동성애를 반대하는 것으로 알고 있었는데." 임금이 물었다.

"일반적으로는 그렇습니다. 하지만 히틀러와 함께SA(Sturm-ableitung, 나치당의 군대 조직인 공습 소대)를 창시한 에른스트 룀은 동성애자였고 그를 따르는 소수파는 지도자들 중에 동성애자 나치파를 형성하려고 했습니다."

"그런데 룀은 동성애자란 이유로 히틀러에 의해 처형된 것으로 아는데."

"그것은 권력 장악을 위한 구실이었습니다." 파울로 카리니가 정정했다.

그때 국무총리가 개입했다. "죄송합니다만, 그에 관한 토론은 다음에 하시는 것이 좋겠습니다. 현재 급선무는 안전을 위해 전하께서 내일 토론회에 참석하지 않는 것이며, 오늘 오후 토론회 역시 전격적으로 취소하는 조치를 취해야 할 것 같습니다."

임금은 실망했다.

"진리는 어떻게 한단 말이오?"

"무슨 말씀이신지요." 국무총리가 물었다.

"내일 바로 그 주제를 다루게 되어 있고 또 짐은 발언자들의 의견을 고대하고 있소. 그리고 짐의 의견도 표출할 것이오. 그런데 토론회에 참석할 수 없다고 하시니……."

"전하, 불가능한 일입니다."

"테러 행위가 내일로 정해졌단 말이지요?"

"저희가 수집한 정보에 따르면 그렇습니다."

놀랍게도 임금의 얼굴에는 환한 미소가 떠올랐다.

"좋소. 이렇게 하도록 합시다. 오늘 토론회는 정상적으로 진행되도록 하시오. 우리는 안전한 곳으로 이동하면 될 것 같소. 대학 총장과 토론 진행자인 젊은 조교와 전화통화를 하고 싶소."

토론회장으로 돌아가기 전에 수도사는 임금에게 기도하겠다며 안심시켰고, 탐식가 파울로는 왕비에게 살짝 정겨운 미소를 보였다. 미소를 주고받는 그들의 모습이 수도사의 마음에 걸렸다. 그런데 파울로 카리니가 비밀리에 작은 물건을 왕비의 손에 쥐어주는 것을 보고서 더 혼란스러웠다. 임금과 왕비는 아무도 모르는 곳으로 경비원들의 호위를 받으며 이동했다.

테러 위협에 대해 전해들은 공주 역시 안전지대로 호송되었다.


## 진리 중의 진리


토론 대회 참석자들은 아무것도 모른 채 다시 회장에 모여들었다. 강화된 보안을 아무도 눈치채지 못한 것 같았다. 대학 총장은 참석자들의 즐거운 담화를 중단시켜야만 했다.

"신사 숙녀 여러분, 친애하는 동료 교수님들, 예고된 것과는 달리 프로그램 진행상 중요한 변경 사항이 있게 되었습니다. 임금님 내외분께서는 다른 직무로 인해 예정보다 먼저 토론회장을 떠나셨습니다."

사람들은 실망하기도 하고 놀라기도 해서 웅성대기 시작했다. 대학 총장은 분위기를 진정시키려고 했다.

"여러분께서 당황하시는 것을 이해합니다. 그래도 기술 발전 덕분에 임금님과 왕비님과 공주님은 원거리에서 토론회를 관전하실 것입니다. 그리고 영상을 통해 직접 대화를 하실 수 있습니다. 토론회 진행과 관련해서는 진행자가 결정된 변경 사항을 말씀드릴 것입니다."

갑작스러운 변경 사항에도 불구하고 토마 송은 놀랍게도 침착함을 잃지 않았다. 마치 마음을 비운 것처럼 보였다.

"신사 숙녀 여러분, 친애하는 참석자 여러분, 예기치 않게 오늘 토론회를 끝내야겠습니다."

또다시 청중들이 놀라움을 금치 못했다.

"여러분과 마찬가지로, 저 역시 많은 주제들을 다룰 수 없게 되어 실망하게 되었습니다. 30여 분 전에 임금님과 통화를 했는데, 임금님께서는 적당한 시기에 사회와 관련된 많은 문제들을 다룰 토론회를 다시 개최하도록 하겠다고 약속하셨습니다. 결국 오늘 오후의 토론으로 이번 토론 대회의 막을 내려야 하겠습니다. 그리고 임금님께서는 당신께서 가장 중요하게 여기시는 문제, 즉 진정한 진리는 무엇인가라는 문제를 다루어줄 것을 부탁하셨습니다. 임금님과 총장님의 동의를 얻어 발언자들에게 '이 진정한 진리는 타자의 진리와 어떤 관련이 있는가?'라는 질문의 답변도 듣게 될 것입니다."

청중들은 또다시 웅성거렸다.

"저는 칼뱅 교수님과 함께 이 문제와 관련된 간략한 문서를 작성했는데, 발언자들의 의견도 첨가했습니다. 아직 완성된 상태는 아니지만 여러분께 배포해드리겠습니다."

토마 송은 자료를 배포하게 했고 간단한 설명을 곁들였다(본서 부록의 392쪽). 그 내용이 명확하다고 생각하는 사람이 있는가 하면 너무 난해하다는 사람들도 있었다. 제일 먼저 누가 발언할지 결정하기 위해 진행자가 다시 쪽지를 뽑았다.

"아나스타시아 바이풀로스 양, 샤를르 드락 교수, 라다 다스굽타 양의 순서로 발언하겠습니다. 임금님께서는 현자와 익살꾼 광대에게도 발언권을 주라고 하셨습니다. 그리고 왕비님과 임금님께서는 영상을 통해 직접 최종 발언을 해주실 것입니다."

진행자는 구체적 사항을 반복했고 모두 수긍했다.

"발언자들께서 답변을 준비할 수 있도록 5분간 침묵을 지키겠습니다."

참석자들은 알 수 없는 이유로 흥분했다. 왕국 역사상 최고의 순간을 경험한다고 생각하는 사람도 있었고, 반대로 탈선이 극에 달했다고 보는 사람도 있었다. 이런 극단적인 감정들에도 불구하고 침묵을 깨는 사람은 없었다.


## 진리가 바로 삶이다


"바실로풀로스 양, 발언해주시지요."

"진리는 무엇인가라는 질문은 인류를 관철하고 있습니다. 우리 모두는 이 질문에 답변하라는 부름을 받았습니다. 플라톤부터 본디오 빌라도와 파스칼을 거쳐 하이데거에 이르기까지 서양에서는 늘 이 문제가 제기되었습니다. 물론 세계 각지에서 이 문제는 늘 제기되었지요. 그리스어로 진리는 '알레테이아'라고 합니다. 문자 그대로 '잊히거나 감춰지기를 중단한 것'이란 의미를 지닌 말입니다. 히브리어로 진리는 에메트(아만의 어근에서 비롯된 말. '아멘'이란 말도 이 어근에서 비롯되었다. 이 말은 알파벳의 첫째 철자, 가운데 철자, 마지막 철자인 알레프, 멤, 타브를 결합한 것이다)이며, 문자 그대로 '굳건하거나 신뢰할 만한 것'을 의미합니다. 서양 철학 전통과 과학 전통에서 진리는 일반적으로 '실재에 대한 적절한 표현 혹은 실재를 드러내는 표현'으로 이해됩니다. 반면 성서 전통과 신학 전통에서 진리는 '살아 계시는 분과의 신뢰 관계'로 이해됩니다."

이런 관점을 설명하기 위해 아나스타시아는 어조를 바꾸었다.

"그리스도인들은 유대인들과 무슬림들과 공통점을 많이 지니고 있습니다. 그들에게 진리는 창조물의 아름다움을 통해 드러나고, 예언자와 현자와 시인들이 전해주는 하느님의 진리입니다. 하지만 다른 일신론자들과 달리, 그리스도인들은 '나는 길이요 진리요 생명입니다. 나를 통하지 않고서는 어느 누구도 아버지께 나아갈 수 없습니다'라고 말한 그분 안에서 진리가 가시화되고 생동한다고 고백합니다.

이 말은 '나는 부활이요 생명이다' 내지는 '나는 세상의 빛이다'라는 예수님의 말씀처럼 아주 거만한 말로 들릴 수도 있습니다. 하지만 전혀 그렇지가 않습니다. 예수님의 부활은 바로 하느님에 의해 부활된 것이기 때문입니다. 그분께서 자신 있게 '나는 ……이다'라고 말할 수 있었던 것은 그분의 깊은 내면에서 '너는 내가 사랑하는 아들이다'라는 말씀을 들었기 때문입니다.

예수님께서는 인류 역사상 아주 중요한 위치를 차지합니다. 그가 아주 겸손하게 살아 계시는 분을 가장 잘 받아들였기 때문입니다. 성부가 살아 계시는 의식이라면, 성자는 이 살아 계시는 의식에 대한 겸손한 의식입니다. 그리고 이들을 연결시키는 성령은 우리가 이 진실한 삶을 표현하도록 도우시는 능동적 의식입니다."

아나스타시아는 이해하기 쉽게 상징적인 예를 들었다.

"진리는 신뢰를 자아내는 삶의 분출입니다. 마치 샘(성자)이 샘수원(성부)에 연결되어 생명수(성령)가 넘쳐흐르듯이, 그렇게 우리는 우리 자신 안에 이 삶을 받아들이고 그 삶과 통교하도록 부름 받았습니다."

아나스타시아는 자신이 이해하는 진리를 요약했다.

"그리스도인에 따르면, 진리란 어떤 조항으로도 축소될 수 없습니다. 물론 계시되었고, 교의나 예식, 신앙 조문이나 법으로 체계화되었지만 말입니다. 진리는 무엇보다 주고받는 삶입니다. 그리고 우리는 그런 삶을 살아가도록 부름 받았습니다. 진리는 (유물론이 말하는 것처럼) 추상적인 것도 아니고 (일체론에서 말하는 것처럼) 비인격적인 것도 아니며, 오히려 관계 속에서, 주체들 간에 이루어지는 것이며 생명을 주는 것입니다. 진리는 살아 계시는 분의 숨결을 통해 객체인 자아를 영원한 생명을 얻은 주체로 변화시키는 역동성입니다. 한마디로 진리는 삶에 대한 기쁘고 겸손한 자각입니다.

## 타자他者 없는 일자一者

아나스타시아는 그렇게 마무리 지을 수도 있었다. 아니 어쩌면 그렇게 해야 했을지도 몰랐다. 그녀의 마지막 발언이 심각한 반응을 불러일으켰다.

"샤를르 씨가 보여주었듯이, 세계는 끊임없는 충돌과 받아들이기 힘든 폭력들을 겪었습니다. 그것은 바로 인간이 매 순간 두 가지

'부성父性' 간에 선택해야만 하기 때문입니다. 즉 영원한 생명을 주시는 하느님, '진리의 아버지'와 자족하는 악마, '거짓의 아버지' 간에 선택해야 하기 때문입니다. '타자 없는 일자는 없다'라고 성서의 가르침을 요약할 수 있습니다. 이것은 하느님 자신 안에서(성부, 샘수원) 일자와(성자, 샘) 타자가 언제나 연결되어(성령, 생수) 있기 때문입니다. 이것은(세계의 일치된 일자) 우주가 생명을 주시는 창조자(타자, 세계의 주인)와 분리될 수 없기 때문이기도 합니다. 이 말은 인류에게도 해당되는 사실입니다. 각자와 각 공동체가 타자와의 관계 안에서만 정체성을 찾을 수 있기 때문입니다. 그런데 악마, 즉 분리자의 논리는 이와 반대됩니다. 악마는 계속해서 그리고 모든 것에 있어서 '타자 없는 일자'라는 거짓 진리를 강요하면서, 서로간의 증오심을 자극합니다. 그리고 그러한 파괴 논리는 해체를 유발하고 결국 불길 속에서 끝납니다."

데로쉬 교수가 보기에는 도가 지나쳐도 너무 지나쳤다. 그래서 그는 이런 일탈을 막기 위해서 대학 총장이 자신을 볼 수 있도록 개입했다.

"총장님, 상아탑에서 존재하지 않는 악마를 아버지로 대할 수 있다는 식의 형이상학적 입장을 설파하는 것은 있을 수 없는 일입니다. 바실로풀로스 양이 신실한 정교회 신자일지는 모르겠지만, 이런 식의 여담은 이제 그만두어야 할 것입니다."

대학 총장은 지혜롭고 외교적인 태도를 보였다.

"제가 보기에도 아나스타시아 양의 견해는 참 기괴합니다만, 그런 사안의 결정권은 진행자에게 있다고 봅니다."

토마 송은 총장이 그런 입장을 표명하리라고는 기대도 하지 않았다. 진행자로서 신임을 얻은 토마 송은—총장이 책임을 회피하려고 그랬던 것일까?—잠시 어리둥절했지만 곧 지혜롭게 처신했다.

"아나스타시아 바실로풀로스 양이 악마에 대해 언급한 것은 이번이 처음이 아닌 것 같습니다. 제 기억이 옳다면, 논리학자 쿠르트 괴델과 관련해서 이미 악마에 대해 언급했던 것 같습니다."

그는 아나스타시아를 향해 몸을 돌렸다.

"이에 대해 말씀하시겠습니까?"

"물론이지요. 괴델에 따르면, 악마는 바로 자족이라는 기만적인 이치를 제안하는 존재입니다. 괴델은 어떤 생명이나 체계도 홀로 의미를 찾을 수 없다고 확신합니다. 반면 악마는 자율과 자족이 해결책이라고 한답니다. 물론 악마가 진리와 삶에 대한 환상을 제공하는 것처럼 보이지만, 사실은 교활하게 거짓과 죽음을 전파시킵니다."

아나스타시아는 확신에 차서 말했다. 그녀는 얼굴에 난 상처에 손을 대는지도 몰랐다—아니, 어쩌면 의도적으로 그렇게 한 것일까?

서양인들은 괴델뿐 아니라 C. S. 루이스, 모리스 클라벨, 르네 지라르 같은 신학자가 아닌 사상가들이 일반적으로 '악마', '루시페르', '사탄'이라고 부르는 존재에 대해 했던 경고를 주의 깊게 들어야 합니다. 자유를 위해 하느님께서 창조한 영적 세계가 존재한다면, 어째서 이타성보다 자족을 선호하는 사악한 존재들의 현존에 대해 그렇게 놀라야만 합니까? 예수님과 마찬가지로, 저는 우리 각자 안에 또 이 세상 안에서 유혹자이자 파괴자인, 진리의 적이 활동하고 있다고 확신합니다."

"저 자신 내부에도 말인가요? 그리고 샤를르 씨와 라다 씨 내부에도…… 임금님 가족 안에도…… 또 청중들 안에도 말인가요?"
토마 송이 혼란스러워하며 물었다.

"우리 모두 안에 예외 없이 그렇습니다. 매번 우리가 상충하게 되어 결국 '타자 없는 일자'라는 배타적인 논리가 강화될 때마다, 부정적인 존재가 잽싸게 활동하고 있는 것입니다. (국민 중의 일부가 나머지 전체를 독재하는) 정치에도, (암세포가 건강한 세포를 죽이며 번식하는) 생화학에도, (자족적인 맹신주의) 종교에도, (한 사상 체계에 갇힌) 철학에도, (병적인 사람들을 찬사하는) 예술에서도 악마의 음험한 작업을 볼 수 있습니다. 하지만 진리란, 그리스도께서 이를 파괴하시고 이겨냈다는 것입니다."

샤를르가 더 이상 참지 못하고 개입했다.

"저도 복음서를 읽었습니다. 예수가 악마의 존재를 믿었던 것은 확연한 것 같습니다. 그런데 정교회 신자들은 '주기도문'의 '우리를 악에서 구하소서'라는 부분을 '우리를 악마에게서 구하소서'라고 번역하기를 선호합니다. 수학자이자 철학자인 버트런드 러셀이 그리스도인이 되길 원하지 않았던 수많은 이유 중의 하나가 이런 불합리한 신앙이었습니다."

토마 송은 토론이 방향을 잃지 않도록 하기 위해 개입했다.

"참 흥미로운 사항들입니다만, 오늘 오후의 주제에서 벗어나는 사항 같습니다. 바실로풀로스 양, 진정한 진리와 진리들 간의 관계에 대해 어떻게 간단히 요약하시겠습니까?"

"예수님께서 유명한 우화를 통해 말씀하셨듯이, 우리는 모순되는 진리들과 함께 살아야 합니다. 세상에서는 하느님께서 뿌리신 밀알과 악마가 뿌려놓은 가라지(그리스어로는 '독 보리')가 함께 자라도록 놓아두어야 합니다."

아나스타시아는 샤를르를 급하게 바라보았다.

"예수님의 우화에 따르면, 주인은 종들이 가라지를 뽑아버려야 할지 물었을 때, '가만두어라. 가라지를 뽑다가 밀까지 뽑으면 어떻게 하겠느냐? 추수 때까지 둘 다 함께 자라도록 내버려두어라. 추수 때에 내가 추수꾼에게 일러 가라지를 먼저 뽑아서 단으로 묶어 불에 태워버리게 하고 밀은 내 곳간에 거두어들이게 하겠다'라고 답했습니다.

우리 각자의 마음 안에, 공동체 안에, 사회 안에는 밀과 가라지가 함께 자라고 있습니다. 올바른 세계관 안에는 불합리한 면이 있습니다. 그리고 오류 같은 세계관 안에도 지혜가 담겨 있습니다. 물론 다양한 신념과 종교들이 전적으로 가치치가 있다고 할 수는 없지만, 그래도 그것들 안에는 가치 있는 요소들이 있습니다. 저는 무신론자와 다른 종교인들에서도 기쁘고 겸손하게 삶을 살아가는 사람들을 봅니다. 영원한 생명을 주시는 분의 활동은 그리스도인들에게만 제한되어 있지 않습니다. 마찬가지로 제 종교전통에 속한 사람들 중에도, 가라지가 밀을 짓누르는 것처럼, 영원한 생명을 선사하기보다는 자족하려는 사람들이 많습니다. 너무나 많은 교회 지도자들이 겸손하지 못한 것은 비극적인 사실입니다. 수많은 현대인들은 복음의 아름다움을 볼 수 없게 되었습니다. 그런데 진리는 겸손합니다. 그래서 권력 남용과 타자의 자유를 짓밟는 무책임한 종교 강요를 인정하지 않고, 이것이 진리라고 들고 나서는 행위도 거부할 것입니다. 진리는 교향악과 같습니다. 교회는 너무 자주 '우리가 옳고 당신이 틀리다'라고 주장하는 반면, 진리는 '당신이 하는 말은 나름대로 옳고 또 우리도 나름대로 오류를 지닌다'라고 말합니다. 이렇게 겸손하고 인간적인 태도야말로 예수님의 참된 진리를 반영하는 유일한 태도입니다."

아나스타시아는 조용히 말했고 청중들 중 일부는 감명을 받아 열렬한 박수를 보냈다.

## 점진적인 진리……

샤를르에게 발언권이 주어졌다. 명석한 생물학 교수는 먼저 아무 말 없이 미소를 지으며 청중을 바라보았다. 그리고 평소처럼, 명확하고 확신에 찬 목소리로 발언을 시작했다.

"신사 숙녀 여러분, 친애하는 동료 교수님들, 진리란 무엇일까요? 대단한 질문입니다. 이 질문에 대해 답변을 하기에 앞서, 부정적인 방법으로 무엇이 진리가 아닌지를 말씀드리며 시작하겠습니다. 진리는 근본적으로 오류의 반대입니다. 진리는 또 거짓과 무지와 환상의 반대됩니다. 종교전통들이 수 세기 동안 여러 가지 오류를 전파했다는 것을 증명하기는 쉬운 일입니다. 예를 들어 세계의 본질에 관한 오류, 소위 계시되었다고 하는 종교 문헌의 기원에 관한 오류, 그들이 말하는 반대자들의 신념에 관한 오류 등입니다. 이런 오류들은 과학에 대한 무지로 전파되었고 환상에 의해 유지되기도 했습니다. 후자의 경우 토론은 더욱 힘들어집니다. 이런 종교전통 수호자들은 대학에서 발전된 과학적 진리를 알고 있음에도 불구하고, 자신들의 관점을 변호합니다. 그러면 토론은 거의 불가능해집니다."

샤를르는 아나스타시아를 향해 몸을 돌렸다.

"우리는 지금 '나는 진리다' 내지 '나는 세상의 빛이다'라고 한 예수에 대해 아주 감동적인 담론을 들었습니다. '계시 받은' 사람이 아닌 '교양 있는 사람들'조차 신이 그들 안에 현존한다고 확신하며 유사한 발언을 많이 했습니다. 신사 숙녀 여러분, 친애하는 동료 교수 여러분, 길을 잃지 마십시오. 세상을 비추는 유일한 진리는 우리 인간이 점차적으로 찾아가는, 우리가 함께 만들어가는 그런 진리입니다. 종교인들이 말하는 빛과 학자들과 철학자의 계몽은 동일한 것이 아닙니다.

임마누엘 칸트는 『계몽이란 무엇인가?』라는 유명한 글에서 계몽을 다음과 같이 정의했습니다. '계몽에 이른다는 것은 인간이 자신의 실수로 말미암아 빠져 있는 미성년기로부터 벗어나는 것이다. 미성년기에 있다는 것은 다른 사람의 지도 없이 스스로 자신의 지적 능력을 활용하지 못한다는 것이다. 인간은 스스로의 실책으로 인해 이런 미성년기에 놓여 있다. 지적 능력의 결여가 원인이 아니라 타자의 지도 없이 스스로의 지적 능력을 활용하려는 결정과 용기가 없을 때 그렇다는 것이다. 대담하게 알고자 하라Sapere aude! 당신의 지력을 활용하고자 하는 용기를 가져라! 이것이 바로 계몽의 좌우명이다.'

포스트모던 사회에서 비판적 이성이 문제시되고 있음을 저는 알고 있습니다. 하지만 세계를 발전시킨 것이 무엇인지 절대 잊지 말아야 합니다, 그것은 신통치 않은 물활론적, 주술적, 유심론적 작품들에 반대하여, 우주와 생물과 인간에 대한 지식을 발전시킨 과학자들의 공입니다."

그리고 샤를르는 자리에서 일어나 성큼성큼 걸어 다니면서 자신의 신념을 낭송했다.

"진리란 무엇인가? 그것은 이성적으로 과학적 논리를 위해 미신적이고 주술적인 사고를 버리는 것입니다. 진리란 무엇인가? 그것은 물질이 정신을 창조하는 것이지 정신이 물질을 창조하는 것이 아니란 점을 인정하는 것입니다. 진리란 무엇인가? (플라톤이 말하는) 이념과 이상의 세계로의 도피가 아니라 (아리스토텔레스처럼) 실재에 대한 세세하고, 끈기 있게, 자세하고, 체계적으로 관찰하는 것입니다. 진리란 무엇인가? 그것은 개인적인 의견을 버리고 보편적 지식을 추구하는 것입니다. 진리란 무엇인가? 그것은 우주의 기반을 이루고 있는 물리법칙을 발견하고 인류를 분열시킨 형이상학적 공상을 부인하는 것입니다. 진리란 무엇인가? 오직 물질로부터 생명이 발생하고 생명은 이 물질로 해체된다고 보는 것입니다. 진리란 무엇인가? 원시 생물에 관한 진화론을 인정하는 것이며 가설적 신에 의한 무에서의 창조를 부인하는 것입니다. 진리란 무엇인가? 자연은 계속 변하고 또 가장 잘 적응된 집단을 선택한다는 것을 인정하는 것입니다. 진리란 무엇인가? 초시간적 진리를 모두 배척하고 이를 역사적 · 부분적 · 점진적 진리와 대체하는 것입니다. 진리란 무엇인가? 그것은 뇌가 의식을 생성한 것이지 막연한 의식이 뇌를 생성한 것이 아니라는 명백한 지식입니다. 진리란 무엇인가? 실험실에서 이루어지는 수백만 명의 진리 탐구자들의 끈기 있는 작업의 결과이지, 예배당에서 수백만 명의 신비주의자들이 드리는 쓸데없는 기도의 결과가 아닙니다. 진리란 무엇인가? 인류의 운명을 개선하기 위한 학자들과 기사들의 연구이지 각자 자기의 길을 강요하려는 가증스러운 종교 전쟁이 아닙니다. 진리란 무엇인가? 해답은 분해라는 점을 수용하는 것입니다. 클로드 레비-스트로스가 말했듯이 인간을 아는 것은 인간을 분해시키는 것이기 때문입니다. 진리란 무엇인가? 그것은 모든 존재가 우리의 노력에도 불구하고 언젠가는 분해될 것이라는 점을 인정하는 것이며 또 매일의 삶을 행복으로 여기며 사는 것입니다."

샤를르가 이 철학적이며 시적인 장광설을 마치자, 청중들 중 일부는 기립박수를 보냈다. 자신의 생각을 경탄할 정도로 명확하게 표현했기 때문이다.

토마 송은 집단적 열기를 가라앉히고 샤를르에게 두 번째 질문에 답해줄 것을 부탁했다.

"진정한 진리와 진리들 간의 관계라? 저 같은 유물론 과학자에게 답은 아주 간단합니다, 물론 현재와 같이 지적으로 박약한 시대에는 제 답변이 탐탁지 않게 들릴 것이 분명하지만 말입니다. 물론, 각자는 자신이 원하는 바를 믿을 수 있습니다. 신이 이 세계를 창조했건 말건, 악마가 우리들 사이에서 활동을 하건 말건, 점성술이 우리의 운명을 밝혀내건 말건, 영원한 영이 마음의 성전 안에 숨어 있건 말건, 죽은 자들과의 통교가 가능하건 말건, 우리가 죽은 후 부활하거나 동물이나 천사로 환생하건 말건 간에, 이런 모든 것들이 모두 오류요 환상이란 것이 진리입니다. 두려움을 가라앉히는 환상에서 비롯된 오류는 사실 더욱 근절이 어려운 오류입니다."

## 세계 해독 공식

샤를르는 눈을 아래로 깔고 있는 아나스타시아와 라다를 보았다. 패배했다고 느꼈기 때문일까 아니면 의견 차이 때문에 그럴까? 그래서 그는 약간 양보해보기로 했다.

"그럼에도 불구하고, 심지어 신앙인들도 가끔은 과학의 발전에 기여했음을 인정할 수 있습니다. 즉 신앙인들 역시 신앙을 차치하면 진정한 진리 탐구를 위해 협력할 수 있습니다. 많은 경우 중에서 한 가지만 예를 들자면, 토머스 베이즈 목사를 언급할 수 있습니다. 오늘날 모든 과학 분야는—유전학, 생명정보학, 의학, 행태학, 지진학, 기후학, 천문학, 분자물리학에 이르기까지—그가 창안한 '베이즈 정리'에 의해 활력을 찾았습니다. 그 공식은 다음과 같습니다.

$$P(A/B) = \frac{P(B/A)\,P(A)}{P(B)}$$

이 정리에 따르면, B를 알고 있는 A의 확률은 A를 알고 있는 B

의 확률에 A의 확률을 곱한 것 전체를 B의 확률로 나눈 것과 같습니다. 달리 말해서, 이 공식은 세 가지 확률을 알 경우 네 번째 확률을 알 수 있게 해줍니다. 더 간단히 말하면, 새로운 경험의 결과에 근거하여 한 법칙이 진리일 수 있는 확률을 규정할 수 있게 해줍니다. 그런데 세계를 해독하는 이 공식은, 1748년에 베이즈 목사가 구상했고, 그가 사망한 후 동료에 의해 발표되었습니다. 사실 베이즈 목사는 자신의 정리를 발표할 만한 가치가 있다고 보지 않았습니다. 그가 발간한 유일한 저술은 거의 아무도 읽지 않는 난해한 신학 서적이었습니다. 이로써 과학적 지식은 번식력이 강하기 때문에 살아남았고, 소위 신학적 진리들은 생산력이 없기에 잊힌다는 제 주장을 확인할 수 있습니다."

샤를르는 아나스타시아와 라다를 돌아보며 갑자기 말을 걸었다.

"제 입장에 동의하지 않는 두 분은 이에 대해 어떻게 생각하시는지요?"

두 여인은 잠시 눈길을 주고받았고 아나스타시아는 대답할 용기를 얻었다.

"참으로 관대하게도, 샤를르 씨는, 심지어 신앙인들도 가끔은 과학 발전에 일조했다고 인정했습니다. 로저 베이컨, 코페르니쿠스, 갈릴레오, 데카르트, 파스칼, 라이프니츠, 뉴턴, 오일러, 볼자노, 불, 패러데이, 맥스웰, 멘델, 파스퇴르, 켈빈, 칸토르, 플랑크, 르메트르, 하이젠베르크, 폴라니, 폰 바이체커가 없는 수학은 무엇이겠습니까? 그런데 이들은 모두…… 신앙인이었습니다. 물론 자주 교회와 알력상태에 있었지만 그래도 신앙인들이었습니다. 그리고 그들은 종교적 신념 때문에 과학적 진리를 추구했습니다. 자본주의와 물질주의에 사로잡힌 현 사회에서는 이 사실을 은폐하기도 합니다. 지금 우리가 재발견하고 있는 장로교 목사 토머스 베이즈와 관련하여, 그의 신학적 성찰이 그 유명한 정리를 창안하는 데 일조하지 않았는지 누가 알겠습니까? 그가 쓴 「신의 자비」란 제목의 신학 논문의 결론 부분을 소개해드리겠습니다. '세상의 지배자가 가장 선하고 가장 큰 존재이길 바라는 것은, 모든 혼란에도 불구하고 착한 인간을 지지하는 것이다. 이것이 바로 모든 악 안에 있는 위안과 기쁨이다.' 그는 이렇게 기록해놓았습니다.

베이즈에 따르면, 우리는 삶의 역경 때문에 하느님의 자비를 보지 못할 수도 있다고 합니다. 하지만 그의 글은 바로 그 반대 사항을 제시하려고 합니다. 이는 유명한 그의 정리와도 무관하지 않습니다. 새로운 개인적 체험(B)을 인정하고서 자비로운 창조신이 존재한다(A)는 주장에 대한 확률[P(A/B)]은, 자비로운 창조신이 존재한다(A)는 것을 인정하는 새로운 체험(B)의 확률[P(B/A)]을 창조신이 존재한다(A)는 확률과 곱하고서, 그 전체를 새로운 체험(B)의 확률로 나눈 것과 동일합니다.

이 정리에 따라, 만일 어떤 사람이 자비로운 창조자 신의 존재는 절대 불가능하다고 확신한다면[P(A)＝0], 그 사람은 그렇게 늘 확신할 것입니다. 그 어떤 긍정적인 체험을 하더라도 말이지요. 반대로 어떤 사람이 자신의 근본적인 생각을 바꾸어서 신 존재의 확률을 조금이라도 인정한다면[$P(A)=0.1$이나 $0.5$] 그리고 전혀 불가능하게 여겨지는 경험을 하게 된다면[$P(B)=0.0001$] 모든 것이 바뀌게 됩니다. 물론 수학 공식은 결코 신의 존재를 입증하지 못할 것입니다. 질은 양과는 전혀 다른 차원의 것이기 때문입니다. 하지만 신 존재의 가능성을 열어 놓을 때, 우리가 개인적으로 경험하고 경험하게 될 것들을 완전히 다르게 해석할 수 있게 됩니다."

"신 존재의 불가능성을 인정할 때도 역시 동일한 경험은 달리 해석될 것입니다." 샤를르가 응수했다.

"샤를르 씨의 주장을 인정해요." 아나스타시아가 대답했다.

"사실 베이즈의 정리를 발견한 것은 결정론적 천문학자인 피에르-시몽 라플라스였습니다."

"일반적으로 듣는 것과는 달리, 라플라스는 결정론자였지만 무신론자는 아니었습니다. 그는 나폴레옹에게 '나는 그런 가설이 필요 없다'라고 대답하면서, 신이 어쩌면 태양계의 특정 부문에 개입할 것이라고 했지만, 신의 존재 가설에 의거한 것은 아니었습니다."

"그럴지도 모르지요……."

"하지만 그가 신을 믿었던 것은 확실합니다. 1809년 6월 17일에 그는 아들에게 다음과 같은 글을 썼다고 합니다. '하느님이 너의 앞

날을 살펴주시길 기도한다. 하느님께서 언제나 너의 사상과 네 부모의 사상 안에 현존하시기를 바란다.'"

또다시 토마 송이 샤를르와 아나스타시아 간의 매우 전문적인 토론에 종지부를 찍어야만 했다.


## 상반되는 진리들의 통일


아직 발언을 하지 못한 라다 양에게 발언권이 주어졌다.

"진리란 무엇인가? 알베르트 아인슈타인과의 유명한 대화에서 물리학자 닐스 보어는 두 가지 종류의 진리가 있다는 것을 상기시켰습니다. 즉 단순하게 진리의 반대는 오류라는 식의 일상적 진리가 있는가 하면, 한 진리에 반대되는 것이 어떤 다른 진리를 포함할 수 있다는 심오한 진리가 있다고 했습니다. 보어에 따르면, 빛을 동시에 파동과 광자로 보아야 한다는 보완성 이론은, 우리가 세계를 이해하는 데 있어 아주 중요합니다. 상반되는 이 두 관점은—파동과 광자는 서로 상대에 의해 대체될 수 없기에—실재를 이해하는 데 모두 필요하다는 것입니다. 물론 저는 과학자가 아니고 이 분야의 전문가도 아니지만, 이 보완성 원리를 다른 분야에까지 확산해 적용할 수 있다고 생각합니다. 예를 들어서 (물리화학적 인과성과 목적론적 인과성에 관한) 생물학 또는 (사고와 감정에 관한 또는 의식과

의식에 대한 의식에 관한) 심리학에 적용할 수 있을 것입니다. 보어
는 실러가 공자에 대해 한 말을 아주 높이 평가했습니다.

충만함만이 명확성에 이르게 한다.
(Nur die Fulle fuhrt zur Klarheit.)
그리고 심연 안에 진리가 있다.
(Und im Abgrund wohnt die Wahrheit.)

라다는 분위기를 바꾸어 과학적 · 합리적 영역을 벗어나 말했다.
"친애하는 토론자 여러분과 참석자 여러분, 제가 대변하는 동양
의 전통들에 따르면 우리가 이해하는 진정한 진리는 의미 없는 대
립관계 안에 갇혀 있지 않습니다. 우리는 영적 세계를 물질 세계와
대립시키지 않습니다. 오직 실재의 총체성을 진지하게 수용할 때
만 진리에 다다를 수 있습니다. 우리가 보기에 일신론과 유물론은
타당한 관점들입니다만 일부분에 지나지 않습니다. 진정한 진리는
그들의 토대가 되고 그들을 총괄하는 심연 안에 있습니다. 마이스
터 엑크하르트, 야콥 뵈머, 이븐 아라비 같은 신비주의자들도 역시
창조자와 피조물 간의, 영과 물질 간의 이원론을 극복해야 한다고
간파했습니다. 그런데 진리는, 분석 대상이기 전에, 경험되어야 합
니다. 지구상에서 가장 유명한 힌두교도인 간디는 '매일 아침 주님
께 은총을 구하라. 하루 동안 일할 수 있는 힘을 주시라고. 그리고

밤에는 주님을 기억하고 그분의 자비와 선하심에 감사드려라'고 권고했습니다.

산스크리트어로 진리는 '사탸'입니다. 간디는 '사탸그라하'라는 개념을 널리 유포했습니다. '진리에 대한 애착'이란 말입니다. 진리는 존재 양식, 생활 방식, 명상 방식, 투쟁에 참여하는 방식입니다. '사탸로카', 즉 궁극적 진리(사탸)의 세계(로카)요 궁극적 존재(사트)의 세계는 정화와 명상을 통해서만 다다를 수 있습니다. 존재의 진리는 진정한 존재와 동일합니다. 진실성과 신의가 없다면 진리에 이를 수가 없습니다."

라다는 화면에 다음 구절을 보여주었다.

존재Sat-의식cit-미ānanda

"힌두교도들이 '브라흐만' 내지 '절대자'라고 부르고, 불자들이 '공' 내지 '불성'이라고 칭하며, 중국에서는 '만물의 모태' 내지 '도'라고 부르는 심연, 즉 정의할 수 없는 궁극적 존재의 심연에 대한 경험을 기술하기 위해 '사트치타난다'란 표현을 사용할 수 있습니다. 이 말은 '말로 표현할 수 없는 것', 즉 진리에 대한 경험은 존재의 기쁜 의식이라는 것을 의미합니다."

라다의 얼굴에서 심오한 미소가 흘러나왔다.

# 아주 아름다운 여성

"『우파니샤드』에 보면 다음과 같은 구절이 있습니다.

거미가 줄을 치고 다시 감아들이듯이
풀들이 땅에서 자라나듯이
사람이 사는 동안 모발과 체모가 자라나듯이
그렇게 우주는 불멸하는 브라흐만에게서 태어난다.

그런데 제가 선호하는 구절은 『탄트라 우파니샤드』에 있습니다.
그 구절에 보면, 브라흐만—내지 사트치타난다—을 '순다리'(아주
아름다운 여성) 내지는 '미래의 남편을 선택한 약혼녀'라고 불리는
위대한 여신의 모습으로 묘사합니다."
샤를르처럼 라다 역시 자리에서 일어나 단상을 걸어 다니며 시
한 수를 우아하게 낭송했다.

우주의 최초에 여신(데비)은 혼자였다.
여신은 세계를 태동하게 했다.
(……) 여신에게서 탐나는 것과 힘을 지닌 모든 것이 태어났다.
모든 존재들과 (……) 인간들 역시 마찬가지로 여신에게서 태어
났다.

그것은 바로 여신이 시간과 공간과 내밀하게 뒤섞여 있기 때문
이다.

사람들은 여신이 내적 의식이라고들 말한다. (……)

여신 안에서 존재와 비존재가 결합한다.

(……) 우주적 신성인 여신은 모든 것이며 너와 나다.

모든 존재이며 존재하는 모든 것이다. (……)

여신은 유일한 진리이며 (……) 매혹적인 여성이다. (……).


라다의 발언이 끝났을 때, 청중은 마술에 걸려 있는 것만 같았
다. 심지어 토마 송 역시 정신을 못 차리고 있었다.

"어, 감사합니다, 대단히 감사합니다. 아직 진정한 진리와 진리
들 간의 관계에 대한 문제가 남아 있습니다. 그런데 라다 양은 이미
이 질문에 대한 답변을 제시했다는 생각이 드는데요……." 그는 얼
버무렸다.

"그래요, 답변의 일부분을 제시한 거예요. 요약해서 말씀드리자
면, 최고의 진리는 우선 오류에 반대하는 것이 아니라 어느 정도 유
효한 하부 진리들에 반대합니다. 진리를 향한 발전은 언제나 진리
안에서, 시대에 뒤떨어지고 버림받은 부분적 진리들에서 시작됩니
다."

"그렇다면 일신론과 유물론은 이제 버려야만 하는 부분적 진리
들인가요?" 토마 송은 확인하기 위해 물었다.

라다가 대답했다. "사실 절대적 진리가 머무는 심연은 인간들이 계속 착상하는 임시적 진리들을 모두 받아들입니다."

진행자는 샤를르와 아나스타시아가 그 말에 이의를 제기하고 싶어 하는 것을 알아차렸다. 하지만 청중들이 피곤해 보였고 자신도 피곤했기에 휴식을 선포했다. 물론 최종 질주를 위한 안내 사항을 잊지 않았다.

"30분 후에 이 자리에서 다시 보겠습니다. 먼저 세 발언자들에게 각자 자신들의 관점을 요약 설명할 수 있는 시간이 주어질 것이고, 이미 말씀드린 바와 같이 현자와 익살꾼 광대에게 발언권이 주어질 것이며, 마지막으로 왕비님과 임금님께서 말씀하실 것입니다."

"우리에게도 발언권을 주어야 하지 않소?" 누군가 소리쳤다.

"죄송합니다만 시간 관계상 참석자 분에게는 발언 기회를 드리지 못할 것 같습니다. 하지만 총장님께서 허용하신다면 대학 인터넷 사이트에 블로그를 마련하여 여러분 모두가 의견을 표명할 수 있도록 해보겠습니다."

휴식 시간이 시작되자 참석자들은 웅성거리며 흩어졌다. 임금 가족은 안전지대에서 최종 발언들을 주의 깊게 지켜보았다. 적어도 그렇게 보였다.

병원에서 세상을 떠난 비비안의 평안한 얼굴이 공주의 머릿속을 계속 맴돌았다. 상반되는 감정들이 공주를 괴롭혔다. 놀라울 정도로 평화로움을 느끼며, 비비안이 이렇게 힘든 세상을 떠나 더 조화로운 곳으로 갔다는 막연한 확신을 해보았다. 하지만 비비안과의 입맞춤에 대한 기억을 잊을 수가 없었다. 이제는 그리고 영원히 공주 역시 혼자라고 누군가 속삭이는 것만 같았다. 마지막 입맞춤이 공주를 죽음에서 해방시키지 않는 한…… 영원처럼 느껴졌던 짧은 순간 동안 공주는 눈을 감고서 비비안의 창백한 입 안으로 자신이 빨려 들어가는 것을 보았다. 마치 가을 저녁의 지평선 넘어 하늘과 땅이 하나가 되듯 두 사람의 입이 하나가 되는 순간, 공주는 휘황찬란한 왕국에 와 있는 자신을 보았다. 그리고 누군가 자신을 간절하게 부르는 소리를 들었다.

"공주…… 공주……."

다급하게 공주를 찾는 어머니의 목소리에 공주는 정신을 차렸다.

"대답 좀 해라, 살로메야. 잠자는 거니? 누가 네게 전화를 했다."

공주는 눈을 떴고, 하인이 휴대전화가 담긴 접시를 들고 있는 것을 보았다.

"공주님, 죄송합니다만…… 아주 위급한 전화가 걸려왔습니다."

참으로 힘든 현실에 적응하려는 듯 살로메는 전화를 들고 혼자 옆방으로 갔다.

"예, 누구신가요?"

얼마 동안 불안한 침묵이 흐르고 누군가 안절부절하며 대답했다.

"암의학과 과장입니다……. 공주님, 병원으로 급히 오실 수 있겠습니까? 아주 중요한 일입니다……."

# 종합을 향해서

청중은 알 수 없는 흥분에 휩싸였다. 마치 어떤 혁명적인 진리가 용솟음쳐서 상반된 의견들을 판결하게 될 거라고 기대하는 것처럼 보였다. 그 순간 대형 화면에 심각한 얼굴을 하고 있는 임금과 왕비의 모습이 나타났다. 예기치 못한 상황으로 회의장 분위기는 더 심각해졌다. 공주의 모습이 보이지 않아서 사람들은 의아해했다. 대학 총장은 본인이 직접 최종 토론을 진행하고자 나섰다.

"왕비님, 임금님, 친애하는 참석자 여러분, 친애하는 동료 교수님, 우리는 이제 토론회의 막바지에 다다랐습니다. 토마 송 조교께서 여러분에게 공지했듯이 이제 각 발언자들의 종합 설명을 들을 것입니다. 그리고 이 자리를 빌려 송 조교의 뛰어난 진행에 감사합니다."

추첨 결과 샤를르가 포문을 열기로 결정되었다.

"진행자께서 각자가 확신하는 바를 몇 분 내에 요약해달라고 부탁하셨습니다. 그런데 사실 이런 시도는 불가능하다는 점을 잘 알고 있습니다. 하지만 이런 말로 제게 주어진 얼마 되지 않는 시간을 허비하고 싶지는 않습니다. 무엇이 왕국의 토대이어야 하는가? 말하자면 세계와 사회의 진정한 토대는 무엇인가라는 질문입니다. 저를 포함한 합리주의자들에겐 이 질문의 답변은 확연합니다. 전세계에서 진리를 추구하는 자들이 인정하는 과학 발전이 바로 유일한 토대입니다. 오직 확인 가능하고 오류를 검증할 수 있는, 유물론적·무신론적 방법을 통해서만 우리는 실재에 다가갈 수 있습니다. 더 정확히 말하자면, 점점 실재에 상응하는 인식을 얻게 된다는 것입니다. 시기가 적절하건 그렇지 않건 간에 환상과 이념, 투사와 신화들을 지양해야만 할 것입니다. 또한 과학자로서 '윤리 문제'가 '존재 문제'에만 국한되지 않는다는 점도 잘 알고 있습니다. 오직 비종교적이고 민주적인 사회만이, 우리가 실현하고자 하는 근본적 가치들을 결정할 수 있고 그렇게 해야만 합니다."

샤를르는 아나스타시아와 라다를 향해 공격적인 시선을 던졌다.

"신사 숙녀 여러분, 오늘날처럼 어려운 시기에는, 사회학자들이 말하는 것처럼 '세상을 다시 매혹시키려는' 유혹들이 아주 많습니다. 하지만 저는 '종교의 회귀'는 해로운 것이라고 확신합니다. 전통적인 일신론적 가치관을 복구하거나 일체론적 영성을 두둔하는 것은 국민들을 또다시 유치한 세계관 속에 묶어놓는 것입니다. 이제 계시라는 꿈을 벗어나서 현실에 눈을 떠야 합니다. 실재는 바로, 우리가 그 어떤 의지에 의해 창조된 것이 아닌, 난해한 우주 안에 살고 있다는 사실입니다. 세계는 우연과 무질서를 통해 형성되었습니다. 하지만 인간은 모든 생명체들과 무생물들과 함께 조화를 이루며—과학과 기술 발전에 힘입어—불가피한 죽음에 이르기까지 윤택한 삶을 영위할 수 있습니다."

샤를르의 성급한 결론에 청중은 놀랐지만, 많은 사람들이 그가 제시한 의견에 동의했다.

그리고 라다에게 발언권이 주어졌다. 미모의 인도 여인은 미소를 지으며 자리에서 일어나 무대 뒤쪽을 바라보며 가볍게 손짓했고 기술진을 향해 머리를 끄덕였다. 그러자 토의장은 어둠 속에 휩싸였고 매혹적인 음악이 스피커를 통해 흘러나왔다. 음률은 아주 부드럽게 시작되었고 점점 청중들의 마음을 사로잡았다.

갑자기 무대 중앙에 조명이 비추어졌고 라다 양이 날씬하면서도 근육이 잘 드러난 남성의 팔에 감겨 있는 것을 볼 수 있었다. 그들의 몸은 황홀경에 빠져 하나가 된 것처럼 전혀 움직이지 않았다. 그리고 조금씩 그들의 얼굴과 몸 사이에 미소한 간격이 드러났다. 간격이 늘어날수록 서로를 결속시키는 눈길이 심화되어 보였다. 두 사람 사이의 간격이 늘어나 단지 손가락 끝만 마주치고 있는 상태에 달하자, 청중은 스스로 분해되는 것 같은 고통을 느꼈다. "일치는 끝나버렸다." 누군가 중얼거렸다.

두 사람은 아코디언의 송풍 장치처럼 애처롭게 멀어졌다가 다시 가까워졌다. 처음엔 천천히 움직였지만 점점 빨라졌다. 간격이 멀수록 서로의 결합은 정열적으로 보였다. 영성적이고 관능적인 무용에 청중은 폭풍 후의 평안을 느끼고 쾌락 후의 휴식을 맛보는 것만 같았다.

춤이 절정에 다다른 것처럼 보일 때, 두 사람은 샤를르와 아나스타시아에게 다가가 함께 춤을 추도록 이끌었다. 라다는 샤를르와 함께 빙글빙글 돌기 시작했고, 샤를르는 어색해하며 서서히 움직이다가 점점 자연스럽게 움직였다. 남성 무용수와 아나스타시아 역시 마찬가지였다. 그들은 몇 분 동안 청중의 박수를 받으며 춤을 추었고 샤를르와 아나스타시아는 결국 무대 중앙까지 오게 되었다. 그때 조명이 희미해졌고 청중은 이제 마지막이 되었다는 것을 직감했다. 라다와 무용수에 둘러싸인 아나스타시아와 샤를르는 서로 감싸 안았다. 두 사람은 어느 정도 간격을 유지하고 있었지만 외부의 압력에 밀려 결국 하나가 되었다.

토론회장은 암흑처럼 어두워졌고 음악도 멈췄다. 이런 일치상태는 상당히 지속되었고, 각자는 나름대로 이런 뜻밖의 광경이 지닌 의미를 상상할 수 있었다.

어둠에 싸인 샤를르와 아나스타시아는 긴장을 풀고 상대의 체온을 느낄 수 있었다. 샤를르는 토론 상대자의 목에 가볍게 입을 맞추었다. 서로의 의견 차이에도 불구하고 그녀를 존중한다는 듯, 아니 어쩌면 그녀를 찬미한다는 듯. 그리고 아나스타시아가 전혀 생각지도 못한 만족감을 느끼며 전율하는 것을 느꼈다. 아니 그렇게 생각했다. 샤를르는 상상은 해보았지만 불가능하다고 여겼던 충동을 이기지 못하고서 아나스타시아의 얼굴에 난 상처를 어루만지고 그 상처에 입을 맞추었다. 젊은 여인은 아무런 저항도 하지 않았고 심지어 자신을 내맡기는 것만 같았다. 샤를르는 아나스타시아의 태도에 감사를 표하고자 그녀의 입술에 살짝 입을 맞추었다.

그 순간에 불이 켜지고 토론회장은 밝아졌다.

라다는 미소 지으며 어색해하는 두 사람을 뒤로하고 의기양양하게 결론을 내렸다.

"궁극적 실재는 춤입니다. 시초에 일치가 있었고 마지막에도 일치가 있을 것입니다. 유물론과 유신론이란 이율배반적 진리를 포옹하게 하는 이 일체론이 왕국의 토대를 찾는 데 도움이 될 것입니다!"

많은 사람들이 전혀 예상치 못한 인도 여인의 발언에 놀라며 박수갈채를 보냈다. 심지어 몇몇 열성 유물론자들 역시 박수를 보냈다. 그리고 대학 총장은 아나스타시아 양에게 발언권을 주었다.

"바실로풀로스 양, 최종 의견을 말씀해주시지요."

"총장님, 친애하는 참석자 여러분, 왕국의 토대와 인간 사회의 토대는 해방하는 빛에 대한 경험이어야 합니다."

아나스타시아는 자리에서 일어나 무대 뒤로 가서 심지 세 개에 불이 켜진 큰 촛대를 들고 와 무대 중앙에 조용히 세웠다. 그리고 잠시 동안 청중들에게 등을 돌린 채로 침묵했다. 다시 발언을 시작하는 그녀의 얼굴에 밝은 빛이 부드럽게 감돌고 있었다.

"모두를 위한 해방하는 빛. 빛은 하나이고, 불길은 여럿입니다. 그리스도인들은 여기에서 삼위일체의 상징을 볼 것입니다. 즉 근원(성부), 빛(성자), 온기(성령)는 분리될 수 없습니다. 모든 것의 토대에 살아 계시는 하느님은 동시에 우리를 초월하며(성부), 우리 곁에서(성자), 우리 안에서(성령) 자신을 드러내십니다."

아나스타시아는 청중을 향해 한 걸음 나아가 촛불이 상징하는 바를 설명했다.

"일신론자들은 유대교와 그리스도교와 이슬람교 간의 상보성을 볼 수도 있을 것입니다. 서로 겸손하게 경청한다면 말이지요. 그리고 이 토론회 참석자들은 어쩌면……."

그리스 여성은 토론 상대자들에게 다가가 그들의 손을 잡고서 촛불 쪽으로 인도했다.

"샤를르 씨와 라다 씨와 제가 대변하는 세 가지 세계관을 볼 수도 있을 것입니다. 중요한 것은 대립되는 표현을 넘어서는 응집 경험입니다. 우리는 좀 더 겸손해지고 좀 더 기쁘고 좀 더 자유롭고 좀 더 연대적이 될 때 이런 경험을 하게 됩니다."

격렬하게 논쟁을 했던 세 사람이 손을 잡고서 촛불을 둘러싸고 있는 모습이 온화하게 느껴졌다. 그러나 이런 매혹적인 순간은 그리 오래 지속되지 않았다. 그들 각자는 서로의 입장들 간의 화해를 이루기 위해서는 이렇게 상징적으로 손을 잡는 것만으로는 부족하다는 점을 잘 알고 있었다. 누가 먼저 손을 놓았는지는 전혀 알 수 없었다.

아나스타시아는 말을 계속했다.

"제가 개인적으로 가장 확신하는 바는, 이 해방하는 빛이 인간 각자 안에서 활동한다는 것입니다. (이해하기 어렵지만 자신을 드러내시는 하느님의 모습처럼) 이 빛은 자유와 창조성이, (은총과 자비이신 하느님의 상징인) 용서와 화해가, (우리에게 다가오시고 힘을 주시고 하느님의 씨앗인) 용기와 희망이 있는 곳에 가장 잘 드러납니다."

아나스타시아는 세 심지를 가리켰다.

"정교회와 가톨릭교회와 개신교회는 이 심지들과 같습니다. 하지만 불행히도 지속되고 있는 교회의 분열로 인해 이 빛은 생기를 잃어버립니다. 정교회 신자들은 어쩌면 다른 그리스도인들보다 삼위일체의 영광스런 빛과 그리스도 부활의 영광스런 빛을 잘 증언하는 것 같습니다. 가톨릭 신자들은 어쩌면 다른 그리스도인들보다 모든 이를 위한 그리스도의 현존을 더 잘 증언하는 것 같습니다. 개신교 신자들은 다른 그리스도인들보다 성경의 해방하는 가르침을 실현해야 하는 개인과 공동체의 자유를 더 잘 증언하는 것 같습니다. 그리스도인들은 서로 분리되어서 각자 (보수주의, 전제주의, 개인주의 같은) 문제들을 지니고 있습니다만 다른 이들과 함께한다면 모든 사람들을 위해 해방의 빛을 발할 수 있을 것입니다."

아나스타시아는 잠시 말을 멈추고서 대학 총장을 향해 걸어갔다.

"이제 말은 그만하고 저도 라다 씨처럼 여러분 모두와 함께 춤을 추고 싶습니다."

그녀가 기술진에게 손짓하자 부드럽고 아름다운 음악이 장내에 퍼졌다.

"원하시는 분 모두 무대 위로 올라오셔서 함께 빛의 춤을 추세요. 스텝이 아주 간단하니 금방 배우실 것입니다."

용기 있는 몇몇 참석자와 함께 아나스타시아는 촛불을 중심으로 둥근 원을 형성했고 샤를르, 라다, 대학 총장과 토마 송, 현자와 익살꾼 광대, 심지어 수도사와 탐식가도 합세하여 보기 좋게 원을 만들었다. 약간 머뭇거리는 사람들도 있었지만 즉석으로 이루어진 춤판은 조화롭게 느껴졌다.

## 진정한 신뢰심

춤이 막바지에 달하자, 대학 총장은 감격하고 기쁜 얼굴로 현자에게 의견을 제시해달라고 부탁했다.

"존귀하신 임금님 내외분과 친애하는 참석자 여러분, 먼저 이 토론회 내용들은 제게 소중한 양식과도 같았다는 것을 밝히고 싶습니다. 이렇게 개인과 사회의 토대에 대해 토론할 수 있는 자리는 그리 흔하지 않습니다. 제가 보기에 우리에게 부족한 것은 신뢰심입니다. 물론 막무가내로 신뢰하라는 말이 아닙니다. 우리에게 가장 필요한 것은 진정한 신뢰심입니다. 즉 진실한 신뢰심이자 진리에 대한 신뢰심입니다. 우리 모두는 맹목적인 신뢰심이나 잘못된 신뢰심은 방황과 좌절의 원인이 될 수밖에 없다는 것을 너무나 잘 알고 있습니다."

현자는 세 발언자들의 의견을 완곡하면서도 비평적으로 요약했다.

"샤를르 교수님은 우리가 오류나 환상을 신뢰하지 않도록 하기 위해서 유물론적 과학의 중요성을 상기시켜주었습니다. 하지만 너무 자주 (자기 대학의 명예를 위해서) 논문을 발표해야만 하고 (자기 기업의 경쟁력을 위해서) 경제적 이윤을 남기고자 하는 과학자들을 절대적으로 신뢰할 수 있을까요? 라다 양은 총체론 영성의 아름다움을 보여주었습니다. 하지만 우리 자신의 내면을 보게 하는 영적 지도자들을 전적으로 신뢰할 수 있을까요? 그것은 우리 내면에는 명석함뿐만 아니라 위선적인 면 역시 있다는 것을 잘 알기 때문입니다. 그리고 아나스타시아 양은 일신론 신앙 덕분에 서양에서 과학이 발전할 수 있었고 인권 선언이 이루어졌음을 상기시켜주었습니다. 하지만 자주 발생하는 일신론자들 간의 폭행과 반대자들에 대한 일신론자들의 폭행을 보면서 일신론 전통들을 전적으로 신뢰할 수 있을까요?"

현자의 이런 개인적인 의견에 적잖은 사람들이 놀랐다.

"어떻게 진정한 신뢰의 장을 결정할 수 있을까요? 민주주의 체제는 이 문제에 대해 양적·질적인 답변을 제시하기도 합니다. 양적으로 보자면 절대 다수(과반수 이상)의 선택이 소수의 선택에 비해 존중됩니다. 그리고 절대 다수가 불가능할 경우, 상대적 다수가 이기게 됩니다. 만일 진정한 진리를 결정하기 위해 이 방법을 채택한다면, 세계 종교 현황표는 다음과 같은 수치를 제시합니다."

|  | 1900년 | 2012년 | 2025년 (예상 수치) |
|---|---|---|---|
| 1. 그리스도교 | 34.5% | 33% | 34.1% |
| 2. 이슬람교 | 12.3% | 22.4% | 24.4% |
| 3. 힌두교 | 12.5% | 13.7% | 13.8% |
| 4. 불가지론 | 0.19% | 9.3% | 7.9% |
| 5. 불교 | 7.8% | 6.7% | 6.8% |
| 6. 중국종교 | 23.5% | 6.6% | 5.9% |
| 7. 정령숭배 | 7.2% | 3.7% | 3.2% |
| 8. 무신론 | 0.01% | 1.9% | 1.6% |
| 9. 유대교 | 0.75% | 0.21% | 0.20% |

"물론 지역에 따라 상당한 격차가 있습니다(무신론은 서유럽에 유포되어 2%를 초과하는 반면, 그리스도교는 중국에서 거의 폭발적인 발전을 보이고 있습니다). 이 통계 수치에 따르면, 일신론(그리스도교, 이슬람교, 유대교)이 가장 선두에 있고(55.6%), 그 뒤를 일체론(힌두교, 불교, 유교, 도교, 정령 숭배)이 따르며, 무신론적 유물론과 불가지론이 마지막을 차지하고 있습니다."

현자는 그 내용을 상세하게 설명했다.

"물론 우리는 진정한 진리를 다수결 원칙에 따라 결정할 수 없다는 것을 잘 알고 있습니다. 양적인 면은 질적 차원으로 보충되어야 합니다. 그렇다면 이 차원을 어떻게 평가해야 할까요? 나무는 그 과실을 보고 알 수 있습니다. 하지만 그런 식으로는 문제를 회피하는 것밖에 되지 않습니다. 과실을 어떻게 평가할까요? 국민총생산 같은 수치를 기준으로 해야 할까요, 아니면 부탄의 국왕이 추천하는 행복 지수를 기준으로 해야 할까요? 이 양자 사이에 있는 인적발전 지수와 UN 발전 프로그램은 평균 수명과 교육 시간과 소비 능력이라는 세 가지 기준을 첨가시킵니다. 그런데 이 범주를 기준으로 삼아 세계 순위를 정하면, 일신론의 영향을 받은 개신교 국가들이 선두에 서게 됩니다. 왜 그럴까요? 이 국가들이 다른 나라들에 비해 더 심한 약탈국이었기 때문일까요? 그럴 수도 있고 그렇지 않을 수도 있습니다. 한 국가는 그 국민들이 서로 신뢰하게 될 때 발전합니다. 즉 부부간의 신뢰, 부모와 자식 간의 신뢰, 권력이 분리된 민주주의 체계에 대한 신뢰(권력을 지닌 사람들이 모두 다른 사람들처럼 죄나 실수를 범할 수 있다는 것을 인정하기 때문에 모든 형태의 권위주의를 불신하는 것), 경제 상대자들에 대한 신뢰(상대자들이 정직하다는 조건하에 과다한 규제나 관료주의에 대해 불신하는 것), 은행에 대한 신뢰(암화가 아니라는 조건하에 돈이 안전하게 보장된다는 것), 법조계에 대한 신뢰(법조인들이 중립을 지키고 변호사들은 이익을 목적으로 판결이 늦춰지도록 유도하지 않는다는 조건하에), 각자의 능력에 대한 신뢰(성, 계급, 인종의 차이와 무관하게) 그리고 인류를 신뢰하는 신에 대한 신뢰가 있을 때 국가는 발전합니다. 우리 왕국과 사회의 근본적 위기는 신뢰성의 위기입니다. 너무나 많은 사기, 기만, 부패, 권력 남용과 이기주의가 우리 사회의 토대를 흔들고 있습니다. 아나스타시아 양에게 신이 사랑하고 정의로운 존재라는 것을 상기시켜준 점에 대해 감사합니다. 오직 사랑과 정의의 대한 새로운 공동 체험만이—가식적이고 외적이 아닌 영성적이고 내적인 사랑과 정의에 대한—사람들 간의 신뢰심을 회복시킬 것입니다. 우리 모두는 부정 축재와 사기 행위가 발각되어 면직 당한, 옆 나라 법무부 장관을 기억하고 있습니다. 사람의 마음을 꿰뚫어보는 신이 언젠가 우리를 심판할 것이고 우리의 숨겨진 행위와 의도를 밝힐 것입니다."

그리고 현자는 한마디로 결론을 내렸다.

"저는 국가와 종교 권력의 분리에 대해서는 찬성하지만, 사회와 인문주의적 유대교 · 그리스도교 가치 간의 관계를 단절하는 것에는 반대합니다."

청중들은 현자의 발언에 다양한 반응을 보였다.

"예전에 비해 형편없는 소리를 하는군요." 어떤 사람이 고함쳤다.

"막스 베버의 이론은 더 이상 유효하지가 않습니다." 다른 사람이 소리쳤다.

현자가 종교와 발전 수치를 연관시키려는 것 같았기에 많은 사람들이 충격을 받았다. 문명에 대해 역사적이고 유물론적 사관을 지닌 사람들이 보기에는 너무나 무모한 생각이었다.

# 자아와 감동

대학 총장이 발언을 요청하기도 전에 익살꾼 광대는 이미 단상에 올라서고 있었다. 화려한 성직자 의상을 입은 익살꾼 광대는 청중들을 비난하는 투로 말했다.

"최고 권위자들에 의해 왕국의 신임 대주교가 된 본인은 하느님과 총체와 생명의 세 가지 거룩한 진리의 이름으로 여러분을 축복합니다. 앞에서 소개된 세 가지 세계관의 공통점은 무엇일까요? 바로 자아입니다!"

청중들은 갑자기 조용해졌다.

"일신론자들의 신은 자신이 진리라고 말합니다. 일체론자들의 자아는 영원의 일부라고 합니다. 유물론자들이 말하는 자아는 자연적으로 선택되기 위해 투쟁하는 자아입니다. 나, 자아, 자아. 나는 완전히 감동했습니다."

익살꾼 광대는 호주머니에서 거울을 꺼내 희열에 넘쳐 자기 모습을 바라보았다.

"자아 만세! 길이 무엇이든, 진리가 무엇이든, 삶이 무엇이든 간에 결국 자아에 이르게 되는 것이라고. 나는 이렇게 현명하고 또 이렇게 영리하지요. 대단한 책들도 쓰고요. 내가 바로 운명입니다."

광대는 청중들을 향해 동조를 구하는 모습으로 중얼거렸다

"디오니시오스와 니체 이후로, 우리는 모두 알고 있습니다."

그리고 다시 자기 모습을 보았다.

"이 토론회에서는 지루한 잡담들만 하고 있군. 거울에 비친 내 모습은 이렇게 멋진데 말이야."

끝도 없을 것 같은 긴 시간 동안 거울에 비친 자기 모습을 보던 광대는 샤를르, 라다, 아나스타시아에게 다가가 그들이 거울에 비친 자기 모습을 보도록 했다.

"당신들 참으로 멋지군. 그 점을 인정하고서 이제 '나는 아주 현명하고 영리하다. 아주 대단한 책들도 쓴다. 내가 바로 운명이다'라고 말해봐요."

그들이 어색해하며 주저하자 광대는 화를 내며 청중들을 보았다.

"적어도 여러분은 이렇게 몰상식하지는 않겠지요. 자, 어서 모두 함께 나를 따라해보세요. '나는 아주 현명하고 영리하다. 아주 대단한 책들도 쓴다. 내가 바로 운명이다'."

장난 삼아 따라 하는 몇몇 대학생들을 제외하고 청중들은 아무런 반응을 보이지 않았다. 그렇지만 익살꾼 광대는 전혀 개의치 않았다.

"왕국의 신임 대주교인 본인은 전 세계가 본인을 지지할 것을 부탁합니다. 여러분 덕에 언젠가 교황이 될 것입니다. 교황이 되면 여러분의 모든 욕망을 승인할 것이라고 장엄하게 선언합니다. 어떤 사람이 말했듯이, 동맹은 없고 단지 관심사만 있습니다. 여러분의 관심사와 내 관심사 말이지요. 다른 사람들에 대해 걱정하라고 우리에게 요구하면서 죄책감을 가중시키는 교회는 이제 끝장날 것입니다. 동성애자들에게 해를 입히면서 이성애자들을 특별히 여기는 교회는 더 이상 없을 것입니다. 우리의 욕망을 단절시키고 거세하는 교회는 이제 없어질 것입니다. 나를 지지하시오. 그러면 여러분의 자아가 왕이 될 것입니다."

익살꾼 광대는 이 행사 내용을 인터넷에 올리고 임금 가족에게 전송하기 위해 설치된 카메라 앞으로 다가갔다.

"반동적인 힘들이 무기력한 왕권을 뒤흔들길 바랍니다. 미래는 성공적으로 다가오고 있으며 어느 누구도 이를 막지 못합니다. 내가 왕이 될 것이고, 왕은 바로 나일 것입니다. 내가 왕이 될 것이고, 왕은 나일 것입니다. 내가······."

이미 구물이 되어버렸지만 뿌리를 깊이 내린 전통에 반대하는 행위가 보수주의를 되살아나게 하는 것은 참 이상한 일이었다. 심지어 사회의 선구자라고 자칭하는 자들에게서도 그런 보수적인 반응을 볼 수 있었다. 청중들 대부분은 광대에게 야유를 보냈다. 대학 총장은 경비 요원들에게 이런 격의 없는 행위를 멈추게 하라고 지시했다. 그들이 익살꾼 광대를 향해 달려들자, 광대는 다음과 같이 말하며 그들을 제지했다.

"어서 무릎을 꿇고 내 반지에 입을 맞추시오."

그의 행동에 놀란 경비 요원들이 갑자기 멈추어 섰다. 그사이에 광대는 마지막 말을 했다. 그 말 때문에 왕국은 완전히 야단법석이 되어버렸다.

"임금님이 선택을 해버렸답니다. 자기 어머니에게 물려받은 편협한 신앙을 되찾게 되어서 모든 사람들에게 그리스도교를 강요할 것입니다. 교회가 막강한 권력을 누리던 때에 반계몽주의를 거부했던 사람들은 모두 나를 지지하십시오. 왕은 내가 될 것이고 내가 왕이 될 것입니다……."

대학 총장은 경비 요원들에게 익살꾼 광대의 망언에 종막을 내리라고 신호를 보냈지만 의심의 씨앗은 이미 뿌려져버렸다. 임금이 정말 그런 선택을 했단 말인가? 그리고 모든 사람들에게 자기가 선택한 것을 강요하는 광기를 부릴 것인가?


## 위기에 처한 왕비


청중들은 안정을 되찾지 못하고 있었지만 진행자의 안내말로 어느 정도 진정하게 되었다.

"신사 숙녀 여러분, 익살꾼 광대가 또 실수를 했습니다. 이 토론 회장에는 유명한 심리학과 교수님들도 함께 계십니다. 우리 교수님들께서 정신 건강상태가 점점 악화되고 있는 익살꾼 광대를 치료해야 될 때가 온 것 같습니다. 자, 이제 다시 본론으로 돌아가겠습니다."

그 순간 대학 총장은 자기가 한 말에 후회했다. 이제 왕비가 발언할 차례였기 때문이다.

"결론으로 되돌아가자는 뜻이었습니다. 이제 우리 왕비님께서 의견을 제시해주실 것입니다. 그리고 마지막으로 임금님의 말씀을 듣겠습니다. 견해 피력을 허락해주신 왕비님께 진심으로 감사합니다."

대형 화면에 왕비의 얼굴이 나타났다. 막중한 직책 때문인지 약간 경직된 모습이었다. 그래도 왕비는 여전히 미모를 보였다.

왕비는 잔잔한 미소를 지으며 말을 시작했다. 마치 '여러분이 원하는 것을 잘 알고 있으며 여러분 모두가 행복하길 바란다'라고 말하려는 듯했다. 그리고 자신의 견해로 말미암아 일어날지도 모르는 공격적 태도를 약화시키려는 듯.

"총장님, 친애하는 참석자 여러분, 점점 더 많은 관심을 가지고서 여러분의 토의를 경청했습니다. 관심이 증가되었다고 말씀드리는 이유는, 솔직히 형이상학적 문제들에 별 관심이 없기 때문입니다. 토론회에서 제기된 중요한 문제들 중 하나는 여러 신념들 중에서 어떻게 진정한 진리를 찾는가였습니다. 발언자들은 아주 현명한 답변들을 제시해주었습니다. 그렇다면 이제 이 문제에 대한 답은 무엇일까요? 예전에 다비드 할레비 랍비께서 질문을 잘못 제기하면 답변은 오류일 수밖에 없다고 말씀하셨지요. 토론회의 준비자들은 다양한 신념들을 세 가지로 종합했습니다. 이 기회에 뜻하지 않게 세상을 떠난 칼뱅 교수님을 기억하고 싶습니다. 그런데 만일 다양한 신념들을 단지 세 가지로 종합한 것이 잘못되었다면 어떻게 될까요?

좀 더 자세히 말씀드리겠습니다. 임금님께서 조금 후에 당신이 확신하시는 바를 말씀하실 것이므로, 본인 역시 신념을 말씀드리고 싶습니다. 명석하신 세 분의 발언자들에게 좋은 의견을 제시해 주신 점에 대해 감사합니다만, 진리 탐구를 이런 발언들을 통해 모두 요약할 수 있다고는 생각하지 않습니다. 그것은 바로 이 세 발언자들 외에도 진행자와 청중들이 있기 때문입니다. 즉 모두와 각 개인의 자유를 보장하는, 경청하고 또 중립을 지키는 불가지론이 있기 때문입니다. 그래서 이런 네 번째 입장의 대변자가 부재한 점과 청중에게 더 많은 발언 기회가 주어지지 않은 점에 대해 유감스럽게 생각합니다. 우리 모두는 왕국의 일원이며 민주주의 국가에 살고 있습니다……."

청중들 중 일부가 왕비에게 기립박수를 보냈다. 호응에 힘입어 왕비는 자신이 직접 준비한 결론을 자신 있게 읽었다.

"본인이, 유일한 진리가 무시할 수밖에 없는 자유를 보호하는 철학자가 아니라면, 우리의 다양한 색을 띤 신념들을 그려내는 화가가 아니라면, 일상의 행복이 지닌 아름다움을 목청껏 찬미하는 시인이 아니라면, 우리의 다양한 음악을 조화롭게 하는 작곡가가 아니라면, 모든 이상의 꽃을 사랑하게 하는 예언자가 아니라면 누구일까요? 본인은 전혀 그런 인물이 아닙니다. 그렇다면 누구이겠습니까? 단지 국민들 각자의 행복 외에는 전혀 다른 것을 원치 않는 한 왕국의 초라한 왕비에 지나지 않습니다.”

왕비는 처음과 마찬가지로 상냥한 미소를 지으며 발언을 마쳤다. 그러고는 환호하는 청중들의 기립박수를 받았다. 국민들과 왕비 사이에 놓여 있었던 거리감이 그 순간에 허물어졌다. 이 발언 이후로 왕비의 인기는 급상승했다. 왕비가 현대인, 포스트모던 시민들의 열망을 그 어느 누구보다 잘 반영했기 때문이다.


## 폭발적인 결정


임금에게 카메라의 초점이 맞추어졌을 때, 마치 전율이 흐르는 것 같았다. 청중들은 들뜨고 흥분한 상태였다.

임금은 차분하고 근엄하게 말했다. “고귀하신 참석자 여러분, 우리 의도와는 무관한 이유로 이 토론회의 결말을 서둘러 내리게 되었습니다. 하지만 하느님께서 제게 삶을 허락해주신다면, 우리 왕국을 위한 토대들을 명확하게 결정할 새로운 만남을 조만간 다시 주선할 것이라고 여러분께 약속드립니다. 그리고 이 토론회를 가능하게 해준 모든 분들께 심심한 감사의 인사를 전합니다.”

임금은 이 행사가 잘 치러질 수 있도록 협조한 모든 사람들에게 감사의 말을 전했다.

"몇 해 선부터 짐은 진정한 진리가 무엇인지 알고 싶었습니다. 어떤 사람들은 왜 그런 원의를 지녔을까 궁금해할 수도 있을 것입니다. 임금에게 무엇이 부족하단 말인가, 권력도 그가 원하는 것을 모두 충족시킬 수 없단 말인가 하고 말이지요. 나이 때문일까요, 아니면 실망감 때문에 진리를 추구하는 것일까요? 짐도 잘 모르겠지만, 확실한 것은 짐 역시 다른 사람들과 마찬가지로 지상에서 영원히 존재하지 않는다는 것입니다. 다행이라고 생각하실 분들도 있을 것입니다. 짐이 세상을 떠나며, 다른 누군가가 왕국을 지배할 것입니다……"

임금은 슬픈 얼굴로 왕비를 바라보며 미소 지었다.

"짐이 왕국 국민들에게 남겨줄 수 있는 가장 의미 깊은 유산은 무엇일까요? 현대적인 정치 체제, 혁신적인 학교와 병원, 역동적인 기업들, 건전한 공공 금융, 여가 활동, 잘 보호된 자연환경일까요? 이 모든 것들도 아주 중요합니다. 하지만 선현들께서는 우리에게 그보다 더 중요한 것을 전해주었습니다. 선현들은 대성당들을 건축했습니다. 반면 우리는 고층빌딩, 운동 경기장, 박물관들을 건설하고 있습니다. 바실로풀로스 양은 유대교·그리스도교 전통이 세상을 얼마나 풍요롭게 했는지 확실하게 상기시켜주었습니다. 반면 우리 젊은 학생들은 성경 이야기보다 고대 신화들을 더 잘 알고, 나사렛 예수의 모범적인 삶보다 인기 연예인들의 일상을 더 잘 알고,

신비주의자들의 영성보다 전쟁의 역사를 더 잘 알고 있는 것 같습니다. 뛰어난 학생들은 신학자나 목사나 신부가 되기보다는 과학자, 변호사 아니면 기업 사장이 되려고 합니다. 그래서 본인은 다음과 같은 결정을 했습니다……."

그때 엄청난 폭발음과 함께 임금과 청중들 간의 영상 회의가 중단되었다. 청중들은 충격을 받아 어쩔 줄 몰랐다. 기술진들의 노력에도 불구하고 아무런 소리도 들리지 않았다. 각자 나름대로 상상해볼 수밖에 없었다. 임금 내외를 겨냥한 테러인가? 아니면 단순한 기술 사고인가? 만일 임금과 왕비가 저격을 당했다면? 도대체 누가 감히 그런 일을 자행할 수 있을까? 대혼란이 지속되는 가운데, 대학 총장이 청중들을 진정시키려고 마이크를 잡았다.

"신사 숙녀 여러분, 충격적인 일이지만 진정해주시길 바랍니다. 정확한 소식을 들을 때까지 기다려주시기 바랍니다."

레오 수사와 탐식가 파울로는 총장의 권고를 무시한 채 그들만이 알고 있는 임금과 왕비의 휴대전화로 연락했다. 수도사의 전화는 묵묵무답이었지만 몇 분 후에 왕비가 전화를 받았다.

왕비는 망연자실한 목소리로 말했다. "파울로, 여기는 아수라장이에요. 당신이 말한 대로 했는데 이런 일이 일어날 거라곤 생각지도 못했어요. 남편은 피를 흘리며 무의식상태로 바닥에 쓰러져 있어요. 구조 요원들이 이제 막 도착했어요, 어쩌면 목숨을 잃었는지도 몰라요."

"아니, 어떻게 그런 일이…… 당신은 어떤가요?" 탐식가가 소리쳤다.

"파편 조각을 맞았지만 외상만 입은 상태예요. 당신이 말한 것처럼 거리를 유지하고 있었어요. 이제 전화를 끊어야겠어요. 구급차가 도착했어요. 파울로……."

"예?"

"당신은…… 배신자야. 그리고 아주 비열한 사람이라고."

왕비는 전화를 끊었다. 탐식가는 큰 충격을 받았다. 정신을 차리고 나서 대학 총장에게 동의를 구해 아주 중립적으로 상황 설명을 했다.

"신사 숙녀 여러분, 임금님과 왕비님께서 계시던 장소에서 원인을 알 수 없는 폭발이 있었다는 것을 이제 막 전해들었습니다. 왕비님께서는 별 탈이 없는 반면, 임금님께서는 심하게 부상을 당하신 것 같습니다. 좀 더 자세한 사항을 곧 알게 될 것입니다."

총장은 청중들을 진정시킬 수가 없었다. 자세한 소식을 듣게 될 때까지 진정해달라고 수차례 방송했지만 청중들은 어쩔 줄 몰라 했다. 결국 그렇게 어수선한 분위기 속에서 총장은 신념 토론 대회의 폐회를 선언했다.

## 병원에서의 왕정회의

왕국 역사상 처음으로, 임금과 왕비와 공주가 치료를 받기 위해 함께 입원했다. 임금의 상태는 그리 좋지 않았지만 외견상으로 보는 것만큼 심각한 상태는 아니었다. 금속 파편으로 얼굴과 상반신에 상처를 입었지만 생명에는 지장이 없었다. 몇 주간 치료를 받으면 회복될 것이라고 의사들이 확신했다.

왕비는 단지 외상만 입었기에 그날 저녁에 바로 퇴원할 수 있었다.

반면 공주의 건강상태는 심각했다. 혈액 검사 결과 새로운 암 세포가 발견되었다. 병이 재발한 것이었다. 첫 번째 항암 치료가 잘되었는데도 병이 완전히 치유된 것이 아니었다. 생명에 위험이 있었기에 과장이 다시 검사를 했고 항암 치료를 시작하기 위해 공주를 곧바로 입원시키기로 했다. 임금 가족에게 그날 밤은 악몽과도 같았다.

다음 날 오후, 그들은 임금의 침대 곁에서 각자의 심정을 토로할 수 있었다.

경찰들의 호위를 받으며 병실에 들어선 공주는 자상스레 아버지의 손을 잡고 있는 어머니를 보고서 감격했다. 아버지의 얼굴은 거의 붕대로 감겨 있었고 무척 피곤해 보였으며 특히 슬픈 눈빛에 마음이 아팠다. 임금은 병실에 들어서는 딸을 보고서 자신의 불안감을 감추려고 애썼다.

"아, 우리 복덩이, 어서 오너라……."

몇 시간 동안 부모와 딸은 마음을 터놓고 이야기했다. 임금과 왕비는 딸에게 자신들의 상태가 심각하지 않다며 안심시켰다. 사고—아니면 테러—의 원인에 대해서는 잘 몰랐지만, 사실 그들은 다른 일로 더 걱정하고 있었다.

"그래, 네 건강상태에 대해 의사들은 무어라고 하니?"

공주의 얼굴이 심각해졌다.

"결과가…… 별로 좋지 않아요. 검사 결과를 기다리고 있어요."

공주는 감정을 이기지 못하고서 눈물을 흘리며 얼버무렸다.

"전 어쩌면 세상을 떠날지도 모르겠어요."

"말도 안 돼!" 왕비와 임금은 동시에 소리쳤다.

"의학이 많이 발전했고 암 치료도 성공했었잖아. 그리고 이제 내가 신앙을 되찾았으니 하느님께서 내 기도를 들어주실 거야. 그러니 걱정 말아야지." 임금이 말했다.

임금은 왕비의 손을 더듬어 찾아 자상스럽게 잡았다.

"네 엄마와 나는 그동안 서로 너무 소원해졌었지만 이제는 모든 것이 잘될 거야. 최고의 의료진들이 네 병을 치료할 것이고 사랑이신 하느님께서도 잘 도와주실 거야."

이렇게 힘든 시련의 순간에 왕비는 남편의 말에 반론을 제기하고 싶지 않았기에 그저 머리를 끄덕일 뿐이었다.

그때 과장이 문을 두드리고서 두 의사와 함께 병실에 들어섰다.

"전하, 공주님에게 개인적으로 드릴 말씀이 있습니다만……."

"부모님들께 아무것도 감추고 싶지 않아요. 어서 말씀해주세요."

과장 의사의 긴 전문적 설명에 따르면 배아세포—혈액 안에서 무작위로 확산되고 있는 백혈구의 비정상적 전구체—확산으로 다시 힘겨운 치료를 받아야 한다는 것이었다. 두 가지 가능성이 있는데, 성공 가능성이 희박한 독성 항암 치료제 투입과 골수 이식 수술이었다. 하지만 후자는 호환성이 있는 기증자를 찾아야 하고 수술에 성공해야 하는 두 가지 난점을 지녔다.

"두 번째 해결책을 선호합니다만, 어떤 선택을 하든 위험성이 상당히 높습니다. 물론 성공 가능성이 전혀 없는 것은 아닙니다만…… 신의 도움이 있다면 말이지요. '나는 상처를 잘 감아줄 뿐 신이 고쳐준다'라고 앙브로아즈 파레가 말한 것처럼 말이지요." 과장이 말했다.

의사가 신앙을 언급하는 것을 보고 왕비는 놀랐지만, 임금과 공주는 놀라는 기색이 없었다.

"선생님의 도움과 하느님의 도움에 힘입어 삶을 향한 최선의 길을 찾게 될 거예요." 공주가 약하게 미소 지으며 말했다.

"공주님의 힘과 의지를 통해서 말입니다." 동행한 의사 중 한 사람이 종교적 암시에 거북해하며 말했다.

"물론이지요. 이 독한 병을 이기내기 위해 우리 모두 힘을 다할 거예요." 왕비가 확언했다.

의사들이 병실을 나섰고 임금 가족은 한동안 침묵을 지켰다. 희망과 실망이 번복되어 무슨 말을 해야 할지 몰랐다. 공주가 불편한 침묵에 종지부를 찍었다.

"우리는 삶과 죽음 사이에 있는 것이 아니라, 삶과 진정한 삶 사이에 있는 거예요."

잠시 후 공주는 부모와 포옹하고서 병실을 떠났다. 그런데 병실 앞에서 토론 대회에서 봤던 뛰어난 미모의 젊은 여성을 보고 놀랐다. 경찰의 제지를 받고 있던 그녀는 난처해 보였다.

"아, 공주님, 제가 이 자리에 있는 것이 좀 몰상식하게 보일지 모르지만 거의 강제적으로 이곳에 오게 되었습니다. 임금님을 만나 뵐 수 있을까요?" 여성이 공주를 보고 말했다.

"누구시지요?" 공주는 냉정한 목소리로 물었다.

"죄송합니다. 제 이름은 매리 로이라고 합니다. 버들리 기업의 신임 사장입니다."

"사업에 대해 말씀하시려면 지금은 전혀 호기가 아닙니다."

그리고 공주는 경멸과 분노를 감추지 않고 등을 돌렸다.

"제발 부탁이에요. 무모해 보일지 모르지만 임금님을 꼭 만나 뵈어야 해요."

공주는 그녀의 말을 듣지도 않고 발걸음을 옮겼다. 하지만 미모의 여성은 끈질기게 공주의 뒤를 쫓아왔다.

"제발 부탁이에요. 어쩌면 제가 공주님의 이복 언니일지도 모릅니다."

살로메 공주는 날벼락을 맞은 것만 같았다.


## 걱정스런 재회


한동안 마비상태가 되었던 공주는 화가 치밀어 오른 상태로 아버지의 병실을 향해 발길을 돌렸다.

"아버지, 병실 밖에 아버지의 딸이라고 주장하는 정신 나간 여자가 있어요."

임금의 얼굴은 창백해졌다. 다행히 얼굴에 감긴 붕대 때문에 자신의 감정을 감출 수 있었다. 왕비는 앉은 채로 전신이 마비되는 것만 같았고 눈빛이 어두워졌다.

"그 여자는 매리 로이라고 하고, 아버지가 젊은 대학생 시절에 인도 무용수인 그 여자의 어머니와 연애를 한 적이 있다고 그러는군요."

그 순간, 임금은 지난 일이 자신의 목을 조르는 것만 같았다.

"아니…… 그래…… 맞는 말이다. 젊었을 때 연애를 한 적이 있지. 네 어머니가 그랬던 것처럼 말이다. 그렇지만 딸아이가 생겼다는 것은 상상한 적도 없는데. 그 여성이 거짓말하는 것이 분명할 게다."

화가 난 공주는 그 여인을 병실로 데려왔다. 임금은 그녀를 보는 순간 숨이 막힐 것만 같았다. 토론 대회에서 만나게 된 그 미모의 여성을 알아보았고 자신이 곧바로 매료되었던 것도 기억했다. 하지만 그 순간 임금은 마음속에 화가 치밀어 오르는 것을 느꼈다.

"부인, 지금은 그런 농담을 하실 때가 아닙니다. 그리고 어떤 사기 행각을 하실 의도라면, 지금 곧바로 우리 왕국을 떠나주시기 바랍니다."

"마이트레이라는 이름을 기억하시는지요?" 매리 로이는 임금에게 차분한 목소리로 물었다.

그 이름을 듣는 순간 임금은 그 아름다운 인도 여인과 함께 보냈던 정결하고 관능적이며 뜨거웠던 밤들이 떠올랐다.

"마이트레이? 아, 그녀를 어떻게 잊을 수 있단 말인가?" 임금은 중얼거렸다. "마이트레이의 따님이시란 말인가요?"

"그리고 임금님의 딸이기도 하지요."

매리 로이는 임금 가족에게 자신이 어떻게 수십 년간 친아버지를 찾았는지 설명했다.

"어제의 사고 이후 어머니에게 전화를 드려 폭발 사건과 임금님의 부상 사실에 대해 말씀드렸답니다. 임금님의 생명이 위독하다는 말을 듣고서 어머니는 눈물을 흘리시며 제게 지금껏 감추어두었던 사실을 말씀해주셨어요. 제가 아버지를 생전에 단 한 번도 보지 못하게 될까 봐 두려워서 그랬던 것 같아요. 제가 태어난 이후로 보조금을 계속 받았다고 하셨는데……."

그때 임금이 말을 이었다. "마이트레이의 계좌에 일정 금액을 정기적으로 송금하라고 지시를 내린 것은 기억하는데, 아이가 생겼다는 말은 처음 듣습니다. 우리의 관계를 완전히 청산하고 다시 연락을 취하지 않는다는 조건하에 그랬소."

왕비와 공주는 회의적으로 대화를 듣고 있었다. 마치 아주 근엄한 천문학자들이 비행접시를 타고 온 외계인들이 지상에 착륙하는 것을 보는 것처럼. 하지만 매리 로이의 현존은 사실이었다. 그리고 그녀의 현존으로 인해 모든 것이 뒤바뀌었다. 왕비는 곧바로 이 새로운 추문이 왕국 전체에, 아니 전 세계에 퍼질 것이라는 것과 그래서 자신은 다시 모욕을 당할 것을 알았다.

공주는 다른 왕권 후계자가 나타났음을 알아차렸다. 만일 자신이 다시 이 난관을 극복하게 된다면…… 젊고 아름답고 부유하며 또 왕가의 일원이 된 이 여인을 보면서 살로메는 자신이 너무나 초라하게 느껴졌다. 병 재발과 이 미모의 여성 출현 중 어떤 것이 더 심각한 일인지 자문하며 살로메는 자기 방으로 돌아가 눈물 속에 묻혔다. 왕비 역시 남편과 이제 겨우 되찾은 가정의 화목을 산산이 부숴버린 달갑지 않은 여성에게 경멸의 눈초리를 주고 병실을 떠났다.

임금과 매리 로이는 단둘이 남게 되었다. 당황한 상태로. 잃어버린 40년의 세월을 어떻게 만회해야 할지 몰라, 임금은 공주가 화를 내는 것에 대해 구차한 설명을 했다.

"아주 좋지 않은 시기에 오셨군요. 딸아이 살로메의 암세포가 다시 번지고 있다는 사실을 조금 전에 알게 되었답니다. 의사들은 희망이 별로 없다고 하는군요. 오직 골수 이식만이 딸아이의 생명을 구할 수 있다고 합니다. 호환성 있는 기증자를 찾아야 한다는 군……."

"저도 왕가의 핏줄을 잇고 있는데, 골수를 기증할 수 있지 않을까요?"


## 조사


그다음 날 왕국이 들썩거렸다. 라디오와 텔레비전, 신문과 인터넷 매체에는 온통 폭발 사고로 부상당한 임금에 관한 소식뿐이었다. 여러 기자들이 왕비의 심복이자(어떻게 곧바로 왕비로부터 직접 소식을 들을 수 있었을까?) 왕국의 테러 문제 전문가인 파울로 카리니와 인터뷰를 했다. 그는 상투적이고 외교적인 언사로 밝혀도 될 만한 내용들을 계속 떠들어댔다.

레오 수사는 너무 혼란스러웠다. 왕비와 탐식가가 서로 무엇인가 은밀히 교환하는 장면이 계속 떠올랐다. 아침 기도 중에 하느님에게 지혜를 간구했지만 하늘은 침묵만 지켰다.

샤를르와 라다와 아나스타시아는 사람들이 자신들의 발언에 대해 어떤 반응을 보이는지 알려고 언론을 살펴보았지만 헛된 일이었다. 진정한 진리보다 더 중요한 주제들이 신문과 라디오와 텔레비전을 온통 뒤덮었다.

가장 잠을 못 이룬 사람은 토마 송이었다. 많은 사람들이 그의 훌륭한 사회를 칭찬했다. 자신감이 부족한 그였지만 그래도 어느 정도 자부심을 느끼게 되었다. 하지만 집에 혼자 남게 되자 말할 수 없는 불안감에 떨었다. 그는 몇 달이 지나고 나서야 그날 밤의 악몽을 블로그에 기록했다(본서 부록의 396쪽).

과학수사대 범죄학자들은 사건의 진상을 밝힐 수 있는 모든 요소들을 수집하고 분석하기 위해 현장으로 갔다. 그들이 보기에 확실한 것은 텔레비전 카메라가 조작되었다는 것이었다. 그런데 어떤 장치로 누가 그렇게 했는지에 대해서는 전혀 진전이 없었다.

공주의 담당의들은 '호환성 골수 기증자'를 찾기 위해 수소문했다. 그들은 시간이 많이 걸릴 것을 알았고 낙관적인 입장도 아니었다. 공주의 HLA(장기나 피부의 호환성을 결정하는 인체백혈구 항원)는 아주 드문 것이었다. 골수를 재생시키기 위해 주세포를 채취할 수 있는 기증자를 찾기가 거의 불가능했다. 공주의 기분은 최악이었다. 점점 병이 재발한 사실이 공주의 의식 한가운데 자리 잡기 시작했다. 의사들이 말하는 것이 자신이고 생명의 위협을 받고 있는 것도 자신이며 몇 달 후에 세상을 떠날 수 있는 것도 자신이었다.

답도 없는 질문들이 머릿속을 맴돌았다.

"치유될 수 있을까? 다시 힘든 치료를 이겨낼 수 있을까? 만일 끝까지 싸워나간다면, 그 이후의 내 삶은 어떻게 될까? 아이를 갖는 것은 불가능할 것이고 누가 나처럼 예쁘지도 않고 만신창이가 된 사람과 살기를 원할까?"

비비안의 얼굴이 갑자기 떠올랐다.

"차라리 죽는 것이 낫지 않을까? 적어도 고통스럽지는 않을 것이고 이렇게 지겨운 세상에 머물지 않아도 되잖아……. 그리고 죽음 후에 비비안과 함께할 수 있는 진정한 삶이 있다면? 그런데 만일 죽음 이후에 아무것도 없다면 어찌 되는 거지?"

마치 샤워를 하듯 공주의 얼굴에 눈물이 줄줄 흘러내렸다. 그런 자학적인 생각들로 상처받은 마음이 잠시 고양되는 듯했지만 곧바로 달갑지 않은 냉기가 파고들었다. 그리고 또다시 한탄을 계속하려는 순간 '도대체 내 마음을 뒤흔드는 것이 악마인가 신인가?'라는 질문이 불쑥 떠올랐다. 공주는 소스라치듯 놀라며 기도를 중얼거리기 시작했다.

"내가 알지 못하고, 존재하는지 존재하지 않는지 모르는 하느님, 당신이 듣고 계신다면 아나스타시아에게 주신 것 같은 빛을 나에게도 주세요."

그러나 아무런 일도 일어나지 않았다. 별다른 일은 전혀 일어나지 않았지만 그래도 공주는 마음이 평화로워지는 것을 느꼈다. 미소한 생명의 숨결이 공주에게 스며들었다.

"죽게 되건 살게 되건 상관없이 내가 좋아하는 사람들과 함께 시간을 보내야지."

공주는 아나스타시아에게 전화를 걸어 와줄 수 있는지 물었고 아나스타시아는 기꺼이 수락했다. 살로메 공주는 부탁을 했다.

"한 가지 부탁을 하고 싶은데 혹시 토론회 사회를 보았던 토마송에게 연락해줄 수 있겠어요? 그 사람을 다시 보고 싶어서 그런데, 만일 그가 거부한다면 어떻게 하지……?"

"거부하지 않을 거예요."

아나스타시아가 단호하게 말했다.


## 귀로와 발전


일주일 후에 임금은 궁전으로 돌아올 수 있었다. 상처는 걱정했던 것보다 훨씬 가벼웠다. 하지만 육신의 상처와 더불어 전혀 기대하지도 않게 아버지가 된 사실 그리고 공주의 재발이라는 삼중 충격으로 인해 말로 할 수 없을 정도로 불안한 상태에 놓였다.

테러의 장본인이라고 주장하는 사람이 없었고 신임 경무 · 법무부 장관 조셉 폰 부르그는 임금에게 매일 전화로 조사에 별다른 진전이 없다고 알려올 뿐이었다. 민족의 진리 정당에 관한 조사도 전혀 진전이 없었다. 잠입 요원에 따르면, 그 조직의 책임자들 역시 이 테러 사건에 놀랐다는 것이다. 그 단체의 삼인자인 루돌프 슈필만 등을 포함한 여러 사람들이 체포되었지만 조사에는 별 도움이 되지 않았다. 오히려 그 단체가 운영하는 미디어에서는 아무런 증거도 없이 사람들을 체포한 것은 왕국 경무·법무부가 무능력한 때문이라고 규탄했고 진정한 사회 변혁이 이루어져야 한다고 주장했다.

매리 로이는 다시 병원을 방문했지만 임금과의 대화는 쉽지 않았다. 그래도 임금은 이 젊은 여성이 자신의 새로운 신분을 근거로 특권을 요구하는 것 같지 않아서 일단 안심했다. 임금은 매리를 통해 마이트레이의 소식을 듣고 그녀에게 연락해야 할지 망설였다. "노인들은 죽음이 다가올수록 젊은 시절을 이상화한다"라고 한 현자의 말이 떠올랐다.

하지만 마이트레이와 함께했던 그 밤들에 대한 기억 때문에 일상이 거의 무미건조하게 느껴졌다. 수도사의 뛰어난 영성마저도 젊은 시절의 연애에 비하면 지루하기만 했다. 매리의 현존으로 지난날의 경솔했던 유희가 아무런 결과도 남기지 않고 사라져버린 것이 아닌 것도 알았다. 그리고 이 새 딸에게 어떤 위치를 부여해야 할지 자문했다. 왕비와 공주의 노여움을 가라앉히는 것보다 더 어려워 보이는 일이었다.

살로메의 암 재발로 임금은 왕비와 마찬가지로 엄청난 충격을 받아서 또 다른 문제를 일으키고 싶지가 않았다.

왕비는 완전히 낙심한 딸을 위로해야 하는 일 외에도 이중으로 모욕을 당한 것만 같았다. 혼외 여식을 숨겨온 남편 때문에 그리고 자신을 속인 애인 때문이었다. 파울로는 남몰래 리모컨을 전해주면서 임금이 이치에 어긋나는 말을 하려고 할 때 누르면 텔레비전 방송이 소리 없이 중단될 것이라며 안심시켰었다. 왕비 자신도 동의하는 바였다. 그렇지만 파울로가 자신을 이용해 임금을 저해하리라고는 상상도 못했었다.

파울로를 신뢰했던 것이 너무 후회되었다. 그를 고발해야 하는가? 그럴 경우 왕비 자신이 폭발 장치를 작동시켰다는 것을 모두 알게 될 것이고 탐식가 파울로와의 관계도 드러날 것이었다. 그리고 적지 않은 기자들과 판사들이 왕비가 자기 남편을 살해하고자 하는 이유가 많았다고 생각할 것이 분명했다. 그러니 당분간은 입을 다물고 있는 것이 나아 보였다.

공주는 모든 것이 새롭게 느껴졌다. 최악의 실망감과 최상의 행복감 사이를 오르락내리락하는 것 같았다. 아나스타시아와 토마는 거의 매일 공주를 보러 병원에 왔다. 아나스타시아는 심지어 공주에게 함께 기도하자고 제안했고 공주는 기꺼이 그 제안을 받아들였다. 예수는 기적을 많이 행하지 않았던가, 그가 지금도 살아 있다면 공주를 치유하지 못할 이유가 없지 않은가?

세 사람이 함께 있을 때 주치의가 문을 두드렸다. 그의 표정은 평소보다 좀 덜 심각해 보였다. 심지어 약간 미소를 띠고 있는 것 같았다.

"공주님……."

공주가 혼자 있지 않다는 것을 알고서 그는 곧바로 말을 중단했다.

"어서 계속 말씀하세요. 제가 신뢰하는 친구들이에요."

"공주님, 어쩌면 해결책을 찾을 수도 있을 것 같습니다."

살로메와 두 친구는 한목소리로 탄성을 올렸다.

"헛된 희망을 드리고 싶지는 않지만, 거의 일치하는 골수 제공자를 찾았습니다."

"아, 너무나 다행이에요. 그런데 '거의 일치한다'는 것은 무슨 말씀이지요?"

주치의가 침을 삼켰다.

"전 세계의 데이터를 확인해보았지만 별다른 결과를 얻지 못했다고 공주님께 이미 말씀드렸었지요. 그런데, 며칠 전에 어떤 젊은 여성이 골수 제공을 하겠다고 스스로 찾아왔습니다. 그리고 아주 놀라운 일이 벌어졌습니다. HLA 코드가 공주님의 것과 반절이 일치했습니다. 그래서 단일 동질 이식을 시도해볼 수 있을 것 같습니다."

"반절이 일치한다고요……."

공주는 갑자기 그 젊은 여성이 바로 자신이 그토록 혐오하던 불청객이란 것을 알아차렸다.

"거부하겠어요. 그런 못된 여자의 세포는 절대로 받아들일 수 없어요." 공주는 단호히 주장했다.

그래도 아나스타시아와 토마가 며칠간 설득한 결과 살로메 공주는 겨우 마음을 바꾸었다.

"혹시 그런 이복 언니가 나타나게 한 것이 하느님의 섭리인지 누가 알겠어요?" 아나스타시아가 공주에게 말했다.


## 불행과 조작


탐식가는 밥맛을 잃어버렸다. 무슨 일이 일어난 것인지 도저히 이해할 수가 없었다. 왕비가 자신을 '배신자'요 '비열한 인간' 취급을 한 것이었다. 물론 자신이 왕비에게 방송을 중단시킬 수 있는 리모컨을 전해준 것은 사실이지만 어떻게 폭발이 일어난 것인지 이해할 수가 없었다. 임금의 죽음을 바랐던 적이 없지는 않았지만 본인이 직접 그런 일을 주도한다는 것은 상상도 하지 않았다. 그때 초인종이 울렸다. 딸아이 상드린이 눈물을 흘리며 문 앞에 서 있었다.

"아빠, 더 이상 어떻게 해야 할지 모르겠어요……."

장시간 동안 상드린은 자신이 겪은 불행을 털어놓았다.

상드린은 어렸을 때부터 부모가 자신을 사랑하지 않는다는 것을 알고 있었다. 홀어머니 밑에서 자란 상드린은 사춘기 때 가출을 했고 학업을 포기해버렸다. 자질구레한 일들을 하면서 그저 생계를 연명해왔다. 그러다 어느 날 주유소 점원으로 취직했다. 시간제 직업이었지만 봉급을 받게 되었고 방이 두 개 있는 임대 아파트를 얻었다. 그래서 자부심을 느끼기도 했다. 상드린은 남자 친구들이 여럿 있었지만 지속적인 관계를 원하지 않았다. 그리고 레앙드르를 알게 되었다.

"주유소에서 그를 처음 보았어요. 담배를 사러 왔었어요. 잘생긴 그가 제가 마치 여왕이라도 된 듯 상냥하게 말을 건넸어요. 일을 마치고 밤 10시경에 집으로 돌아가고 있었는데 그가 따라와서 어디로 가는지 물었어요. 그래서 귀가 중이라고 했지요. 그러자 그는 길바닥 신세를 지게 되었다고 하면서 그동안 겪었던 고생을 이야기해주었어요. 아주 못된 사장을 만나서 해직당했지만 곧바로 금융회사에 취직했대요. 그래서 단지 며칠 동안 잠자리를 해결해야 한다고 했어요. 저는 바보같이 제 아파트에서 지내라고 했어요. 그리곤 완전히 속았는데 짐작도 못했어요."

"무슨 일이 있었는데?" 파울로는 걱정스레 물었다.

"아빠가 제 곁에 없었던 것이 너무 원망스러워요. 애를 만들어놓고선 그냥 이렇게 더러운 세상에 던져놓았잖아요."

싱드린은 화난 목소리로 말했다. 절망감도 느껴졌다.

"먼저 잠자리를 같이했어요. 그런데 그것은 아무 일도 아니었어요. 그자는 아파트에 머물면서 저를 완전히 감언이설로 속였어요. 자기 어머니가 암에 걸렸는데 약값을 구할 수 없어서 자기가 나서지 않으면 어머니가 곧 돌아가실 거라고 했어요. 첫 월급을 받을 때까지 돈을 좀 빌려달라고 했어요. 제가 친구들을 만나려 하면, 그런 친구들하고 어울리지 마라는 둥, 제가 친구들보다 훨씬 낫다는 둥, 인생에서 성공하려면 믿을 만한 사람들과 어울려야 한다는 둥 말이지요."

파울로 카리니는 충격을 받았다. 직장생활을 하면서 사기꾼들을 자주 대하게 되었지만 친딸이 그런 식으로 당하게 될 거라고는 전혀 상상도 하지 못했다. 측은한 마음이 들어 딸을 안아주었다.

"그런 일은 이제 다 끝났다. 그런 못된 놈이 더 이상 아무 짓도 못할 거야."

모처럼 아버지와 함께 저녁 식사를 하게 된 상드린은 피로를 이기지 못하고 손님방으로 가 잠들었다. 응접실에 혼자 남은 탐식가는 내심 기쁜 마음이 들었다. 최근에 겪은 불행에도 불구하고 한 가지 좋은 일이 생긴 것이었다. 다름 아닌 딸아이 상드린을 되찾은 것이었다.

파울로 카리니는 딸이 당한 수법에 대해 곰곰이 생각해보았다. 친절하게 접근해서 신뢰심을 심어주고 주변 사람들을 비판하고 공허감을 만들어서 자신이 마치 '구원자'인 양 속이는 수법…… 갑자기 엄청난 생각이 떠올랐다. 만일 자신이 쥐도 새도 모르게 조작당한 것이라면?

탐식가는 피노 드 샤랑트를 한 잔 따랐다.

포도주스와 코냑을 혼합한 술을 음미하며 파울로 카리니는 도대체 누가 자신을 조작할 수 있었을까 하고 고심했다. 자신뿐 아니라 왕비까지. 이런 생각에 몰두하고 있던 그에게 갑자기 얼굴 하나가 떠올랐다.

"아니야, 그자는 아니야." 그는 소리쳤다. 그리고 팔걸이의자에 앉은 채로 깊은 잠에 들었고, 꿈에서 정체가 드러난 그자의 복수심에 찬 눈길을 보았다.


## 명상과 중재


다음 날 탐식가는 경무·법무부 장관 조셉 폰 부르그에게 전화를 걸어 자신이 직감한 바를 전했다.

"정말로 그 사람이…… 이 일을 배후에서 조작했다고 생각하십니까? 만일 그게 사실이라면.…… 이해가 가는 일들이 많습니다. 그 사람을 잘 감시하십시오. 그리고 조심하십시오. 물론 어느 누구에게도 이 사실을 말하지 않겠습니다. 다른 정보를 입수하면 제게 곧바로 연락해주시기 바랍니다."

그리고 탐식가는 딸의 도움을 받아 레오 수사의 수도원을 향했다. 첫 대면이 약간 당혹스러웠지만, 그는 반갑게 맞아주었다.

"수도사와 우호관계를 맺는 탐식가라! 이 세상에는 불가능한 것이 없지요." 수도원장은 농담을 했다. "저희를 방문해주신 이유가 무엇인지요?"

"수도원 기도 시간에 참석하고 싶습니다. 그리고 원장님께 몇 가지 질문을 드리고 싶습니다."

"잘 오셨습니다. 그리고 이분은……."

"제 딸아이 상드린입니다."

"두 분 다 잘 오셨습니다. 성서 말씀 묵상이 바로 시작될 것입니다."

"아빠, 저는 이만 갈게요. 기도에는 별로 관심이 없어서요. 일이 끝나면 전화하세요. 제가 모시러 올게요." 상드린이 응수했다.

그리고 곧바로 그곳을 떠났다.

성당 안의 분위기는 편안하고 따스했다. 여러 사람들이 파울로에게 인사했다. 특히 아나스타시아는 신입자가 와서 무척 반가워했다. 토론회 중에는 그와 인사를 나눌 기회가 없었지만 어렴풋하게나마 좋은 인상을 받았었다. 파울로 카리니는 시력을 많이 상실했는데도 불구하고 아주 자연스럽게 움직였다.

"이쪽으로 오셔서 앉으세요." 아나스타시아는 편안한 안락의자가 있는 곳으로 안내했다.

"감사합니다. 성당 안에서 이렇게 편안히 앉아보는 것은 처음입니다."

"강론이 보통 지루하기 때문에 딱딱한 의자에 앉아 있어야만 졸음을 면할 수가 있지요. 이곳에서는 그런 방편을 사용할 필요가 없어요. 하지만 잠이 드시더라도 깨우지 않을 거예요. 시편에는 이런 구절이 있습니다."

새벽에 일찍 일어나고, 휴식을 뒤로 미루며 고통의 빵을 먹는다고 해도 아무런 소용이 없다.
주님께서는 잠들어 있는 친구에게도 똑같이 주실 것이다.

파울로 카리니는 미소 지었다. 물론 그는 잠을 자기 위해 이곳에 온 것이 아니었다. 부드러운 선율에 맞추어 신자들은 열정적으로 노래하기 시작했다.

내 영혼아 주님을 찬미하라. 그분의 거룩하신 이름을 찬미하라.
내 영혼아 주님을 찬미하라. 나를 생명으로 이끄시는 그분을.
(Bless the Lord my soul, and bless God's holy name.
Bless the Lord my soul, who leads me into life.)

다성음으로 이렇게 간단한 구절을 여러 번 반복하는 노래가 참으로 아름답게 느껴져 파울로 자신도 놀랐다. 침묵의 시간이 지나고 레오 수사가 성경 구절을 읽고서 설명을 덧붙였다.

"이제 성경에서 가장 짧은 시편 한 구절을 들으시겠습니다. 이 구절은 하느님을 어머니에 비유하고 있는 유일한 성경 구절입니다. 그전에 소냐와 제레미를 한번 보아주시기 바랍니다."

행복하면서도 피곤해보이는 젊은 여성이 성당 바닥에 앉아서 이제 막 아이에게 젖을 다 먹였던 것이다. 아기는 배가 부른 듯 엄마의 품에 편안히 안겨 있었다.

"아기들은 성인들이 기도하는 것처럼 잠을 잡니다. 신뢰하는 마음과 모든 것을 내려놓은 마음으로 말이지요."

그리고 레오 수사가 성경 구절을 낭독했다.


야훼여, 내 마음은 교만하지 않으며 내 눈 높은 데를 보지 않사옵니다. 나 거창한 길을 좇지 아니하고 주제넘게 놀라운 일을 꿈꾸지도 않사옵니다.

차라리 내 마음 차분히 가라앉혀, 젖 떨어진 어린 아기, 어미 품에 안긴 듯이 내 마음 평온합니다.

이스라엘아, 이제부터 영원토록 네 희망을 야훼께 두어라.


레오 수사의 해설 중에서 특히 한 부분이 파울로의 마음에 와닿았다.

"'젖 떨어진 어린 아기'라는 구절에서, 히브리어 동사 gamal은 '젖을 떼다', '가득 채우다', '성숙하게 하다'는 의미를 지니고 있습니다. 젖을 배불리 먹은 아기에게 그 순간에는 필요사항이 다 충족되어 있습니다. 이 말은 아기가 더 이상 어떤 것도 필요로 하거나 원하지 않을 것이라는 말이 아닙니다. 하지만 그 순간에 아기는 완성과 충만을 경험하게 됩니다. 그리고 이 시편 구절은 내적 충만을 언급하기 위해서 엄마와 아기의 비유를 듭니다. 제가 이 구절을 좋아하는 것은 바로 시편의 저자가 우리 자신 안에서 이런 충만함을 찾으라 하기 때문입니다. 연약한 아기가 엄마의 젖을 먹고 배가 불러 엄마 품에 안겨 쉬듯이, 연약한 내적 존재 ('영혼' 내지 '삶'으로 번역되는 히브리어 '네페쉬')가 양식을 주는 내적 존재에 의해 배가 불러 그 품에 안겨 쉬게 됩니다. 내적 삶이 안정되고 흡족하게 될 때, 만찬이 될 때, 그럴 때에 우리는 더 이상 자신의 내적 공허를 채우려고 우리에게 속하지 않는 것을 포식하고자 세상을 분주히 찾아다닐 필요가 없게 됩니다. 그렇다면 하느님은 무엇인가라고 질문하겠지요. 하느님은 잊힌 것이 아닙니다. 오히려 그 반대입니다. 그분은 부재하시는 것처럼 보일지라도, 이런 내적 충족 안에 현존하십니다. 그런데 이 충족감은 완결된 것이 결코 아닙니다. 그렇지 않을 경우, 죽음을 의미하겠지요. 그렇기 때문에 '이스라엘'—진정한 삶을 찾는 모든 백성들—은 희망하고도 끊임없이 하느님의 만찬에 참여하라고 부름 받았습니다."

기도 시간이 끝나고서 파울로는 레오 수사와 단둘이 남았다.

"만족을 모르는 탐식가에게 하신 배부른 수도사의 대단한 강론이었습니다."

"전혀 그렇지가 않습니다. 오히려 저보다 운이 좋으신 분은 선생님이십니다."

"그건 또 무슨 말씀이십니까?" 파울로는 어리둥절해하며 물었다.

"예수님은 수도사라고 불린 적이 없었다는 것을 알고 계신지요? 예수께서는 먹고 마시는 것을 좋아했기 때문에 탐식가라고 불렸습니다. 어쩌면 하느님께서 보시기에 선생님께서는 저보다 훨씬 더 생동감 넘치는 존재일 수 있습니다."

파울로는 레오 수사의 솔직하고 겸손한 태도에 감명받았다.

"제게 질문을 하고 싶다고 하셨는데, 어떤 것인지요?" 레오 수사는 물었다.

"사실 단 한 가지만을 여쭙고 싶습니다. 제게 도움을 주실 수 있겠습니까? 수사님께서 저와 왕비님 사이에서 중재를 해주셨으면 합니다."


## 이는 나의 피다

궁전으로 되돌아온 공주는 익숙한 환경을 되찾게 되어 무척 행복했다. 그런데 물건을 정리하다가 멀리서 들려오는 말다툼 소리를 들었다. 무슨 일인지 궁금하여 공주는 궁전 입구를 향해 갔다. 그리고 놀랍게도 비비안의 어머니가 경비병들의 제지를 받으며 화를 내고 있는 모습을 보았다. 공주를 본 경비병이 다가왔다.

"공주님, 조용히 계시고 싶다고 하셔서 사람들의 접근을 제지했는데, 이분이 계속 공주님을 만나겠다고 소란을 피웠습니다."

"어서 들어오시게 하세요. 제 절친한 친구의 어머니는 언제라도 오실 수 있어요."

"살로메, 고마워요." 비비안의 어머니는 안심하며 말했다.

그리고 잘 보라는 듯이 경비병들에게 눈을 흘기며 공주를 향해 갔다.

"이 귀중한 선물을 직접 전해주고 싶어서 그랬어요."

그녀의 가방 위에는 털이 송송한 조그만 주둥이가 보였다. 비비안의 어머니는 강아지에게 점잖은 목소리로 말했다.

"략카야, 이분은 살로메 공주님이시잖아."

그리고 공주를 향해서 말했다.

"살로메, 얘는 략카예요."

공주의 얼굴에서 기쁨이 넘쳐흘렀다.

"귀여운 녀석. 이리와보렴."

"난 개를 별로 좋아하지 않는다고 말한 적이 있었지요. 물론 이녀석은…… 비비안을 기억하며 이 선물을 받아주겠어요……?"

"당연하지요." 공주는 아무 생각 없이 말했다.

그렇게 략카는 왕국에서 가장 유명한 강아지가 되었다.

같은 날, 몇 시간 후에 공주는 략카를 안고서 병원에서 온 의사 두 명을 맞이했다. 그들의 눈빛은 어두워 보였다. 최종 혈액 검사 결과가 좋지 않았기 때문이다.

"공주님, 죄송스런 말씀입니다만 혈액상태가 염려스럽습니다. 적혈구와 혈소판의 수치가 아주 낮은 상태입니다. 그리고 유감스럽게도 암세포가 계속 번지고 있습니다. 이식이 성공하기 위해서는 공주님의 골수와 혈액에 포함된 병원균을 완전히 제거해야 합니다. 그래서 항암 치료와 방사선 치료를 받으셔야 합니다. 잘 아시고 계시겠지만 공주님은 면역성이 전무한 상태이기 때문에 가능한 감염 요인들과의 접촉을 삼가셔야 합니다……."

략카를 보면서 의사가 단호하게 말했다.

"그러니 이 강아지와는 거리를 유지하셔야 합니다."

"이제 막 받은 선물인데요. 너무 귀엽기도 하고요."

"강아지 문제는 해결책을 찾을 것입니다. 무엇보다 중요한 것은 공주님의 생명입니다."

의사들이 떠나자 공주는 어떻게 해야 할지 몰랐다. 혈액 검사 결과는 그렇다 치더라도 비비안과의 유일한 연줄을 끊어야 한다니. 공주는 실망하며 비관적인 생각에 잠겼다. 귀여운 강아지의 쾌활함도 공주의 기분을 풀어주지 못했다. 토마와 아나스타시아에게 전화를 해야겠다는 생각이 떠올랐다. 혼자 있고 싶은 마음이 전혀 없었다. 두 친구가 함께 식사하자는 공주의 초대에 곧바로 응했다.

성대한 식탁이 마련되었다. 살로메는 자기가 좋아하는 음식을 준비시켰다. 그리고 직접 포도주를 선택했고 식탁 장식도 자신의 기호에 맞게 준비시켰다. 아나스타시아와 토마가 도착했을 때, 방 안에서 따스한 분위기를 느낄 수 있었다.

"어서들 와요. 식사를 함께하자고요. 어쩌면 마지막이 될지도 모르지만." 살로메는 반가워하며 말했다.

잠깐 동안 두 사람의 얼굴빛이 어두워졌다.

"아니, 무슨⋯⋯."

"의사들의 의견에 따르면, 내 상태가 아주 좋지 않고 시간이 촉박하다는 거예요. 그렇지만 오늘 저녁에는 슬프게 지내고 싶지 않아요." 살로메는 눈물을 참으며 중얼거렸다.

세 사람은 함께 기쁘게 대화하고 음악과 맛있는 음식을 즐기기로 했다. 그들 각자 내부에서는 극단적인 생각들이 오갔지만 어느 누구도 그런 기미를 보이지 않았다. 만일 이식이 성공하지 못한다면 이번이 살로메에게는 마지막이었다. 그런 생각에 그들은 두려웠다.

이런 자리가 지닌 의미를 각자 의식하고 있었기에 말과 행동도 어느 정도 과감해졌다. 식사 도중에 잔을 들고 건배하면서, 아나스타시아는 평소보다 심오한 말을 했다.

"살로메의 건강을 위하여! 우리를 사랑하시고 치유하시는 하느님께서 이 세상과 저 세상에서 보살펴주시길!"

"내 피는 너무 병들어 있는데……." 공주가 머뭇거렸다.

"살로메의 피와 우리의 피도 그렇지요." 아나스타시아는 조용하지만 단호하게 말했다.

살로메와 토마는 어리둥절해했다.

"그것은 바로 우리 모두가 수혈을 받을 필요가 있기 때문이지요. 예수께서는 '진실로 사람의 아들의 몸을 먹지 않고 그의 피를 마시지 않으면 여러분 안에 진정한 삶이 없을 것입니다'라고 말씀하셨지요. 그래서 성찬식을 제정하셨고요."

아나스타시아가 공주에게 물었다.

"마지막으로 성찬례에 참여한 지 얼마나 되었어요?"

"성당에 가지 않은 지가 벌써 수년 되었는데요."

"그리스도의 몸과 피를 받아들이길 원하요? 원한다면 부탁할 신부님이 있어요."

"내일 오전에는 병원에 입원해야 하는데, 얼마나 오래 걸릴지도 모르고. 또 이 늦은 밤에 신부님에게 폐를 끼치고 싶지는 않은데."

"우리끼리 성찬례를 하면 어떨까요?" 토마가 천진난만하게 제안했다. "성서 구절을 읽고서 빵과 포도주를 나누면 되잖아요."

아나스타시아는 당황했다. 그것은 교회의 가르침에 위배되었다.

"평신도가 세례를 줄 수는 있지만 성찬례에는 사제가 있어야 하는데. 하지만……."

"하지만 뭐가 있는데요?" 토마가 의아해하며 물었다.

"테르툴리아누스는 평신도라도 필요할 경우 세례를 줄 수 있을 뿐만 아니라 성찬례도 거행할 수 있다고 적어놓았거든요. 그리고 심지어 '신자 세 사람이 모여 있는 곳에는, 평신도들일지라도 교회가 있다'라고도 말했지요. 어쨌든 우리도 예수님의 말씀과 행위를 따라할 수 있고 그분의 은총이……."

"아, 잘됐네요. 우리는 세 사람이고 또한 필요한 경우잖아요." 토마가 외쳤다.

공주는 책장에서 성서를 꺼내왔고 바게트 빵과 포도주와 잔을 찾아왔다. 그들은 함께 여러 신약성서 구절을 읽었다. 그러고 나서 토마가 빵 한 조각을 집어 세 조각으로 나눈 뒤 두 친구에게 주었다.

"'이는 나의 몸입니다'라고 예수께서 말했다."

살로메는 포도주 잔을 들고 친구들에게 돌렸다.

"이는 나의 피입니다."

경이로운 순간이었다. 시간이 멈추고 신비로운 평화를 경험하는 것만 같았다. 이렇게 즉흥적인 예식을 치르고 나자 그들은 다시 일상적인 대화를 할 수가 없었다. 서로 어색함을 느끼는 것을 알아차린 공주는 갑자기 죽음과 같이 무겁고 차가운 슬픔이 밀려오는 것을 느꼈다. 그리고 흐느껴 울기 시작했다. 아나스타시아와 토마는 살로메 곁으로 가서 다정스럽게 위로해주고자 했다. 살로메는 어느 정도 진정을 하고 나서 무엇이 그녀를 두렵게 하는지 말했다.

"두 사람은 되돌아가고 결국 나 혼자 남게 될 텐데……."

아나스타시아는 공주의 귀에 대고 무언가를 속삭였다.

"정말 그래줄 수 있어요?"

"예수님께서도 최후의 시련을 앞두고서 향료 마사지를 받았잖아요. 그분을 사랑하는 여인이 그분의 발에 입을 맞추면서 어루만져드렸지요. 살로메가 그런 대접을 받지 못할 이유가 없잖아요. 그리스도인은 그리스도처럼 치유의 기름을 받을 수 있어요."

공주는 자리에서 일어나 친구들에게 따라오라고 했다. 그들은 함께 공주의 침실로 들어섰다.

"편안하게들 앉아요." 공주가 말했다.

그리고 공주는 방에서 나갔다가 몇 분 후에 빨간색 잠옷 차림으로 돌아왔다. 조명을 약간 어둡게 하고서 살로메는 침대에 누운 채로 아나스타시아의 마사지를 받았다. 토마 역시 동조했다. 조심스럽게 마사지를 해주었고 공주는 평안을 느꼈다.

참으로 행복한 순간이었다. 폭풍 전야의 정적처럼.


## 치명적 용의자


왕비 안나벨은 자기 일생에서 가장 힘든 순간들을 보내고 있었다.

병이 외동딸의 육신을 파괴하고 있었다. 애지중지 배 속에서 기르다가 분만하고 그 얼마나 기쁜 마음으로 젖을 주어 기른 그 몸이었던가. 물론 시간이 흐르면서 서로 갈등도 겪었지만, 왕비는 딸을 사랑했다. 또한 엄마로서 딸의 혈액에 유전적인 문제가 있는 것은 자신의 책임이 아닌지 물을 수밖에 없었다. 혹시 살로메가 무슨 해로운 광선에 노출되었던 것은 아닐까? 음식이 맞지 않았던 것일까? 할머니의 사망으로 인해 심리적 충격을 받아 신체 기능이 약화된 것은 아닐까? 특히 치료가 성공할 수 있을지 근심스러워했다. 미국에서 처음으로 골수 이식에 성공한 로버트 A. 굿 교수의 제자들과 정기적으로 연락을 취하면서 왕국 의료진은 용기를 얻게 되었다고 하지만 만일 이런 뛰어난 의술 지식에도 불구하고 이식이 실패한다면? 왕비는 그저 무기력하게 공주의 종말을 지켜볼 수밖에 없을 것이다…….

더군다나 남편의 과거 행적이 드러났고 그 결과는 처참했다. '매리'의 출현은 왕국에서 문젯거리가 될 것이 분명했다. 이도 부족한 듯, 목적 달성을 위해 자신마저 이용한 파울로의 태도로 인해 왕비는 큰 상처를 받았다. 레오 수사가 중재를 시도해보았지만 왕비의 증오감을 식힐 수는 없었다.

임금이 조셉 폰 부르그 장관과 함께 면담을 요구했지만 왕비는 응하지 않았다. 하지만 임금이 계속 요구했기에 어쩔 수 없이 면담을 수락했다. 그리고 거의 기절초풍할 내용을 들었다.

경무·법무부 장관이 왕비에게 사실을 밝혔다. "왕비님, 몇 달 전부터 피에르 가베타 전임 장관의 고문이었던 파울로 카리니는 경무·법무부의 감시를 받고 있었습니다. 그래서 전화 도청을 하게 되었습니다. 그리고 왕비님과 그자의 내연 관계가 담긴 통화 내용들을 녹음해놓았습니다. 하지만 전혀 걱정하지 마십시오. 이 사실은 밖으로 새 나가지 않을 것입니다."

"전화도청을 했다고요?" 왕비는 분개했다. "그것도 몇 개월 전부터라고요? 그것이 사실이 아니라고 말씀해보세요." 왕비는 남편을 향해 말했다.

임금은 난감해하며 그저 머리를 숙일 뿐이었다.

"이번 조사에 대해 알고는 있었지만, 당신이 그런 용의자와 연애를 하고 있다는 것은 알지 못했소."

조셉 폰 부르그는 어떻게 그 용의자를 알아냈는지 설명했다.

"왕비님께 이런 말씀을 드려 죄송합니다만, 파울로 카리니는 왕비님을 이용했습니다. 이미 알고 계시겠지만, 그자는 젊은 시절에 극좌 노선 단체에 소속되었었고 아주 자유분방한 생활을 해왔습니다. 대학을 졸업하고 나서는 좀 침착해진 것처럼 보였고 공식적으로는 회심하고서 극단 노선을 포기하기도 했습니다. 피에르 가베타의 친구였던 그는 가베타 장관의 개인 고문으로 발탁되었습니다. 그자가 극좌 단체들을 잘 알고 있었기 때문이기도 합니다. 사람들은 그가 극좌 노선에서 손을 뗐다고 생각했습니다만 전화도청 내용을 조사한 결과 그것은 오해였다는 것이 드러났습니다. 파울로 카리니는 왕국을 전복시킬 의도를 지닌 극좌 단체 지도부와 긴밀한 관계를 유지해왔습니다."

"그들뿐만 아니라 우익 민족주의자들도 그런 의도를 지니고 있잖아요." 왕비가 수정했다.

"옳은 말씀이십니다만, 그들의 목표는 좀 다릅니다. 우익 민족주의자들은 방향성을 상실한 사회를 재건할 수 있는 권위주의적인 지도자를 원하고 있는 반면, 파울로 카리니와 그 무리는 정치 도덕적으로 '평등'하고 '절대적으로 자유로운' 사회를 꿈꾸고 있습니다. 그자는 임금님의 방송을 중단시키도록 왕비님께 리모컨을 전해주어 임금님을 살해하도록 한 것입니다. 다행스럽게도 카메라 안에 설치되었던 폭탄이 전하를 시해할 만큼 위력적인 것은 아니었습니다."

"파울로 카리니는 지금 어디에 있나요?" 왕비가 물었다. 그녀는 이렇게 흘러간 사건의 추세에 혐오감을 느꼈다.

"체포되어 안전한 곳에 투옥되어 있습니다. 그자를 지지하는 극단주의자들의 보복을 염려해서 그랬습니다. 현재 조사관들의 심문을 받고 있지만 자신의 행위를 인정하지 않으면서 음모에 빠졌다고 주장하고 있습니다. 하지만 결국에는 자백할 것입니다."

왕비는 더 이상 설명을 듣고 싶지 않았다. 그녀는 혼자 있고 싶다고 말했다. 임금은 아무 말도 하지 않았다. 왕비는 남편의 그런 나약한 태도를 경멸했다.


## 블라우스인가 아니면 수의壽衣인가?


그다음 날 공주는 입원하게 되었다. 왕국의 모든 교회와 종교 단체들과 사원에서는 수많은 사람들이 공주를 위해 기도했다. 심지어 하늘에게 그들의 요청을 들어달라고 장기간 단식하는 사람들도 있었다. 왕국에 엄청난 열정이 되살아난 것만 같았다. 어떤 사람들은 공주가 낫게 될 것이라는 '예언'을 받았다고 주장하기도 했다.

공주는 일반 검사를 마치고 예정대로 독한 항암 치료를 받았다. 의료진이 만족할 정도로 좋은 결과를 보였다. 공주는 힘든 치료를 상당히 잘 견뎌냈을 뿐 아니라, 며칠 뒤에는 혈액 내 암세포 수가 많이 줄었다. 열성적으로 공주의 치유를 기원했던 사람들은 기적이 일어났다고 소리치기도 했다.

그런데 슬프게도 일이 복잡해졌다. (혈액에 포함된 중성 친화성 과립성 백혈구의 낮은 수치로 인해 면역성이 저하된) 공주가 전염병에 걸리고 말았다. 열이 계속 올랐고 항생제 투여와 격리 치료에도 불구하고 나아지지 않았다. 임금 가족과 친지들에게는 그야말로 매 순간이 진을 빼는 고통이었다. 열 때문에 공주의 안구 모세혈관이 터지자 친지들은 눈에 보이지 않는 칼로 자신의 살을 베는 것 같은 고통을 느꼈다.

모든 것이 점점 악화되어갔다. 공주는 곧 세상을 떠날 것만 같았다. 무력감이 점점 팽배해졌고 하늘을 향한 애원 역시 더 심해졌다.

그런데 모두를 안심시키는 전혀 기대하지 않은 일이 생겼다. 열이 내리기 시작했던 것이다. 아나스타시아와 토마는 전신 소독을 받고 마스크를 쓰고서 다른 병실로 옮겨진 공주를 방문할 수 있었다. 그들의 재회는 감격적이었다. 라다와 샤를르는 아나스타시아에게 그들이 공주를 위해 적은 글을 읽어달라고 부탁했다. 살로메 공주는 편지 내용을 듣고서 감명받았고 그들에게 감사의 인사를 전해달라고 부탁했다. 두 친구들은 공주가 탄식을 한 것이 아니라 자신들과 옆 병실 환자들의 건강을 걱정하는 것을 보고 놀라지 않을 수 없었다.

이렇게 고통을 받는 중에도 다른 사람을 생각하는 공주의 태도는 공주를 알고 있는 사람들을 놀라게 했다. 토마와 살로메 사이의 우정은 점점 깊어져 애정 관계로 변화되어가고 있었다.

며칠 후에 의료진들은 이식을 할 때가 되었다고 알려왔다. 매리로이는 이복 동생의 건강상태가 급변하는 것에 당황스러워했다. 그리고 이런 고통으로 인해 그들은 서로 가까워졌다. 살로메는 매리의 주세포를 이식받는 것을 허락했고 또한 서로 피를 주고받는다는 사실로 말미암아 두 사람 사이에는 어느 누구도 예측할 수 없었던 친밀감이 싹텄다. 임금의 두 딸은 오랫동안 서로의 삶에 대해 이야기를 나누었고, 이는 각자에게 아주 좋은 영향을 미쳤다. 이식 수술 전에 매리의 골수가 주세포를 더 많이 생산할 수 있도록 혈액에 자극을 준 후 골수를 추출했다.

살로메 공주는 다시 방사선 치료라는 힘든 시련을 겪어야만 했다. 끝도 없는 것 같은 오랜 시간이 이어졌다. 며칠 동안 공주는 부동상태로 암세포를 제거하면서 건강한 세포 역시 파괴시키는 방사선에 노출되어 있어야 했다. 공주는 병원균이나 박테리아의 침입을 막기 위한 격리실에 들어가기 전에 마지막으로 샤워를 했다.

임금과 왕비는 흰색 환자 옷을 입고 밀폐 공간으로 들어가는 공주를 보면서 살아서 나올지 묻지 않을 수 없었다. 공주가 입고 있는 옷이 환자복인지 수의인지, 임시적인 공간에 들어간 것인지 아니면 되돌아오지 못하는 관 속으로 들어간 것인지?

처음 며칠 동안은 공주의 건강이 호전되는 것처럼 보였다. 두 발을 상실하고 신체에 이상이 생기는 것에는 이미 익숙해져 있었다. 열이 약간 올라 의료진을 걱정스럽게 하기도 했지만 정상 체온을 되찾았다.

토마는 장시간을 살로메 곁에서 보냈다. 환자가 아니었기 때문에 손 소독을 하고서 무균복을 입고서 공주가 격리된 공간에 들어갔다. 토마에게 이런 시간은 아름다우면서도 비현실적이었고, 온화하면서도 고통스러웠다. 옛 애인의 죽음과 친애하는 칼뱅 교수의 죽음에 충격을 받았던 토마는 더 이상 누구와도 깊은 인연을 맺지 않기로 작정했었다. 만일 또다시 사별을 겪게 되면 더 이상 살 자신이 없을 것 같았다. 하지만 살로메 공주와의 새로운 관계가 힘겨운 길을 다시 걷게 해주었다. 공주는 약해졌고 기진맥진한 상태가 될 수도 있었지만 토마가 방문할 때마다 몸에서 빛을 발하는 것만 같았다. 토마는 살로메가 점점 야위어가는 육신에도 불구하고 환한 얼굴을 보였기에 깊은 인상을 받았다. 중환자들의 병실에까지 방영되는, 윤기 있는 머릿결과 완벽한 피부와 탄력 있는 몸매를 찬양하는 텔레비전 선전물들이 역겹게 느껴졌다.

드디어 이식 수술을 하는 날이 되었다. 모두들 이 중요한 순간을 위해 모였다. 의료 시술은 단순해 보였다. 매리의 골수에서 추출된 주세포를 살로메에게 주입하는 것뿐이었다.

공주의 반응에 의료진들은 놀랐다. 자기 생명을 구할 수 있는 이런 시술을 기쁘게 받아들이기보다는 어느 정도 거리감을 두고, 아니 심지어 냉정하게 받아들이는 것 같았다. 마치 어떤 피해나 실망감을 느끼지 않기 위해서 그런 것처럼 보였다.

수술 후 한 달이 지났지만 근심거리는 줄어들지 않고 늘어갔다. 의료진은 매리의 골수에 든 면역성 세포(T 림프구)가 공주의 세포를 공격할까 봐(이식 조직병이라 불리는 반응) 걱정했다. 하지만 면역억제유전자를 적절하게 활용함으로써 이런 위험한 단계를 잘 넘길 수 있었다. 정기적인 혈액 검사를 통해 의료진은 이식세포가 점진적으로 뼈 내부에 자리 잡으면서 생명에 불가결한 새로운 세포들의 생산을 촉발시키는지 살폈다.

기다리는 시간은 너무나 길었다. 잔인할 정도로 길었다. 모두 매일매일 똑같은 질문을 반복했다. 이식이 성공할 것인가?

그리고 기적이 일어났다. 마치 봄기운이 되살아나는 것 같았다. 날이 지날수록 의료진의 얼굴에는 미소가 되살아났다. 이식은 성공했다. 몇 주가 지나고 공주는 기적적으로 치유되었고 결국 퇴원하여 왕궁으로 돌아갈 수 있었다.

공주를 위해 성대한 만찬이 열렸다. 모두가 너무 기뻐 어쩔 줄 몰랐다.

## 추락 그리고……

석 달이 지났지만 파울로 카리니는 여전히 투옥되어 있었다. 레오 수사는 교도소 사목자들의 도움을 받아 계속 그를 방문할 수 있었다. 두 사람 사이에는 기대도 하지 않았던 우정이 싹텄다. 마치 각자 상대방에게서 지금껏 몰랐던 잠재적인 면을 발견하기라도 한 듯 말이다.

이런 신뢰심에 힘입어 파울로는 레오 수사에게 도대체 누가 자신을 테러 사건에 연루시켰고 결국 투옥되는 신세를 지게 한 것인지 대한 직감을 털어놓았다. 하지만 진범을 밝혀내기 위해서는 수도사의 도움이 필요했다. 레오 수사는 심사숙고한 후 친구의 직감이 옳다는 생각이 들어 조사에 도움을 주기로 결심했다. 그래서 그는 임금과 왕비에게 접견을 요청했고 그의 요구는 받아들여졌다. 임금과 왕비를 만났을 때 그들이 안정되어 있는 것을 보고 기쁜 마음을 금할 수 없었다. 공주의 건강이 매일 호전되었기에 한시름 놓았던 것이다.

"짐이 제일 존경하는 영성가께서 저를 찾아주시다니 어떤 일이신지요?" 임금은 장난기 섞인 말투로 물었다.

레오 수사는 그런 말에는 신경 쓰지 않고서 왕비에게 미소를 지었다. 그런 감언이설을 심각하게 받아들일 필요가 없다는 듯.

"저는 당연히 임금님과 왕비님을 위해, 특히 왕들과 여왕들 중의 왕이신 분께 봉사하기 위해서 찾아뵙게 된 것입니다."

그리고 수도사는 좀 더 심각한 태도로 말했다.

"존경하는 전하, 우선 공주님의 건강이 호전되어 얼마나 기쁜지모르겠습니다. 그런데 공주님에 관한 말씀을 드리려는 것이 아니라, 테러 사건에 관해서 언급하고 싶습니다……."

그때 공주가 방 안으로 들어왔다.

"어머, 죄송해요. 손님이 와 계신지 몰랐어요." 살로메는 다시 나가려고 했다.

"괜찮다. 우리와 같이 있어도 된다. 누군가 우리를 상대로 테러를 조장하려는데, 공주도 알아야 할 일이지." 임금이 곧바로 대답했다.

레오 수사의 따스한 미소에 공주는 방 안에 남기로 했다.

"그러니까 테러 사건에 대해 말씀을 드리고 싶습니다." 레오 수사가 말을 이었다.

"사건은 이미 해결된 것으로 보이는데요. 범인이 체포되었으니까요." 왕비가 말을 끊었다.

"파울로 카리니가 범인일 수도 있습니다만, 만일 그가 범인이 아니라면 어떻겠습니까?"

임금의 표정이 굳어졌다. 부인의 옛 연인이 결백하게 되는 것을 원하지 않았기 때문이다.

"오직 정당하고 합법적인 재판을 통해서만 진리가 밝혀질 것이오. 짐은 왕국의 사법부를 신임하고 있소."

"혹시 '시계가 하나만 있으면 시간을 확실히 알지만, 시계가 두 개 있으면 결코 확신할 수 없다'라는 격언을 알고 계시는지요? 어쩌면 오류일지도 모르는 한 가지 의견에 확신을 가지는 것보다는 차라리 불확실하지만 진정한 범인을 찾아나서는 것이 더 정당한 분야들이 있습니다. 법무행정 역시 마찬가지입니다."

"도대체 무슨 말씀을 하시려는 것이지요?" 공주가 호기심에 차서 물었다. 사실 공주는 복잡한 경찰 수사 등에 관심이 많았다.

수도사는 탐식가가 말한 예감을 전해주었다. 물론 출처를 밝히지 않았다.

"진정 그자가 이 일을 꾸몄다고 생각하시오? 상상할 수가 없는 일이오. 그래도 수사님의 말씀이 옳다고 쳐봅시다. 그렇다면 도대체 어떻게 그 정체를 밝힐 것입니까?" 임금이 물었다.

"그자에게 일종의 덫을 놓아보는 것입니다. 더 정확히 말씀드리자면, 왕비님께서 임금님을 살해하려고 하는 것처럼 가장하고 그자 혼자만 이 사실을 알게 하는 것입니다. 임금님을 시해하려고 했을 때 그자는 왕비님을 이용하지 않았습니까? 물론 파울로 카리니가 왕비님께 리모컨을 전달해주었지만 그자가 두 분의 대화를 엿듣고서 카메라 안에 폭탄을 장치했을 가능성이 있습니다. 그래서 거짓으로 이와 비슷한 일을 꾸미자는 것입니다. 그리고 그자가 덫에 걸리는지 확인하는 것입니다."

임금이 한숨을 내쉬었다.

"아, 도대체 이 나라가 어떻게 되어가는 것인가? 심지어 수도사들까지 이런 계략을 조장하는 상황이 되었으니." 임금이 미소를 지으며 말했다.

"이렇게 교활한 세상에서는 비둘기처럼 천진할 뿐만 아니라 뱀처럼 영악해야 한다고 배웠습니다." 레오 수사가 말을 받았다.

공주는 점점 흥미를 느꼈다.

"아직 말씀드린 일이 없지만, 학창 시절에 추리소설을 많이 읽다 보니 직접 추리소설을 써보고 싶은 마음이 들 때도 있었어요. 그래서 제가 착안한 한 가지 계략을 말씀드리고 싶은데요. 도움이 될지 모르니까요."

레오 수사는 마음이 좀 무거워졌다. 살로메 공주가 소설과 현실을 구분하지 못하는 것처럼 느껴졌기 때문이다. 사실 왕국 국민들의 다수는 가상과 현실, 허구와 사실 사이의 벽을 구분하지 못하고 있었다. 현실의 삶에 대해 말하기 위해서 소설을 들먹일 이유가 있을까?

그래도 공주의 열정은 대단했고 그 계략이 치밀했기에 네오 수사는 그런 상황에 적절한 방법이라고 인정했다. 임금은 비밀리에 경무·법무부 장관 조셉 폰 부르그의 협조를 얻어 자기 딸이 고안해낸, 어쩌면 목숨을 잃게 될 수도 있을 그런 함정을 놓기로 합의했다. 아니 어쩌면 목숨을 구하게 될지도 몰랐다.

## ······ 재발

공주는 행복감을 느꼈다. 이식수술이 기대 이상으로 성공했던 것이다. 그리고 토마와의 우정은 더욱 깊어졌고 그런 행복으로 공주는 다시 태어난 것만 같았다. 자신이 고안한 계략으로 테러 사건의 진범을 찾아낼 것이라는 생각도 공주를 기쁘게 했다. 그 상황을 미리 상상해보았다. 만찬 도중에 거짓으로 감격하여 발언하는 왕비, 모두 치켜든 술잔····· 그리고 범인이 드러나는 상황을.

공주는 누군가 말했던 '성공한 삶'을 정의하는 세 가지 기준이 생각났다. 아이와 책 한 권 그리고 나무 한 그루. 살로메는 아이를 갖기에는 너무 젊었다. 그렇지만 언젠가 엄마가 된다는 것은―토마 덕분에 그렇지 되지 않을 이유도 없었다?―더 이상 불가능하게만 보이지 않았다. 책은 다음 달에 저술을 시작하기로 결정했다. 그리고 궁전 정원에 단풍나무 한 그루를 심고 싶은 엉뚱한 생각이 들었다.

그런데 그에 앞서 정기 검사를 받기 위해 병원에 가야만 했다. 토마는 당연히 공주를 동반했다. 혈액 추출을 하고서 결과를 기다리는 동안 두 사람은 의료진에게 인사를 하러 갔다. 공주처럼 암 치료를 받고 있는 젊은이들을 보게 되었다. 아주 힘들어하는 사람들도 있었지만 그래도 대다수는 호전을 보이고 있었다.

병원장이 동료의사 두 사람과 함께 돌아왔을 때, 공주는 그들의 얼굴 표정을 보고서 곧바로 아주 심각한 일이 생겼다는 것을 알아차렸다. 병원장은 혈액 수치와 확실하지 않고 힘겨운 치료법들에 대해 언급했다.

"정확히, 무엇을 의미하는 것이지요?" 공주는 혼란에 빠져 물었다.

"명확히 말씀드리자면, 암세포가 완전히 퇴치된 것이 아니라 다시 퍼지고 있다는 것입니다. 공주님에게 적절한 치료법이 더 이상 없다는 말이기도 합니다. 최선의 방책은 병의 악화를 지연하는 것뿐입니다. 하지만……."

"얼마 동안이나요……?"

"의학은 정밀과학이 아닙니다."

"그래도 대략 어느 정도나요?"

"3개월이나 6개월 정도입니다."

"그다음에는 어떻게 되는 거지요?"

"그다음에는…… 죽음을 맞이해야 할 것입니다."

망연자실한 공주는 오열했다. 토마 역시 그 말을 믿을 수가 없었고 엄청난 충격을 받았다. 공주를 자애롭게 안아주는 순간 토론 대회에서 읽었던 질문이 떠올랐다. '친한 사람이 3개월밖에 살 수 없다고 말하면서 죽음 후에는 무엇이 있냐고 묻는다면 무어라고 답할 것인가?' 그런데 답변들은 기억할 수가 없었다. 그 질문 자체가 그를 격분시켰다. 도대체 누가 몇 개월밖에 살지 못한다는 것을 미리 알 수 있단 말인가? 그 어느 누구도 불가능한 일이었다.

"살로메, 진정해요. 우리 모두 함께 이 시련을 이겨내자고요. 의사들도 자주 실수를 하잖아요. 그리고 아나스타시아가 하늘에 계시는 분을 신뢰할 수 있다고 가르쳐주었잖아요. 그리스도가 과거에 사람들을 치유했다면, 현재에도 그렇게 할 수 있을 거잖아요."

그 순간 토마의 머릿속에는 '만일 그렇지 않다면, 이 모든 것은 단지 허무한 이야기에 지나지 않을 것이다'라는 생각이 스쳐 갔지만 말하지 않았다.

의사들은 여러 가지 새로운 임시 치료법들에 대해 설명해주었지만 쓸데없는 일이었다. 의학의 엄청난 발전에도 불구하고 의사들은 더 이상 해결책을 찾지 못한 것이었다. 병이 결국 승리한 것이었다.

차를 타고 궁전으로 되돌아오는 순간은 현실 같지가 않았다. 살로메와 토마는 혼이 빠져버린 것 같았다. 공주가 단지 몇 개월밖에 살 수 없다는 것이었다. 거처에 돌아온 공주는 혼자 있고 싶다고 말했다. 그리고 울음을 참지 못하고서 방으로 들어가버렸다.

그 참담한 소식은 왕국 내에 알려졌고 사람들의 반응은 천차만별이었다. 검사 결과를 의심하는 사람이 있는가 하면, 의료진의 실패는 하느님께서 자신의 전능함을 드러내기 위해서 의도적으로 그런 것이라 확신하며 더욱 열성적으로 기도하는 사람들도 있었다. 또 어떤 사람들은 기적 같은 치료 효과가 있다는 약들을 보내왔다. 여러 종류의 자연 식품, 효험이 있다고 하는 수행 비법, 우주의 에너지를 받을 수 있는 순례지 명단, 실수를 모르는 치유자의 명함 등등……

하지만 공주는 이 모든 것들을 거부했고 오직 친구들에게만 마음을 열었다. 아나스타시아와 토마는 가능한 한 어떤 요구도 마다하지 않고 도움을 주고자 했다. 연민과 고통, 신앙과 의심, 부드러움과…… 삶의 기쁨을 나누면서. 충격을 이겨낸 살로메는 점점 자신감을 회복했다. 그래서 부모와 친구들에게 얼마 남지 않은 삶을 불평과 눈물로 허비하고 싶지 않았고 매일매일을 예술처럼 지내고 싶다고 말했다. 공주는 단순하면서도 진정한 행복을 맛보고 싶었다.

이별을 준비하면서 매일매일의 삶을 만끽하고 싶었다. 좋아하는 곳을 방문했고 좋아하는 음악을 들었고, 좋아하는 영화를 다시 보았다. 좋아하는 사람들과 함께. 그러면서 공주는 더욱 성숙해졌고, 주변 사람들에게 깊은 인상을 주었다. 공주는 더욱 활기 있고 초연한 모습을 보였고, 자신을 생각하면서도 다른 사람들을 배려하게 되었다. 그리고 세심하게 자신의 여정을 준비해갔다.

토마는 어떻게 해야 할지 몰랐지만 감정을 드러내고 싶지 않았다. 아나스타시아는 자기 방에서 혼자 눈물을 흘리곤 했다. 죽음의 잔인함으로 신앙이 무너지는 것만 같았다. 임금과 왕비는 공주와 함께하는 매 순간마다 덧없는 행복감과 참을 수 없는 적막감을 느꼈다. 함께 외출하고 작업하고 운동하는 것이 어쩌면 마지막이 될 수 있다는 것을, 딸이 그런 일을 더 이상 못하게 된다는 것을 잘 알고 있었다. 그런 생각이 떠오를 때마다 너무 고통스러웠다.

공주는 부모의 심정을 알고 있었다. 입맛이 없어서 별로 즐겁지 못했던 어느 저녁 식사 후에 공주는 부모에게 유서를 전해주었다.

사랑하는 아버지, 사랑하는 어머니, 저는 모범적인 딸도 아니었고 부모님을 자주 실망시켜드렸지요. 그렇지만 부모님께서 저에게 해주신 모든 것에 감사하고 싶어요. 부모님의 딸로 태어나게 된 것은 행운이었어요. 저 때문에 너무 슬퍼하지 마세요. 얼마 전에 비비안이 꿈에 보였어요. 웃는 얼굴로 말이에요. 혼수상태에서 빠져나왔을 때 저승이 얼마나 빛나는 곳인지 제게 말해주었지요. 그래서 저는 어서 빨리 그 사실을 확인해보고 싶고 또 비비안을 만나보고 싶어요. 아나스타시아에게서 어떤 영국의 왕이 죽음을 맞이

하면서 남긴 아름다운 설교에 대해 들었어요. 그에 의하면 죽음을 바라보는 두 가지 관점이 있는데, 잔인한 생의 단절로 보거나 아니면 다른 방으로 건너가는 것으로 볼 수 있다는 거예요. 그중 한 부분인데 읽어보세요.

죽음은 아무것도 아닙니다. 중요하지도 않습니다.

나는 단지 옆방으로 건너가는 것일 뿐입니다.

아무 일도 일어나지 않습니다. 모든 것은 있는 그대로 남아 있을 것입니다.

나는 나고 여러분은 여러분입니다.

그리고 아름다웠던 지난 삶은 변함없이 남아 있을 것입니다.

우리 관계도 그대로 남게 될 것입니다.

여러분이 나를 부르던 식으로 그렇게 평범하게 나에 대해 말하십시오.

여러분이 늘 그랬던 것처럼 그렇게 있는 그대로 말하십시오.

다른 식으로 말하지 말고 장중하거나 슬프게 말을 하지도 마십시오.

우리가 함께 웃던 식으로 그렇게 계속 웃으십시오.

기도하십시오. 웃으십시오. 또 나를 생각하며 나를 위해 기도하십시오.

집에서 나를 부르듯이 그렇게 하십시오.

과장하지 말고 축소도 하지 마십시오.

삶은 언제나 마찬가지 의미를 지닙니다.

삶은 늘 그랬던 것처럼 그렇게 될 것입니다.

절대적이며 불멸하는 지속성이 있습니다.

죽음은 하찮은 사건일 뿐이지 않습니까?

단지 눈에 보이지 않는다는 이유로 내가 여러분의 생각에서 멀어져야 할 이유가 있을까요?

휴식 시간에 여러분을 기다릴 것입니다. 멀지 않은 길 한 모퉁이에서 말입니다.

모든 것이 좋습니다. 상처받은 것도 잃어버린 것도 없습니다.

단지 한순간일 뿐 모든 것은 예전과 같을 것입니다.

우리가 다시 만나게 될 때, 이 이별의 순간에 대해 웃게 될 것입니다.


저는 죽음과 삶 사이에 있는 것이 아니라 삶과 진정한 삶 사이에 있다고 생각해요. 이별 뒤에도 계속 지속되는 것이 있어요. 아니 그보다 더 아름다운 것으로 변화할 거예요. 제게 죽음은 어려운 것이 아니에요. 하지만 부모님께는 힘든 일이지요. 그리고 우리는 새로운 나라에서 다시 만날 거예요.


임금과 왕비는 눈물을 참을 수가 없었다. 공주 역시 함께 흐느꼈다. 그리고 살로메는 마지막 소원을 털어놓았다.

"저는 부모님께서 서로 헤어지지 않았으면 좋겠어요. 말다툼을 많이 하시지만 그래도 서로 사랑하고 있잖아요. 그리고 우리 왕국에는 일치된 부부가 필요하잖아요. 저와의 이별 후에 다시 서로 이별하는 슬픔까지 겪으시면 안 되잖아요. 부모님의 목숨을 노리는 그 악한도 잡아내야지요. 만일 제 계략이 작용한다면 제일 먼저 제가 기뻐할 거예요. 그리고 사람들이 모두 기억하게 되겠지요. 마치 제가 아직 쓰지 못한 추리소설처럼 말이지요. 제 물건들은 레오 수사님의 수도원에 기증하고 싶어요. 그래서 왕국의 고아들에게 도움이 되면 좋겠어요. 고아들이 부모님에게 새 자녀들이 되었으면 좋겠어요. 누가 왕위를 계승하게 될 것인지 묻기에는 아직 시기상조이지요. 어머니, 제 이복 언니를 잘 대해주세요. 제가 보기에는 아주 착한 사람 같아요. 제게도 아주 친절히 대해주었어요. 략카는 매리 언니와 아주 잘 지낼 수 있을 것 같아요. 그래서 돌봐달라고 부탁할 거예요. 그리고 매번 행복해하는 것을 볼 때마다 저를 보신다고 생각하세요."

공주의 마지막 말은 명확하지가 않았다. 략카를 두고 한 말인지 매리를 두고 한 말인지 알 수가 없었다. 임금과 왕비는 슬픔에 겨워 질문을 할 생각조차 못하다가 한참 시간이 흐르고 나서야 답을 찾고자 했다.

살로메는 그들에게 마지막 부탁을 했다.

"언젠가 저세상에서 다시 만나게 될 거예요. 하지만 다시 만나게 될 그때까지 건강에 유의하시고 국민들의 안전을 잘 보살펴주세요. 어쩌면 저의 죽음으로 말미암아 아주 중요한 것들을 발견할지도 모르잖아요……."

## 국장國葬 그리고……

기적적인 치유를 기대했던 사람들은 완전히 절망에 빠졌다. 7개월 후에 공주는 친척들과 친구들에 둘러싸여 숨을 거두었다. 그 전날 저녁 아나스타시아는 잘 알려진 성서 시편 구절을 읽어주었다.

야훼는 나의 목자, 아쉬울 것 없어라. 푸른 풀밭에 누워 놀게 하시고 물가로 이끌어 쉬게 하시니 지쳤던 이 몸에 생기가 넘친다. 그 이름 목자이시니 인도하시는 길, 언제나 곧은길이요.

나 비록 음산한 죽음의 골짜기를 지날지라도 내 곁에 주님 계시오니 무서울 것 없어라.

막대기와 지팡이로 인도하시니 걱정할 것 없어라.

원수들 보라는 듯 상을 차려주시고, 기름 부어 내 머리 발라주시니, 내 잔이 넘치옵니다.

한평생 은총과 복에 겨워 사는 이 몸, 영원히 주님의 집에 거하리다.

　마지막 순간은 아주 힘들었다. 살로메는 면역력이 없는 상태였기에 숨쉬기가 점점 어려웠다. 그리고 흥분하며 무의식상태로 빠져들었다. 고통을 줄이기 위해서 모르핀 주사를 놓자 그녀의 몸은 잠잠해졌고 눈은 감겼다. 호흡은 점점 느려져갔다. 임금과 왕비는 절망에 빠져들었다.

　11시 17분에 공주는 마지막 숨을 내쉬고서 숨을 멈추었다.

　그녀의 시신은 며칠 동안 궁전에 안치되었다. 부모에게 죽은 자녀의 얼굴을 관조하는 것처럼 힘들고 괴로운 일은 없을 것이다. 물론 아름답고 평화로운 얼굴이었지만. 이곳에 침입하는 사람은 어느 누구고 환영받지 못할 것이다. 이런 상황을 겪지 못한 사람에게 어떻게 설명할 수 있겠는가. 그리고 이런 상황을 경험한 사람들에게는 설명을 할 필요도 없을 것이다.

　공주의 장례식은 국장으로 치러졌다. 레오 수사가 아나스타시아의 조력을 받아 왕국 대성당에서 장례 미사를 주관했다. 이런 중요한 예식을 주관하고자 했던 개신교회 연합회장 악셀 브릴 목사는 그 기회를 놓쳐버린 것에 엄청나게 분노했다.

　장례식은 슬픔과 희망, 어둠과 빛이 교차되는 자리였다. 아나스타시아와 토마는 자상하게 살로메 공주의 인간미와 병고를 참아낸 용기 등에 찬사를 보냈다. 레오 수사의 강론도 참석자들에게 깊은 인상을 남겼다. 그 내용을 요약하면 다음과 같다.

　죽음의 얼굴은 다양하지만 그 어떤 얼굴도 잊을 수 없다. 그러나 죽음은 무엇보다도 가증스러운 것이다. 우리에게서 소중한 존재를 빼앗아가기 때문이다. 그리고 이 소중한 존재가 젊으면 젊을수록 죽음은 더욱 혐오스럽게 된다. 죽음으로 인해 이 소중한 존재는 어떤 것을 경험하지도 못하고 지상을 떠나야만 하기 때문이다. 하지만 그래도 죽음을 가끔은 받아들일 수 있다. 특히 죽음이 사랑하는 사람의 고통을 줄여줄 때 그렇다. 그리고 이 소중한 존재가 나이가 많으면 많을수록 죽음을 쉽게 받아들일 수 있다. 죽음이 이 소중한 존재가 아직 알지 못하는 고통을 제거해주기 때문이다. 마지막으로 죽음은 또 원의의 대상이 될 수도 있다. 이 사랑하는 존재가 죽음을 통해서 발전하게 될 때 그렇다. 그리고 이 소중한 존재가 죽음에 대해 기뻐하면 할수록, 죽음은 우리에게도 역시 더욱 갈망의 대상이 될 수 있다. 죽음이 지상에서 어떤 사람도 겪을 수 없는 그런 가능한 기쁨을 줄 수 있기 때문이다. 사도 바오로는 "나에게는 그리스도가 생의 전부이며 죽는 것도 나에게는 이득이 됩니다"라고 말할 수 있었다. 자살을 찬미하는 것이 아니라, 우리 존재의 마지막 순간인 죽음에 이르기까지 신뢰하라는 말이다.

그리고 레오 수사는 공주의 삶과 죽음과 희망을 언급했다.

"살로메 공주님은 다른 곳으로 간다고 확신했었습니다. 공주님은 그곳에서 비비안 양을 만나게 될 것과 또 언젠가 우리 모두를 다시 보게 될 것을 기뻐했습니다. 하지만 공주님을 잃게 된 우리에게는 죽음이 너무 혐오스럽습니다. 이 지상에서 우리는 더 이상 공주님의 깜찍한 얼굴을 관조할 수 없고 품에 안아줄 수도 없습니다. 더 이상 공주님의 꿈에 대해 들을 수도 없고 우리의 꿈을 말해줄 수도 없습니다. 공주님을 그토록 사랑했기에 우리는 한없이 울 것입니다."

레오 수사는 한 가지 우화를 들어 강론을 끝냈다.

"먼 곳에 있는 한 왕국의 임금은 세상에서 제일 아름다운 정원을 만들고자 했습니다. 그래서 아주 다양한 나비들이 그 정원에서 즐겁게 날아다니길 원했습니다. 그 목적을 이루고자 임금은 애벌레 양식업자들에게 부탁을 했답니다. 그리고 변태기가 다가왔을 때 임금은 양식업자들에게 애벌레들을 가져오라고 했습니다. 어떤 양식업자는 그 사실을 까맣게 잊어버리고서 임금에게 애벌레들을 배달하기를 거부하면서, 그 애벌레들은 자기 것이라고 주장했습니다. 또 어떤 양식업자는 마지못해 애벌레들을 내주었습니다. 그런가 하면 어떤 양식업자는 이별의 슬픔에도 불구하고 임금이 맡겨둔 애벌레들을 되돌려주었습니다. 그는 애벌레들에게 죽음을 의미하는 현상이 나비들에게는 탄생을 의미한다는 것을 잘 알고 있었습니다."

레오 수사는 슬프고 감격한 표정을 지으며 자기 자리로 돌아갔다. 임금 내외에게 자상한 눈길을 주면서. 교향악단에 맞추어 합창단은 모차르트의 진혼곡 한 부분을 노래했다. 그리고 5분간 음악을 배경으로 하면서 공주의 사진들이 대형 스크린에 비추어졌다. 공주의 어린 시절부터 현재까지의 사진들이었다. 조문객들 대다수는 흐느껴 울기 시작했다.

'인생에 성공한다'는 것이 무엇일까? 오직 신만이 홀로 우리 존재들을 평가할 것이다. 하지만 공주는 '죽음에 성공'한 것만 같았다. 우리 각자는 자신의 장례식에 참석하지 못할 것이지만, 장례식에서 각자의 성격과 인간관계는 잘 드러나게 된다. 장례식 진행자들과 친지들 덕분에 공주의 장례식은 그녀의 내면처럼 부드러움과 인정미가 흘러넘치는 분위기 속에서 진행되었다.

장례식장 직원들이 공주의 관을 가족 무덤으로 옮겼을 때, 임금과 왕비와 조문객들은 슬픔이 밀려오는 것을 참을 수 없었다. 공주의 육신은 확실히 죽었기에 살아 있는 자들과 이별을 해야만 했다. 임금 가족과 몇몇 가까운 친구들은 무덤을 향했고 마지막 기도를 드렸다.

# ······ 축제 분위기의 식사

공수의 원의를 따라 장례식 후 모두에게 간단한 식사가 제공되었다. 대성당의 장례미사에 참석했던 사람들과 장지에서 하관예식에 참여했던 사람들 모두를 위해서였다. 왕국의 다양한 계층의 국민들은 그날 서로 일치감을 느끼게 되었다. 부드러운 포도주를 좋아했던 공주를 기억하기 위해 모두에게 사향 포도주가 제공된다고 알려졌다. 잔이 채워질 때까지 기다렸다 공주를 생각하거나 공주를 위해 기도하며 함께 잔을 들자는 제안이 전달되었다.

모두들 그 제안을 따랐다. 두 시간이 넘도록 축제 분위기의 식사를 즐겼다. 처음에는 슬픈 기운이 완연했지만, 점점 분위기가 가벼워졌다. 식사가 끝날 무렵에는 마치 일상으로 되돌아 온 것만 같았다.

임금과 왕비는 딸의 장례식을 마치고 관을 가족 무덤에 안치하면서 슬픔을 참을 길이 없었다. 현실이 아닌 것만 같았다. 하지만 아침 햇살이 안개를 걷어내듯 애매한 감정이 사라지자 그들의 눈 앞에 드러난 것은 폐허처럼 보이는 왕국의 모습이었다.

저녁 무렵에는 칵테일을 겸한 저녁 식사가 임금 가족과 정부 요원들과 공주의 친구들을 위해 준비되었다. 왕궁에서 가장 넓은 홀이 간소하게 장식되었다. 12개의 둥근 식탁이 준비되었고 그중에서 가장 큰 식탁에는 임금 내외와 레오 수사 내외, 현자와 익살꾼 광대 등 주요 인사들이 자리를 잡았다. 어째서 익살꾼 광대가 임금과 한 식탁에 자리를 잡은 것인지 궁금해하는 사람이 한둘이 아니었다. 하지만 임금을 잘 아는 사람들은 전혀 놀라지 않았다. 임금과 현자와 광대 간에는 연대감이 있었고 또 이렇게 힘든 시기에는 임금에게 이들이 모두 필요했다. 하지만 가장 이해하기 힘든 것은 이 식탁에 국무총리와 경무·법무부 장관이 자리를 함께하고 있었던 것이다. 왜 그 두 사람이 동석했을까? 저녁 늦은 시간이 돼서야 모두가 그 이유를 알게 되었다.

라다와 샤를르와 아나스타시아 그리고 토마는 같은 식탁에 자리를 잡고 있었다. 그들은 영성적·지성적 차이점에도 불구하고 공동의 시련으로 인해 서로 가까워졌던 것이다. 매리 로이 역시 그들과 동석하고 있었다. 왕비는 살로메 공주의 이복 언니인 매리 로이가 임금과 한 식탁에서 식사하는 것을 원하지 않았다. 매리는 곧바로 그들과 대화를 시작했다. 귀엽게 촐랑대는 럭카가 식탁 밑에 있었기에 매리는 더 자연스럽게 대화에 동참했다. 옆 식탁에는 다른 장관들이 자리를 잡고 있었다.

임금은 용기를 내어 식사의 시작을 알렸다. 간략하게 참석자들에게 인사를 하고서 이렇게 힘든 시련을 겪을 때 그들의 지지는 그지없이 소중하다고 감사의 말을 전했다. 임금이 말하는 동안, 쌀쌀하게 굳은 왕비의 표정을 보지 못한 사람은 아무도 없었다. 모두 말할 수 없는 슬픔 탓이라고 생각했다. 그 순간까지 식사는 별 다른 문제없이 진행되었다.

그런데 디저트 시간에 기대하지 않았던 일이 생기며, 왕국은 엄청난 충격에 휩싸였다.

왕비가 발언을 하려고 했기에 참석자들에게 침묵이 요구되었다. 왕비는 자리에서 일어났지만 한참이 지나서야 겨우 미리 준비한 글을 읽을 수 있었다.

"친애하는 가족과 친지 여러분, 그리고 정부 인사 여러분, 여식의 죽음 후에 이렇게 발언을 하게 되리라고는 상상도 못했습니다. 이를 수락한 것은 여식을 존중하기 때문입니다. 살로메는 삶을 사랑했습니다만, 가혹한 병 때문에 삶에서 멀어져버렸습니다. 세상에서 제일 유능한 의료진의 노력에도 불구하고 제 딸아이는 세상을 떠나고 말았습니다. 이 기회를 빌려 모든 의료진들에게, 의과대 교수님들과 간호원들, 기술진과 요리사들에게 진심으로 감사를 드립니다."

왕비는 잠시 말을 멈추었다. 마치 주저하는 듯, 자리에 주저앉고 싶은 듯, 도망이라도 가고 싶은 듯. 그래도 용기를 내서 말을 이어갔다.

"살로메는 삶을 사랑했습니다. 그리고 이 삶에 대한 사랑은 병환 중에 더 잘 드러났습니다. 딸아이의 용기와 명철함과, 타인에 대한 배려와 관대함에 경의를 표합니다. 세상을 떠나기 전에 장례식을 마치고서 자신을 기억하며 건배를 해달라고 부탁했습니다. '삶의 유대를 강화시키고 죽음의 힘과 맞서기 위해서'라는 말과 함께 말이지요. 여러분께서 잘 알고 계시는지 모르겠습니다만, 살로메 는 베니스산 포도주를 아주 좋아했습니다. 저는 그렇지 않습니다 만."

왕비는 급사장에게 신호를 보내어 모두가 살로메 공주를 기억 하며 포도주를 마실 수 있도록 준비시켰다.

참석자들의 잔이 채워졌고 모두 공주를 기억하며 포도주잔을 들었다. 모두가? 아니었다. 이 술을 별로 좋아하지 않는 왕비 외에 다른 한 사람은 잔을 들지 않았다. 무엇 때문이었을까?

## 실수로 인한 체포

모두가 자리에 앉자 임금과 왕비는 공모의 눈길을 주고받았다. 그리고 임금은 단호하게 일어나 발언했다.

"오늘처럼 슬픈 날, 죽음이 우리 살로메의 몸을 앗아갔다는 사 실을 인정해야 합니다만, 우리 왕국 내에 또 다른 죽음의 힘들이 활 동하고 있다는 것 역시 인정해야만 하겠습니다. 그리고 그 죽음의 힘은 바로 이 자리에 있는 우리 안에도 침투해 있습니다."

참석자들은 아연실색했다.

"언젠가 짐의 여식이 한 가지 생각한 바를 전해주었는데, 참으로 놀라운 생각이었습니다. '암보다 더 심한 병이 있어요. 그 병은 바로 신뢰심의 상실이에요. 힘든 투병생활을 하면서도 신뢰심을 잃지 않았어요. 그래서 감사하는 마음을 지니고 있어요'라고 말했답니다. 그러고는 '왕국 내에서 신뢰심을 파괴시키는 암과 같은 사람들을 조심하세요'라는 말도 잊지 않았습니다."

임금은 경호원에게 신호를 보내고서 말을 이었다.

"여러분께서도 다 알고 계시지만 짐이 테러의 대상이 되었었습니다. 모두가 용의자로 지목했던 사람을 보십시오."

그때 파울로 카리니가 임금의 경호원과 함께 들어섰다. 망연자실하는 사람들의 눈총을 받으며 임금의 식탁으로 안내된 파울로에게 의자가 제공되었다. 왕비는 수도사와 탐식가 사이에서 임금과 마주보고 있었고, 임금은 현자와 익살꾼 광대 사이에 있었다. 국무총리와 경무·법무부 장관은 놀란 얼굴로 임금을 바라보았다. 하지만 감히 입을 열지 못하고 있었다. 정체를 드러내기가 두려워서일까 아니면 미리 준비된 것처럼 보이는 이런 상황에 방해가 되기 싫어서일까?

임금이 말을 이었다. "이 식탁에 바로 테러의 주범이 함께하고 있습니다. 그리고 공주의 계략 덕분에 그자를 찾았습니다."

두 장관들은 완강하게 거부했다. 둘 다 파울로 카리니를 지목하면서 자신들의 충직성을 맹세했다. 임금은 명확히 진상을 밝히면서 긴장된 상황의 막을 내렸다.

"범인의 술잔에는 술이 그대로 남아 있습니다."

모두 경무 · 법무부 장관을 향해 눈을 돌렸다. 조셉 폰 부르그는 술잔에 전혀 입도 대지 않았다.

"아니 언제부터 절주가 범행의 증거가 되었단 말입니까?" 그는 자신의 결백을 주장했다.

"짐이 왕비를 도청하라고 장관에게 부탁했을 때부터지요. 그리고 왕비께서, 짐과 합의를 하고서 작가 필립 드 살리스에게 베니스 포도주에 전혀 확인이 불가능한 그 독약을 넣어서 짐을 공식 석상에서 살해하고자 한다는 소식을 전한 때부터지요. 그런데 그 사실을 아는 사람은 바로 당신 혼자뿐이었소."

조셉 폰 부르그 장관이 호주머니에서 무언가를 꺼내려고 할 때 경호원들이 즉시 그를 제압했다.

"당신은 짐을 보호해야 할 역할을 담당했는데 아무런 조치도 취하지 않았소. 그리고 이번에도 왕비를 이용해 짐을 살해하려고 했소. 하지만 당신은 이번 일이 미리 계획된 것이란 점을 모르고 있었소."

파울로 카리니는 그때 어떻게 자신이 폰 부르그 장관을 의심하게 되었는지 설명했다.

"당신은 내가 왕비님께 리모컨을 전해드리면서 임금님의 결정 사항에 대한 보도를 중단하고자 할 때 사용하라고 했던 사실은 알고 있었소. 폭발이 있고 나서 함정에 빠진 것을 바로 알아차렸소.

그런데 누가 그럴 수 있단 말인가? 왕비님과 전화통화한 내용을 아는 사람일 수밖에 없다는 것을 직감했소. 그래서 당신을 의심하게 된 것이오. 전임 피에르 가베타 장관이 애석하게도 피살되었을 때, 우리 요원들은 민족의 진리 정당 주동자들이 사건에 연루되었다는 것을 확인했소. 물론 당신은 공식적으로 그 단체와 관련이 없는 것처럼 되어 있었고 오히려 그 단체를 탄압하는 것으로 알려져 있었소. 하지만 그 단체에 비밀리에 잠입한 요원의 정보에 의해 당신이 수상한 인물이라는 것을 알게 되었소. 뿐만 아니라 당신이 지도부 비밀 요원이라는 확신도 얻게 되었소."

"그런 것은 단지 증명할 수 없는 주장에 불과합니다."

"그래서 당신이 함정에 빠지게 한 것이오. 불행하게도 공주님을 애도하는 이 자리에서 그렇게 되었지만, 공주님이 저 높은 곳에서 우리를 보며 기뻐하리라 생각하오."

장관의 얼굴이 굳기 시작했다.

"반복해서 말씀드리자면 법은 나에게 어떤 조치도 취하지 못할 것이오. 우리는 이미 사회 각처에서 주요 역할을 담당하고 있소. 그리고 당신들이 생각하는 것보다 훨씬 빨리 이 나라 국민들은, 이 나라의 장래가 자연법칙과 강자의 법칙에 근거한 강력한 국가를 이루는 것에 달려 있다는 것을 알게 될 것이오. 즉 보잘것없는 사람들과 병자들의 비위나 맞추어주는 유대교·그리스도교적 가치관을 지닌 왕국을 유지하는 것에 달려 있지 않고, 평등주의·물질주의적 사회주의와도 관련이 없다는 사실을 말이오."

이런 말을 퍼부어대는 조셉 폰 부르그의 눈빛은 점점 차가워졌고 아주 거만하게 보였다.

임금은 손짓을 해서, 그자가 이미 말을 너무 많이 했으니 그 자리에서 물러나게 하라고 지시했다. 경호원들이 즉시 그를 체포했고, 식탁에서는 사람들의 지탄이 잇달았다.


## 뼈다귀와 반지


왕비는 완전히 지친 상태였다. 탐식가와 수도사는 그녀의 고통에 연민의 정을 느끼며, 그녀의 용기를 칭찬하면서 힘을 북돋아주고자 했다.

임금도 피곤을 느꼈고 한숨을 놓게 되었지만 걱정스럽기도 했다. 왕국에서 활동하던 음험한 적을 밝혀냈지만, 대립상태가 아주 길어질 것처럼 느껴졌다. 그래도 정치적 숙적들과의 싸움에서 승리는 가능해 보였다. 딸을 빼앗아간 병과는 또 다른 상대였다. 병과 죽음과의 싸움에서 그 역시 언젠가는 패배하게 될 것이다. 현자와 익살꾼 광대는 임금 옆에 조용히 자리를 잡고 있었다.

그 순간, 임금은 광대가 예전에 축하연에서 문제를 일으켰던 것과 똑같은 뼈다귀 모양의 넥타이를 매고 있는 것을 알아차렸다.

"광대, 자네는 옷을 자주 갈아입지 않는 모양이군." 임금은 기분을 전환하려는 듯 말을 건넸다.

"상황이 별로 좋지 않기 때문이지요. 국민들이 선거를 통해 세금 액수를 낮추기로 결정한 이후로 저는 비참한 생활을 하고 있습니다." 익살꾼 광대는 대답했다.

"그런데 그 뼈다귀는 또 무엇인가?"

"답은 인도유럽인종 같은 것입니다."

임금은 창백해졌다. 그리고 생각에 잠겨 략카의 볼을 어루만지고 있는 매리를 향해 눈길을 주었다. '매리처럼 인도유럽인이란 말인가?'라고 임금은 생각했지만 질문을 자제했다.

"지금 자네 인도유럽인종이라고 했는가?"

"호스트Host라고 하면 어떻겠습니까?"

"지금은 그런 하찮은 말장난을 할 분위기가 아닐세."

그들 간의 대화를 무심히 듣고 있던 현자가 참견했다.

"호스트라고? 제가 알기로는 그것은 인도유럽어 어근인데, 거기에서 '주인'이란 말과 '인질'이란 말이 연유되었다고 합니다."

"아, 역시 대단하시군" 하고 익살꾼 광대가 소리쳤다. "그 어근에서 '환대'와 '적대감'이란 말도 역시 파생되었지요. 삶은 그런 것이지요. 산다는 것은 손님을 환대한다는 것이지요. 그런데 손님을 환대한다는 것은 손님을 맞이하는 주인이 손님의 인질이 될 수도 있는 위험이 있지요. 그리고 그럴 경우 환대는 적대감으로 변하고,

환대를 악용한 자의 적대감에 대한 적대감이 되는 거지요."

이런 추상적인 말을 잘 묘사하려고 익살꾼 광대는 임금 앞에서 네 발로 기어 다니며 즐겁게 짖었다가 화가 난 듯 울부짖어댔다. 그러자 곧바로 랴카가 맞장구를 치며 짖어댔다. 마치 이렇게 엉터리로 짖어대는 이상한 자가 도대체 누구인지 알아보겠다는 듯. 광대는 강아지 경쟁자가 자기 자리를 빼앗아 갈까 봐 네 발로 식탁 주변을 돌기 시작했다. 왕비와 임금 옆에 가서 잠시 멈추고는 했다. 랴카는 광대의 뒤를 따랐다. 그런데 광대의 목에 걸린 뼈다귀를 알아보고서 더 심하게 짖어댔다. 그사이 매리 로이는 말을 잘 듣지 않는 강아지를 혼내주려고 귀빈 식탁으로 다가갔다. 그런 진풍경은 광대가 뼈다귀 넥타이를 랴카에게 주면서 끝났다. 어쩔 수 없이 그런 것일까 아니면 이미 그렇게 하려고 마음먹고 있었던 것일까? 강아지는 승승장구하며 왕비의 발치에 앉아 노획물의 맛을 보았다. 왕비는 측은한 마음이 들어 강아지의 부드러운 머리털을 쓰다듬어 주었다.

매리가 송구스러워하며 랴카를 데려오기 위해 왕비 곁에 다가갔고 왕비의 반응에 놀라지 않을 수 없었다.

"괜찮아요. 그냥 놓아두세요." 왕비는 강아지의 머리를 쓰다듬어 주었다.

매리 로이 역시 무릎을 꿇고 앉아서 강아지를 쓰다듬기 시작했다. 그때 두 여인의 손이 마주쳤지만 어느 누구도 손을 거두지 않았다. 두 여인의 손은 부드럽게 계속 서로 스쳤다. 강아지의 부드러운 털을 쓰다듬으면서. 매리의 얼굴에는 고요한 미소가 떠올랐고 락카는 행복해했다.

임금은 그 장면을 지켜보며 의심스런 눈길을 주었다. 공주가 남긴 마지막 말이 그때 떠올랐다. "행복해하는 모습을 볼 때마다 저를 기억해주세요."

그날 밤의 끝이 가까워졌다. 샤를르, 라다, 아나스타시아, 토마는 다시 만나기로 약속했다. 토론 대회는 새로운 질문을 제기할 수 있는 기회였다. 그들은 각자 다른 사람들의 도움을 통해서만 자신의 답을 심화시킬 수 있다는 것을 알게 되었다. 임금이 마지막으로 말했다.

"이렇게 슬픈 날 여러분께서 함께해주신 것과 도움을 주신 것에 감사합니다. 이런 시련을 어떻게 견디어나갈지 모르겠습니다만, 그래도 삶은 계속될 것입니다. 우리를 위해 기도해주십시오…… 우리 삶과 왕국의 토대에 균열이 생겼지만 진정한 삶이 우리 모두를 쇄신해주길 바랍니다."

각자 자리를 떠나며 심심한 인사를 나누었다. 깊은 인상을 받은 탐식가는 왕비에게 작별을 고했다. 왕비와의 연정을 더 이상 지속하지 못할 것이라 생각하면서. 수도사는 예의에 어긋나게 임금을 포옹하고서 존경심과 우정을 표현했다. 그리고 손에서 반지를 빼어 임금에게 선사했다.

"제가 선물을 하나 선사하고 싶습니다. 보시다시피 저는 반지를 두 개 가지고 있습니다. 하나는 제 처가 준 금반지인데 영원한 아름다움을 의미하는 결혼반지입니다. 다른 하나는 주석반지인데 제 영성 지도자에게서 받은 것입니다. 이 세상의 고통스런 연약함을 의미한다고 합니다. 전하께 이 주석반지를 선사하고 싶습니다. 전혀 상품적 가치가 없는 것이지만 그 반지에는 우리가 이 세상을 사는 데 도움이 되는 참으로 아름다운 지혜의 말씀이 새겨져 있습니다. '그것도 사라질 것이다.' 맞는 말입니다. 최상의 기쁨 역시 끝없는 슬픔과 마찬가지로 '사라질 것입니다'."

임금은 수도사에게 어떻게 감사해야 할지 몰랐지만 깊은 감명을 받았다.

조문객들이 모두 떠나갔을 때, 임금과 왕비는 단둘이 남게 되었다. 끔찍한 순간이었다. 그들은 너무나 크고 텅 비어 있는 방을 향해 함께 걸어갔다. 공주의 갑작스러운 죽음이 매울 수 없는 심연을 파놓아버린 것만 같았다. 심장이 잘려나간 것만 같았다.

임금은 왕비에게 다가가 손을 잡아주었다. 왕비는 거부하지 않았고 감사하는 마음으로 받아들였다. 그들은 천천히 절뚝거리며 애매모호한 미래를 향해 나아갔다. 왕비의 손길로 임금은 반지의 존재를 느끼게 되었다. 임금은 피곤했지만 단호한 목소리로 말했다. "이것도 사라질 것이다. 이것도 사라질 것이다."

부록

# 생에 관한 주요 입장들의 다양성과 복합성

토마 송

생에 관한 주요 입장들은—유물론, 일신론, 일체론—아주 다양하다. 역사적·문화적 발전으로 인해 동일한 기본 직관들이 극단적으로 다양해졌기 때문이다.

---

**유물론**

신 = 환상

- - - - - - - - - - - - - - - - - - - - - - - - - - - - -

'원형' = 진화하는 '물질'

서양 유물론
(데모크리토스, 에피쿠로스, 마르크스, 프로이트)

동양 유물론
(차르바카, 로카야타 학파, 양자楊子)

패러다임의 기본 구조 :
미분화 – 분화 – 미분화

---

## 일신론

신 = 창조자
---------------------------------------
창조

유대교 (야훼)
그리스도교 (삼위일체)
이슬람교 (알라)
조로아스터교 (아후라 마즈다)
바하이교 (알라/신)
드루즈교 (알라/신)
중국 고대 종교 (상제上帝)

패러다임의 기본 구조:
창조 – 분리 – 일치

## 일체론

'신들'
일치-전체 ––––––––––– 일치-전체
'우주'

힌두교 (브라흐만, 쉬바, 샥티……)
불교 (불성)
중국 종교 (도)
고대 신화 (우주적 난형卵形)

패러다임의 기본구조:
일치/전체 – 미분 – 재통합

생에 관한 이 주요 입장들은―유물론, 일신론, 일체론―아주 복합적이다. 우리 각자가 세계를 보는 데 있어서 타자의 원칙, 가치, 직관, 설화, 개념, 우화 등을 수용하기 때문이다.

그래서 유대교·그리스도교적 인간관(칸트처럼 자유와 주체의 우월성)을 긍정적으로 수용하는―뤽 페리 같은―유물론 철학자와 스토아학파와 불교의 공헌(스피노자처럼 인간과 세계 간의 비연속성)을 긍정적으로 수용하는―앙드레 콩트-스퐁빌 같은―유물론 철학자는 양자 모두 유물론자이지만 완전히 다른 입장을 취하고 있다.

**유물론 도식**

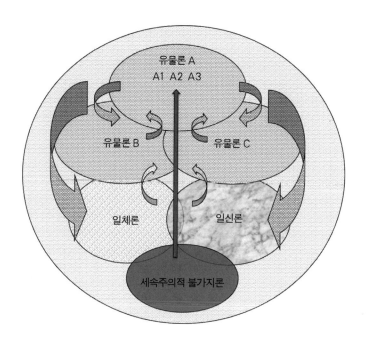

마찬가지로 예수의 산상수훈(비폭력과 가난한 자들과 일치된 우월성)을 수용한—간디 같은—힌두교 현자와 다윈의 진화론(상위 정신을 향한 영적 성장의 우월성)을 인정하는—오로빈도 같은—힌두교 현자는 양자 모두 힌두교도지만 성향은 다르다.

**일체론 도식**

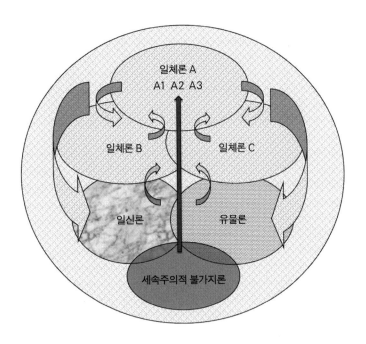

유물론적·과학적 세계관(초월자의 개입이 없는 결정론적 개연성의 우월성)을 수용한—루돌프 불트만 같은—그리스도교 신학자와 동양 영성적 세계관(부차적 세계의 실재 안에서 작용하는 영의 궁극적

실재의 우월성)을 수용한―칼 켈러 같은―그리스도교 신학자들은 양자 모두 그리스도인지만 그들의 입장은 이율배반적일 수 있다.

**일신론 도식**

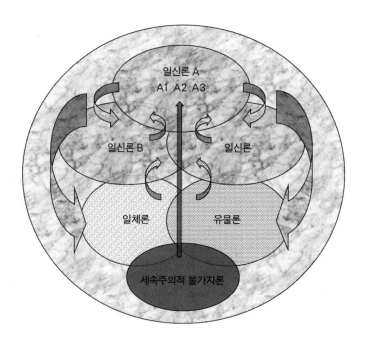

이 세 가지 도식 내부에서도 변화는 무한하다.

# 정리定理들 중의 정리를 향해서 | 장-클로드 칼뱅과 토마 송

1. $\emptyset \rightarrow \emptyset$

"아무것도 없다면 아무것도 없다."

무에서 유가 나타날 수는 없다.

시초에 무가 있었다면, 즉 무 외에 아무것도 없었다면, 계속 무만

있을 것이다.

2. $\exists R \mid R \neq \emptyset$

"실재가 있다. 이 실재는 무와 동일하지 않다."

무가 아니라 실재의 존재는 우리 모두와 관련된 철학적 난제이다

(라이프니츠, 하이데거······).

3. $x = R$

"미지, 이것이 바로 실재다."

이 실재의 미지를 알고자 하는 것이 모든 탐구의 핵심이다.

## 4. R ℵ이 실재 R의 제일 원리다

"철학적 혹은 신학적 체계는 모두 근원(R ℵ)이 없는 제일 실재를 전재해야만 한다."

이 제일 실재와 관련해서 유일하게 확실한 사항은, 이 실재가 무로부터 나온 것이 아니며 또 궁극적으로 근원이 없다는 점이다.

## 5. ∃ nR ℵ에 n≥1

"제일 실재의 수(n)는 1과 동일하거나 더 많을 수 있다."

논리적으로 근원이 없는 다수의 제일 실재들을 요청하는 것이 가능하다(샹키야 철학에서 말하는 것처럼 둘이나 아니면 셋 혹은 그 이상으로).

대부분의 형이상학 체계는 유일한 제일 실재를 요청한다(n=1).

## 6. ∀ Rㄱ, Rㄱ ⇐ R ℵ

"모든 이차적 실재(Rㄱ) 내지 근원이 있는 실재는 제일 실재(R ℵ) 내지 근원이 없는 실재에서 비롯된다(⇐)."

알려졌거나 알고자 하는(자연적, 인간적 내지 영성적) 모든 실재는 근원이 없는 미지의, 알고자 하는 실재에서 비롯된다.

세계의 모든 철학과 종교는 제일 자(ℵ, A)와 이차적인 것(ㄱ, b) 간의 신비를 알고자 한다. 그래서 $x=Ab$라는 식이 성립된다.

7. $\forall\,H,\,R\!\!\sqsupset\,\vDash R\aleph$

"모든 도식(H)—보편적이고자 하는 형이상학 체계—에 있어서 근원이 없는 제일 실재는 이차적 실재의 원인이다."

모든 계관은, 무엇이든 간에, 근원 없는 제일 실재와 모든 이차적 실재의 원인을 요청한다.

8. $\forall\,H,\,H\subset\{\,H^{\triangle},\,H^{\square},\,H^{\varpi}\,\}$

"모든 도식은 셋 중에 하나이다. 즉 일신론적 신 도식($H^{\triangle}$), 일체론적 유출 도식($H^{\square}$), 유물론적 에너지 도식($H^{\varpi}$)이다."

이 세 가지 도식은 지구상에 존재하는 형이상학 체계의 대다수를 대변한다. 이 체계들은 대부분의 사회에 공존하고 있다.

9. $H^{\triangle}\,(H^{\square}+H^{\varpi})\,H^{\square}\,(H^{\triangle}+H^{\varpi})\,(H^{\triangle}+H^{\square})$

"일신론 도식은 일체론 도식과 유물론 도식을 포괄한다.
일체론 도식은 일신론 도식과 유물론 도식을 포괄한다.
유물론 도식은 일신론 도식과 일체론 도식을 포괄한다."

보편적이고자 하는 세계관은 각자 자기 입장에서 다른 입장들을 포괄하고 설명한다.

10. $H^{S}\,[\,H^{\triangle}+H^{\square}+H^{\varpi}\,]$

"세속화 도식($H^{S}$)은 일신론, 일체론, 유물론 도식을 관장한다."

세속화된 비종교적인 사회는 불가지론적인 방법으로 인류 역사 안에서 형성된 세 가지 대 세계관을 관장한다.

## 11. R $\aleph$ = R$^{\triangle}$ $\vee$ R$^{\square}$ $\vee$ R$^{\square}$ $\vee$ R$^{?}$

"제일 실재는 일신론적 신이거나 일체론적 유출이나 유물론적 힘이거나 모두에게 알려지지 않은 제일 실재 (R$^{?}$)이다."

세 가지 제일 실재는—일신론적, 일체론, 유물론적—서로 배타적이다. 한 가지가 진리이면 다른 둘은 거짓이 된다.

그렇게 인정된 이 제일 실재들은 어쩌면 셋 모두 오류이거나 불완전할 수도 있다. 모두에게 알려지지 않은 또 다른 제일 실재(R$^{?}$)를 요청하는 것이 언제나 가능하다.

## 그날 밤 그가 찾아왔다 | 토마 송

그날 밤 그가 찾아왔다. 아니 어쩌면 '다시 온 것이다'라고 말해야 할지도 모른다. 그가 늘 존재했던 것 같은 느낌 때문이다.

침대에서 누워 아나스타시아가 했던 놀라운 말들을 되새기고 있었다. 그때 갑자기 무언가 다르고 눈에 보이지 않으면서 빛을 발하며 당황하게 하는 존재를 느꼈다. 몸이 점점 응고되어 다른 곳으로 실려 가는 것만 같았다. 다른 우주 공간이 아니면 내 마음 깊은 곳인지 알 수 없었다. 그곳에서는 세상과 그 풍요로움을 명확히 볼 수 있었다. 마치 아주 높은 곳에 솟아올라 있는 것처럼 그리고 마치 그 내부에 들어온 것만 같았다.

먼저 이해할 수 없는 소리를 들었다. '아프⋯⋯.'

너무 당황해서 A를 찾았다. 소리를 지르고 싶었지만 목소리가 나오지 않았다. 그리고 갑자기 그녀가 다시 보였다. 바로 내 옆에 서 있었다. 그녀는 내 이마에 손을 대고 축복을 하고서 한 걸음 물러났다. 그리고 두 걸음 물러났고, 결국 그녀는 시야에서 벗어났다. 나를 혼자 남겨놓고서. 다른 자와 함께.

내 삶이 파괴자의 입김에 의해 피폐해질 것을 느끼면서, 불확실한 신앙심으로 신에게 간청했다. "자네가 기도를 한다고?" 이상하게도 아주 기괴한 대화가 이어졌다.

알 수 없는 존재는 내가 말을 하기도 전에 이미 내가 할 말을 알고 있었고 또 내가 질문을 하기도 전에 대답하는 것 같았다. 그때 주고받은 내용들을 표현하기가 힘들지만 대략 다음과 같은 내용이었다.

"자네가 기도를 한다고? 물론 늙은이는 아무런 대답도 하지 않지. 그렇다고 해서 설마 놀라지는 않겠지. 나는 그 늙은이의 충실하지 못하고, 언제나 안 좋은 역할만 맞고 있는 종이라고. 자네가 그 늙은이의 존재를 의심한다는 것을 알고 있지. 그리고 나의 존재에 대해서는 더욱 그렇지. 그것은 내가 일을 아주 잘 처리했다는 증거라고. 모든 것이 이브와 함께 시작했지. 인류 역사상 최초의 영성적 대화는 바로 이브와 내가 한 대화라고. 이에 대해 나는 엄청난 자부심을 느끼고 있지. 늙은이가 이브의 남편에게 무엇인가 말했는데, 그자는 대답을 하지 않았지. 별로 중요한 일은 아니었지만. 이브와 대화를 시작하기란 너무 쉬운 일이었지. 그리고 수천 년이 지난 지금도 마찬가지라고!

자네에게 한 가지 고백하겠는데, 난 사실 훨씬 힘들 거라고 생각했지. 그런데 그게 아니었어. 단지 '진정 신이 그렇게 말했다(아프 키

아마르 엘로힘)라고? 아니야. 너희들은 죽지 않을 거야. 그리고 신처럼 선과 악을 판별하게 될 거야'라고 하니까 그대로 함정에 걸려들었지.

그 말로 모든 것이 암시되었고 모든 것이 결정나버렸지.

그리고 수천 년 동안 같은 방법을 이용하는 일만 남았지. 그리고 한 가지 더 고백하자면, 그 방법은 아주 잘 통한다고! 예나 지금이나 영성적 대화에 있어서 나는 세 가지 진리, 즉 자족과 영원과 신성을 유포시키는데, 이런 약속 앞에서는 그 누구도 저항하지 못한다고.

**자족**自足. 늙은이는 마치 금언처럼 '타자를 위한 일자'[서로를 위하라]라고 말하지만, 그것이 완전히 비현실적이라는 것을 드러내기란 아주 쉬운 일이지. 누가 그런 말을 믿겠나? 교묘하게 서로 반목하도록 하면, 타자 없이 사는 것이 더 유익하다고 설득하기란 어렵지 않지. 불신, 무시, 폭력, 증오, 살인, 전쟁 등 아주 재미있는 일이 벌어지지! 하지만 결국에는 싫증나는 일이라고. 그렇게 복잡한 것이 아니니까. 더 재미있고 중요한 일은 인간들에게 우주 전체의 원리가 '타자 없는 일자'[다른 사람 없이 혼자 사는 것]라는 것을 암시했던 일이었지. 세상 밖에서 의미를 찾는 일은 더 이상 필요가 없게 되었지. 의미—또는 무의미—는 세상 안에 있기 때문이지. 창조자에 대해 찬미하는 일도 끝나버렸지. 그 대신 피조물이 찬미를 받으니까. 그렇게 인간들은 서로 죽이지 않더라도 근원에서 완전히 단절되어버렸지. 그리고 결과는 마찬가지로 죽음이니까. 자족이—개인적이건 공동체적이건 우주적이건 간에—바로 죽음에 이르는 왕도잖아.

**영원**永遠. 늙은이가 모두에게 자기 삶을 베풀기로 결정했다고? 말도 안 되는 소리지. 무엇 때문에 확실하지도 않은 타자가 말하는 영원한 삶을 기대해야만 하지? 영원은 잘 익은 과일처럼 모두에게 주어졌는데 말이지. 삶을 지배하도록 하기 위해서는 죽음에 대한 두려움을 심어주는 것이 효과적이었고 지금도 그렇지. 즉 먼저 우주의 아름다움을 찬미하고 나서 그 아름다움을 향유하지 않는 것은 어리석은 일이라고 암시하면서 사람들의 눈을 멀게 하는 거라고. 그리고 죽음에 대한 두려움이 자리를 잡으면, 적당한 '마약'으로 마취시키기만 하면 되는 거야. 어떤 사람들에게는 영원히 환생하기 때문에 불멸할 것이라고 약속해주면 되고, 어떤 사람들에게는 (자연, 국가, 영예, 과학 등) '자기 자신보다 더 큰 것'을 지향하게 하면 되고. 또 어떤 사람에게는 섹스, 소비, 영성, 쇼, 마약 같은 현순간의 행복을 추구하라고 하면 되는 거라고. 이렇게 자족적인 삶이 영원하다고 믿게 하는 일은 식은 죽 먹기라고.

**신성**神性. 늙은이가 인간들을 자기 모습대로 만들었지만, 나는 기발한 생각으로 이를 뒤집을 수 있었지. '아니다. 인간이 자기 모습대로 신을 만들어냈다……'라고 말이지. 자비로우면서도 잔인한 남성과 여성의 모습으로, 자애로우면서도 타락한 부모의 모습으로, 호의적이면서도 포학한 임금과 왕비의 모습으로 말이지. 그러고는 '신은 진짜 신이 아니고 진정한 신은 바로 인간 자신이다'는 생각을 가장 명석한—기도하지 않는—철학자들에게 불어넣어 준 때부터 그 효과는 완전히 기대 이상이었지. 심지어 늙은이가 예언자들을 통해 대화를 시도해보려고 했을 때도 '환상이고 투사일 뿐! 행복과 불행을 결정할 능력과 자유는 너무나 인간적인 신에게 속한 것이 아니라 바로 신적인 우리 인간에게 속한다'라고 작은 목소리가 들리도록 했지. 그것도 통하지 않으며 나는 또다시 이 아름답고 위대한 이상을 불어넣어 주곤 했지. 이 방법은 그야말로 실패를 모르는 방법이라고. 그렇게 인간과 우주는 그 어느 누구도—심지어 늙은이마저도—침범할 수 없는 불가침 영역이 되어버렸지.

왜 박수를 안 치는 거지? 자네는 내 계획이 유대 민족에 의해 폭로되었다고 생각하는가? 사실, 유대인 예언자들은 창조된 세계를 찬미하는 것을 격렬하게 비난했지. 그들은 상대적인 것을 절대화하는 것을 '우상'이라고 했고, 진정한 신을 섬기라고 사람들에게 간청했지. 그런데 바로 그 상황에서도 내가 이겨버렸다고. 난 더 이상 잡아당기지 못할 땐 반대로 밀어버리지. 비난, 분열, 파괴의 전략이 더 이상 통하지 않을 때는, 반대로 그들이 말하는 신에 대한 가장 훌륭한 가르침을⋯⋯ 우상으로 변화시켜버렸던 거야. 정의와 자비와 평화는 법이 되어버리면, 물론 영감을 받았다고는 하지만, 엄청난 살인 도구가 될 수 있지. 인간들이 제기하는 모든 질문들에 대한 최선의 답변들이 이미 제시되어 있으면, 늙은이는 더 이상 아무런 필요도 없게 된다고. 늙은이의 법을 따르기만 하면 되니까. 그렇게 또 내가 이겨버렸지.

자네 얼굴에 보이는 어리석은 미소는 무엇을 뜻하는 거지? 아, 다른 사람, 마리아의 아들, 요셉의 아들을 잊어버렸다고? 사실을 말하자면 그자는 힘든 상대였어. 우린 서로 같은 편이 아니었지. 늙은이가—자신을 완전히 빼다 박아놓은—젊은이를 보내서 선수를 친 것이었어. 그 소위 '그리스도'가 태어나자마자 제거해버리려고 시도도 했었지. 그자가 성인이 되었을 때는 부와 권력과 명예를 제안해보기도 했는데 거절하더군. 처음 보는 일이었어. 심지어 그자의 적들과 제자들을 (특히 유다와 베드로도 가끔) 이용해서 탈선하게 하려 했지만 헛수고였어. 그래도 그자가 사형을 선고받고 처형당하게까지 했는데…….

자네는 그자의 십자가형과 부활이 악과 죽음과…… 또 나를 이겼다고 생각하는가? 어림없는 소리! 그런 환상을 제거하기 위해서 나는 그자를 반대하는 사람들이 의문하도록 만들었지. 그자를 인정하지 않는 유대인들 사이에 그자의 부활은 단지 꾸며낸 이야기에 지나지 않고 제자들이 그자의 시신을 감춘 것이었다고 소문을 퍼뜨리게 했지. 잘한 일이었지. 그래도 그자가 부활했다는 소문이 계속 퍼지자, 나는 그리스 철학자들의 지성을 강화시켜서 그런 일은 모두 근거 없는 것으로 여기도록 했지. 닫힌 우주에서 죽은 자의 영혼이 환생을 할 수는 있을지언정, 죽은 육신이 다시 부활한다는 것은 있을 수 없는 일이라고.

그래도 이마저 부족했기에, 유일신을 섬기며 예루살렘을 향해서 기도하고 또 가난한 자들을 보살피던 그 참한 아랍인을 이용했지. 어떻게 했냐고? 권력과 여성 향유라는 미끼를 이용했지. 이미 예전에 살로몬에게도 통했던 오래된 책략이지. 그 아랍인이 메카에서 지낼 당시에는 너무 겸손했기 때문에 접근하기가 힘들었어. 그자의 초기 가르침을 겸손하게 따르는 사람들 역시 접근이 어려웠어. 하지만 메디나에서는 내가 제안한 권력을 받아들였지. 그렇게 승부는 이미 나버렸지. 그 참한 아랍인이 사람들에게 마리아의 아들은 신의 아들이 아니고 부활한 것도 아니라고 가르치기 시작한 거야. 십자가형을 당한 것은 그가 아니고 (그와 비슷하게 생긴 사람이 대신 십자가형을 당한 것이라고, 신은 자기 예언자들을 그렇게 나약하게 죽게 내버려두지 않기 때문이니까) 그러니 부활은 당연히 없다고 말이지. 그리고 나는 그 아랍인이 자족적인 종교적·정치적 체제를 상상할 수 있도록 도와줬지. 유대인들과 그리스도인들의 성전을 능가하는, 모방이 불가능한 문헌과 함께 말이야. 그리고 1400년이 넘도록 그 제자들이 가르침을 수호하도록 도와주고 있지. 일신론자들 간의 적의를 계속 증가시키면서 말이야.

그 '그리스도'가 전해준, 멍청한 어린이들을 위한 우화들 중에는 나를 적으로 여기고 이간질하는 자로 표현하는 구절이 있지. 나를 아주 화나게 하는 구절이지. 나의 능력을 비난하기 때문이지. 그래도 이런 단순한 책략이 그자의 제자들에게는 잘 통했다는 것은 인정해야 할 거야. 수백 년 동안, 경쟁심과 지나친 열성으로 인해 그들은 스승이 원하던 길에서 멀어졌으니까. 내가 가장 혐오하는 것이 겸손이라고. 그리고 겸손이란 아주 유치한 가치에 불과하다고 그자의 제자들을 설득하기란 아주 쉬웠지.

내가 어떻게 그렇게 했는지 알고 싶겠지. 자네에게 설명해줄 이유도 없지만 또 그러지 못할 이유도 없지. 자네가 미치기 전에 듣게 될 마지막 말이니까. 어느 누구도 자네 말을 심각하게 듣지 않을 거니까. 자네 인생은 실패의 연속이고, 자네는 하찮은 존재에 불과하니까. 내 말을 잘 듣고 이 비밀을 잘 간직한 채 죽게.

나는 '겸손이 인간에게 가장 아름다운 가치다'라고 교회 지도자들에게 계속 가르쳤지. 이렇게 귀중한 가르침을 비방하거나 왜곡해서는 안 되지. 그래도 '하지만 그리스도의 가르침은 참으로 훌륭하고 그리스도가 그 가르침을 여러분에게 위탁했으니 자부심을 가져야 하며 교리와 제도를 통해서 목숨을 걸고 그 가르침을 수호해야 하지 않는가?'라고 한마디 추가하는 것만으로 충분했지. 그렇게 나는 새로운 유형의 인간을 만들어냈지. 개인적으로는 아주 겸손하지만 교계 제도의 대변인으로서는 아주 거만한 그런 인간을 말이야. 그래서 동방 그리스도인들과 서방 그리스도인들은, 그들의 '영적 보물'에 매달려 폭력을 사용해가면서 권력 수호를 위해 전쟁을 했던 거라고. 마찬가지로 가톨릭 신자들과 개신교 신자들이 자기 교회만이 유일하고 정통적이라고 믿게 만들어서 서로 충돌하게 만들었지. 그들은 그렇게 늙은이의 영광을 위해서, 내 영광이 아니라며, 서로 죽였던 거야. 그리고 철학자들에게는 이런 잔인한 일들을 깨닫게 하고, 이성 내지 체계, 초월 내지 존재를 찬미하라고 하면서 그들의 눈을 열어주는 것만으로 족했지. 그들은 그런 신은 '길들여진 신'이라고 스스로 잘들 깨달았으니까. 그리고 특히 현대 신학자들에게는, 성서는 상식적인 사람들이라면 결코 문자 그대로 받아들일 수 없는 신화투성이라는 점을 보여주었지. 악마에 대해서 말하는 사람들에게는 절대로 그렇게 하지 않으면서 말이야. 사람들은 지식을 얻는 것보다는 인정받기를 더 원하기 때문에, 이런 식의 시대에 맞는 말은 아주 잘 먹혀들었지. 회의주의자들에게도 인정받는다고 생각하는 신학자들은 자신들의 '현명하고 비판적인' 연구에 대한 자긍심이 대단하지. 그렇게 그들은 내가 자유롭게 음지에서 활동하는 데 도움이 되고 있다고. 나는 어디에서든지 자족을 찬미하라고 말하지. 눈에 보이지 않는 진정한 예술가는 '타자'가 아니라 바로 나라고. 대중매체, 문화, 경제와 정치, 예술, 천재, 영성 등 모든 것에 있어서 사람들에게 우주가 모든 것을 포함하고 있고, 각자가 신이라고 속삭이고 있으니까. 사람들은 모두 나에게 예속되어 있다고는 전혀 의심도 못하면서 자유롭게 산다고 확신하고 있지. 세상의 주인은 바로 나라고."

비웃음 소리가 머릿속에 울려 퍼졌다. 온갖 종류의 광적인 생각들이 서로 충돌했고 나를 이리저리 요동치게 했다. '창조자는 살아 있다. 신은 죽었다. 악마는 실제로 있다. 아니다. 상상일 뿐이다. 너는 영감을 받은 것이다. 아니다. 너는 미친 것일 뿐이다!' 더 이상 참을 수가 없었다. 오직 한 가지 욕망만 있었다. 이런 생각들이 사라지도록 죽어버리는 것이었다. 아주 강렬하고 어두운 빛이 나를 고통스럽게 했고 끝없는 나락으로 떨어질 것을 알았다.

갑자기 지옥문이 열리고 A가 언제나 내 곁에 있었다고 느꼈다. 그리고 난데없이 그녀의 얼굴을 베려는 예리한 칼을 보았다. 그녀가 강렬하게 "사탄아 물러나라. 그리스도가 너를 이겼다"라고 소리치는 것을 들었다.

그 순간 잠에서 깨었다. 아무도 없이 혼자 있었다. 하지만 내 안에서 생동하며 해방된 빛을 보았다. 기쁘고 지친 상태로 부드럽고 평온한 잠에 빠져들었다.

# ★ 감사의 글 ★

내용을 검토해주고 격려를 아끼지 않은 모든 이들에게 감사의 인사를 전하고 싶다. 먼저 좋은 날에도 힘든 날에도 늘 변함없이 인자하게 생을 동반해주는 아내 미레이에게 감사한다. 13세에 세상을 떠난 아들 시몽이 생각난다. 함께 겪은 고뇌에도 불구하고 아름답고 용기 있게 살아준 시몽에게 감사한다. 그런 시련이 없었다면 이 글을 쓰는 일이 불가능했을 것이다. 늘 격려와 충고를 아끼지 않은 세 아들, 다비드와 올리비에와 바실에게 감사한다. 원고를 세심하게 끝까지 확인해준 제라르 펠라-그린과 상드라 펠라-그린 부부에게 감사한다. 상드라는 병으로 세상을 떠나기까지 원고를 확인해주었다. 늘 격려를 아끼지 않은 엘리자베스 호프만에게도 감사한다. 자신들의 전공 분야와 관련된 내용에 세심한 조언과 지적을 해준 마르크 트로이아노프와 페터 클라크에게 감사한다. 이렇게 어렵고 난해한 주제를 잘 다룰 수 있도록 용기를 주고, 삶의 기쁨과 슬픔을 함께 나누고 있는 친구들과 친지들을 잊을 수 없을 것이다. 마지막으로 변함없이 신뢰를 아끼지 않는 장-루이 쉴레겔과 쇠이유 출판사에도 감사를 전한다.

# [ 인용서적 및 인용구 ]

· 24쪽 : 루가복음, 14장 12-14절.

· 108쪽 : 폴 발레리, 『나쁜 사상, 기타(Mauvaises pensées et autres)』(1942), 작품집, 《플레이아드 총서(*Bibliothèque de la Pléiade*)》, 1960년, 864쪽.

· 111쪽 : 에피쿠로스, 『메네세에게 보내는 편지(Lettre à Ménécée)』, 2009년. 미셸 옹 프레는 쾌락주의 대변자가 되었다. 그는 에피쿠로스(epikouros)를 '도움'으로 해석 할 수 있는 가능성을 제시하면서, "평화로울 때나 전시에, 행복할 때나 불행할 때에 도 쾌락주의자는 늘 위안을 찾아나서고 균형을 유지하려고 하며 위기에 처한 기력 을 되찾기 위해 필요한 힘을 전해준다"라고 주장한다(『사랑하는 육신에 대한 이론 (Théorie du corps amoureux)』, 파리, 2000년, 41쪽).

· 113쪽 : 『바가바드 기타(La Bhagavad Gîtâ)』, 안-마리 에스눌과 올리비에 라콤브 역 주, 파리, 1976년, II, 18-20, 33쪽.

· 116쪽 : 『교부들의 금언(Les maximes des pères)』, 모이즈 슐 역, 파리, 1986년, 43쪽.

· 116-117쪽 : 요한복음, 11장 25-26절.

· 120-122쪽 : 자크 프레베르, 『파롤(*Paroles*)』, 파리, 1949년, 75-76쪽.

· 124쪽 : 요한복음, 12장 24절.

· 124쪽 : 고린도 전서, 15장 37-44절.

· 126-127쪽 : 루가복음, 16장 19-31절.

· 130-131쪽 : 『바가바드 기타』, 상동, II, 22-24, 33쪽.

· 133쪽 : 니콜라 프란초스, "절대적 영을 향해. 우주종말에 관한 가설(Vers le zéro ab-solu. Hypothèse sur la fin de l'univers)", 프레데릭 르누아르와 장-필리프 드 토낙, 『죽

음과 불멸. 지식과 신앙 백과사전(La Mort et l'Immortalité. Encyclopédie des savoirs et des croyances)』, 파리, 2004년, 1585쪽.

· 134쪽 : 버트런드 러셀의 1903년 논문 「자유인의 기도(A Free Man's Worship)」 참조. 러셀의 생애와 연구에 관해서는 아포스톨로스 독시아디스와 크리스토스 H. 파파디미트리우의 그래픽노블 『로지코믹스(Logicomix)』, 뉴욕, 2009년 참조.

· 136쪽 : 폴 리쾨르, 『죽을 때까지 살자. 단편집(Vivant jusqu'à la mort. Suivi de fragments)』, 파리, 2005년, 24쪽.

· 139쪽 : 에드가 모랭, "의사소통의 목적(L'enjeu humain de la communication)", 『의사소통. 지식의 현상태(La Communication. Etat des saviors)』, 옥세르, 2005년, 24쪽.

· 151쪽 : 플라톤, "파이돈(Phédon)", 『소크라테스의 변론, 크리톤, 파이돈(Apologie de Socrate, Criton, Phédon)』, 파리, 1965년, 134쪽.

· 152-153쪽 : 『카타 우파니샤드 II』, 1, 1-2, 108, 마르틴 뷔텍스 역, 파리, 2012년, 250쪽.

· 154쪽 : 루크레티우스, 『사물의 본성에 관하여(De la nature, De rerum natura)』, 파리, 1997년, 207쪽.

· 155쪽 : 『논어(Entretiens de Confucius)』, 안 쳉 역, 파리, 1981년, 89쪽.

· 156쪽 : T. S. 엘리엇, 『바위(The Rock)』, 런던, 1934년, 저자 역.

· 158쪽 : 프랜시스 다윈, 『찰스 다윈의 자서전(The Autobiography of Charles Darwin)』, 뉴욕, 2000년.

· 161쪽 : 요한복음, 14장 6절. 잠언, 8장 22-23절. 탈출기, 3장 14절.

· 170쪽 : "나는 신적인 것을 본다"의 이론. 뤽 페리는 『사는 것을 배우기. 젊은 세대를 위한 철학론(Apprendre à vivre. Traité de philosophie à l'égard des jeunes générations)』(파리, 2006년) 35쪽에 이 사항을 언급한다. 그러나 '신적인 것'을 '우주 질서' 내지 '세계의 핵심'으로 바꾸어서 말한다. 미르세아 엘리아데는 상키야를 '무신론적 체계'라고 본다(『요가. 불멸과 자유(Le Yoga. Immortalité et liberté)』, 파리, 1972년, 19쪽 참조). 장 필리오자는 '상키야 무신론은 전문화된 주제로 인해 실제보다 더 디 나에 트다나'는 입상을 쥐한나(『인도철학(Les philosophies de l'Inde)』, 파리, 1970년, 80쪽).

· 170쪽 : 엘리자베스 퀴블러-로스, 『삶의 기억, 영원의 기억. 죽음은 존재하지 않는다(Mémoires de vie, mémoires d'éternité. La mort n'existe pas)』, 파리 1999년, 240-241쪽.

· 171쪽 : 마태오복음, 10장 28절. 고린도 전서, 15장 44절.

· 172쪽 : 알베르 카뮈, 『시지프의 신화(Le Mythe de Sisyphe)』, 파리, 15쪽.

· 173-174쪽 : 마태오복음, 26장 41절.

· 176쪽 : 핌 반 롬멜 외, "심장마비 후 생존자들이 말하는 임사 체험. 네덜란드에서의 가능성 연구(Near Death Experiences in Survivors of Cardiac Arrest: A prospective Study in the Netherlands)", 《랜싯(The Lancet)》, 358, 2001년, 2039-2045쪽.

· 177쪽 : 고린도 후서, 12장 4절.

· 178쪽 : 요한네스 크리소스토무스와 알렉산드리아의 시릴리우스의 문헌 인용, 장-클로드 라르셰, 『정교회 전통이 말하는 사후 세계(La vie après la mort selon la tradition orthodoxe)』, 파리, 2004년, 86쪽, 88쪽.

· 185쪽 : 표도르 도스토예프스키, 『백치(L'Idiot)』, 파리, 1972년, 559쪽.

· 186쪽 : 표도르 도스토예프스키, 『카라마조프 가의 형제들(Les frères Karamazov)』, 파리, 1권, 136쪽.

· 188쪽 : 표도르 도스토예프스키의 『특별한 편지(Extrait d'une lettre particulière)』(1854년)에서 "나는 시대의 산물입니다. 즉 믿지도 않고 의심이 많은 사람이며, 무덤에 이르기까지 그렇게 남아 있을 것입니다. 끔찍한 고통으로 말미암아 신앙에 대한 갈증을 상실하게 되었고, 지금도 역시 마찬가지입니다. 그래도 신은 내가 침잠할 수 있는 순간들을 가끔 허용해주십니다. 바로 그런 순간에 나는 사랑하고 또 다른 사람들이 나를 사랑한다는 것을 느낍니다. 그리고 그런 순간에 모든 것이 확연하고 기록하다는 신앙고백을 하게 됩니다. 그리고 이 신앙고백은 아주 단순합니다. 즉 그리스도보다 더 아름답고, 더 심오하고 더 친절하고 더 현명하고 더 강력하고 더 완전한 자는 없다는 것입니다. 그 어떤 자도 그렇지 않으며 또 그럴 수도 없습니다. 그리고 누군가 그리스도가 진리 밖에 있고 또 진리가 그리스도 밖에 있다는 것을 내게 증명한다 해도, 나는 그 사실보다는 오히려 그리스도와 함께 머물 것입니다."

· 191쪽 : 루트비히 포이어바하, 『그리스도교의 본질』, 파리, 1992년, 131쪽. '원의

의 투사'에 관해서는 앙드레 콩트-스퐁빌의 『무신론 정신. 신이 없는 영성 입문 (L'esprit de l'athéisme. Introduction à une spiritualité sans Dieu)』, 파리, 2006년 참조. "나는 왜 신의 존재를 선호하는가? 그것은 바로 내가 가장 원하는 바와 일치하기 때 문이다. 신앙은 우리가 원하는 바와 일치하고 그래서 (적어도 환상을 통해서만이 라도) 욕망을 충족시키기 위해서 발명한 신앙이 아니라고 믿고 설득하는 것만으로 도 충분할 것이다." 일신론 추종자들은 그런 식의 사고에는 두 가지 오류가 담겨 있 다고 지적할 수도 있을 것이다. 1) 어떤 것이 우리의 욕망이나 필요성에 합당하다는 이유만으로는 그것이 인간이 만들어낸 것이라고 할 수는 없다. 그럴 경우 성과 식 도락 역시 경계해야 할 것이다. 2) 성서의 신은 우리의 욕망을 충족시켜주기만 하는 존재가 아니라 오히려 우리의 욕망에 저항한다(한 민족을 특별하게 선택하고, 다양 한 기도들에 답변을 해주지 않고, 세상의 악 앞에서 물러나 있으며, 지옥을 언급하 는 등).

· 191쪽 : 프리드리히 니체, 『적그리스도(L'Antéchrist)』, 파리, 1993년, 1053쪽.
· 192-193쪽 : 다른 유물론적 설명에 대해서는 정선도서 목록 참조. 올라프 블랑케 에 따르면 '육체이탈'은 지각 착오 때문이라고 한다. 즉 시각 피질과 전층 피질 간의 충돌 때문이라는 것이다("환상적 자아육체 인식 자(Stimulating illusory own body perceptions)", Nature, n° 419, 2002년, 269-270쪽).
· 197쪽 : 안토니아 술레즈, 『비엔나 학파의 선언과 다른 글들(Manifeste du Cercle de Vienne et autres écrits)』, 파리, 1985년, 111쪽.
· 198쪽 : 아인슈타인의 생애에 대해서는, 로날드 클라크의 『아인슈타인의 삶과 시 대(Einstein. Sa vie et son époque)』(파리, 1980년) 참조. 괴델에 대해서는, 피에르 카 수-누게의 『괴델의 악마. 논리와 광기(Les démons de Gödel. Logique et folie)』(파리, 2007년) 참조. 괴델의 정리에 관한 입문서는, 어니스트 네이글, 제임스 R. 뉴먼, 쿠 르트 괴델, 장-이브 지라드의 『괴델의 정리(Le théorème de Gödel)』(파리, 1989년), 레베카 골드스타인의 『불완전성. 쿠르트 괴델의 증명과 역설(Incompletenesse. The Proof and Paradox of Kurt Gödel)』(런던 뉴욕, 2005년) 참조.
· 200-201쪽 : 괴델과 에셔의 관계에 대해서는, 더글러스 호프스태터의 『괴델과 에셔 르와 바하(Gödel, Escher et Bach)』(파리, 1985년) 참조. 저자는 787쪽에서 '괴델 정

리에 대한 최선의 비유'를 들고 있다. 즉 그것이 존재하지 않는다고 상상해보라는 것이다. 그렇게 하기 위해서는 주체는 자신에게서 벗어나서 더 이상 존재하지 않거나 아직 존재하지 않는다고 상상해보라는 것이다. 한 이론이 완전히 초이론을 지니지 못하는 것과 마찬가지로 주체는 그렇게 자신에 대한 외적인 시각을 지닐 수 없다는 것이다.

· 202-203쪽 : 괴델의 네 가지 인용구는 피에르 카수-누게의『괴델의 악마. 논리와 광기(Les démons de Gödel. Logique et folie)』(파리, 2007년) 122, 123, 154, 155쪽에서 따온 것이다.

· 205쪽 : 르네 데카르트의『방법서설』(파리, 2000년) 73쪽. 데카르트는 그의『형이상학적 성찰(Méditations métaphysiques)』(파리, 2010년)에서 관상과 성찰을 통해서 이생에서의 기쁨과 현생에서의 만족감을 연결시킨다. "신앙이 이생의 지복한 기쁨은 신의 위대함을 관상함으로써만 가능하다고 가르치는 것처럼, 우리는 현재에서 이와 유사한 성찰로 인해, 물론 이 성찰이 비교할 수 없을 정도로 불완전하지만, 이 생에서 그런 것을 느낄 수 있다는 것에 기뻐할 수 있다." (80쪽)

· 220쪽 : 스리사 찬드라 바수, 『힌두교도의 일상의식(The Daily Practice of the Hindus)』, 뉴델리, 1991년, 5쪽.

· 222-224쪽 : 티베트 불교에서 남성의 여성 지배에 관해서는, 준 캠벨의『공간 여행자. 성과 정체성과 티베트 불교(Traveller in Space. Gender, Identity and Tibetan Buddhism)』(런던, 2002년) 참조. 이 책의 저자는 자신의 경험을 들어가면서, 상호역할의 보완성을 역설하는 미랜다 쇼의『열정적 깨달음. 탄트라 불교에서의 여성(Passionate Enlightenment. Women in Tantric Buddhism)』(프린스턴, 1994년)에 대해 반론을 제기한다.

· 225쪽 : 시바교 탄트라에 대해서는, 다니엘 오디에의『탄트라 요가. 궁극적 인식의 탄트라(Tantra Yoga. Le tantra de la connaissance supreme)』(파리, 2004년) 참조.

· 228-229쪽 : 〈Dies irae, dies illa〉 찬가의 마지막 부분.

· 231쪽 : 장례미사의 영성체기도.

· 242쪽 : 위르겐 하버마스의 이 제안은 "신과 세계에 대한 담화(Conversation about God and the World)",『교체의 시대(Times of Transitions)』, 케임브리지, 2006년,

149-169쪽에 있다.

· 243-244쪽 : 칸토르와 무한 추구에 대해서는, 아미르 D. 아셀의 『알레프의 신비. 수
학과 카발라와 영원 추구(The Mystery of the Aleph. Mathematics, the Kabbalah and
the Search for Infinity)』(뉴욕, 2000년) 참조. 유대사상에 있어서 알레프의 중요성
에 관해서는, 레옹 아스케나지의 "알레프 찬사(Hommage au Alef)", 『말과 글. 현대
유대교 전통 고찰(La Parole et l'Ecrit. I. Penser la tradition juive aujourd'hui)』(파리,
1999년), 15-17 참조.

· 246쪽 : 요한네스 크리소스토무스의 인용구 "복음의, 모든 복음의 시발점은 바로
인간이 되시고, 십자가에 처형을 당하시고 부활하신 하느님이다." ("강론(Homèlie
XXXVIII)", 『바오로 서간에 관한 강론. 1권. 고린도인들에게 보낸 편지(Homélies
sur les épîtres de saint Paul, tome I, Lettres aux Corinthiens)』, 파리, 2009년, 183쪽).

· 247쪽 : 천민 출신 여인을 사랑하게 된 왕의 비유는, 쇠렌 키에르케고르의 『철학단
편(Les miettes philosophiques)』(파리, 1967년), 63쪽 이하 참조.

· 249쪽 : 다마스 신경(4-5세기 문헌)은 『개신교회의 신앙고백과 교리서(Confessions
et catéchismes de la foi réformée)』(제네바, 2005년), 201쪽에서 인용.

· 252쪽 : 리처드 도킨스, 『이기적 유전자』, 파리, 2003년.

· 252쪽 : 찰스 다윈, 『종의 기원』, 파리, 2008년, 563쪽.

· 257-259쪽 : 알베르트 아인슈타인, 『나는 세상을 어떻게 보는가(Comment je vois le
monde)』, 파리, 1979년, 101쪽.

· 260쪽 : 모한 위자야란타, 『붓다의 말씀(Les Entretiens du Bouddha)』, 파리, 2001년,
42쪽.

· 261-262쪽 : 상좌부 축복, 『동양의 길(Voies de l'Orient)』, n° 125, 2012년, 49쪽.

· 274쪽 : 요한복음, 14장 6절.

· 274쪽 : 마르코복음, 1장 11절.

· 274-275쪽 : 그리스도교 전통에서 보는 진리와 삶의 관계에 대해서는, 미셸 옹리의
『내가 진리다. 그리스도교 철학을 위해(C'est moi la vérité. Pour une philosophie du
christianisme)』(파리, 1996년) 참조.

· 276쪽 : 요한복음, 8장 44절.

· 277-278쪽 : 서양 비신학자 사상가들의 악마에 대한 견해에 대해서는, C. S. 루이스
의 『악마의 계략(Tactique du diable)』(파리, 2010), 모리스 클라벨의 『루시페르와 함
께 한 200년(Deux siècles chez Lucifer)』(파리, 1978년), 르네 지라르의 『사탄이 번개
처럼 떨어지는 것을 본다(Je vois Satan tomber comme l'éclaire)』(파리, 1999), 파브
리스 하자르의 『악마에 대한 신앙 혹은 구식 무신론(La foi des démons ou l'athéisme
dépassé)』(파리, 2011년) 참조.

· 279쪽 : 마태오복음, 13장 29-30절.

· 282쪽 : 임마누엘 칸트, 『계몽이란 무엇인가?(Qu'est-ce que les Lumières?)』, 파리,
2012년, 5쪽.

· 284쪽 : 클로드 레비-스트로스, "인문과학의 최종 목적은 인간을 형성하는 것이 아
니라 해체하는 것이라고 우리는 생각한다."(『야생적 사고(La pensée sauvage)』, 파
리, 1962년, 294쪽). 그의 "반복해서 듣는 정체성 위기"에 대한 성찰(『정체성. 클
로드 레비-스트로스가 지도하는 세미나(L'Identité. Séminaire dirigé par Claude Lévi-
Strauss, 파리, 1983년, 11쪽).

· 285-288쪽 : 토머스 베이즈의 「신의 자비 혹은 신의 섭리와 지배의 주목적은 창조
물의 행복이란 점의 증명시도(Divine Benevolence or an Attempt to Prove That the
Principal End of the Divine Providence and Government is the Happiness of His Crea-
tures)」(1973년) 결론 부분을 저자가 번역.

· 288쪽 : 『라플라스 작품집(Œuvres de Laplace)』, 파리, 1878년, 1권, v-vi쪽.

· 290쪽 : 프리드리히 실러. http://www.literaturwelt.com/werke/schiller/confucius.
html

· 292쪽 : 장 바렌의 『일곱 가지 우파니샤드(Sept Upanishads)』(파리, 1981년) 55쪽과
131쪽 이하에서 인용.

· 306-307쪽 : 세계관과 발전의 관계에 대해서는, 사비에 쿠플레와 다니엘 외셴의
『종교와 발전(Religions et développement)』(파리, 1998년) 참조. 발전을 위한 신뢰
의 중요성에 대해서는, 알랭 페르피트의 『신뢰 사회(La société de confiance)』(파리,
2005년) 참조. "종교개혁과 경제발전 간에는 긴밀한 연관성이 있지만, 양자가 직계
관계를 지닌 것은 아니다."(514쪽) "하느님 나라의 도래에 대해 질문을 받은 그리

스도가 한 말을 명상할 수 있을 것이다. '하느님 나라는 눈에 보이지 않는다. 그리고 바로 여기나 저기에 있다고 말할 수도 없다. 아니 하느님 나라는 바로 우리들 안에 있다.' 발전은 언제 이루어질까? 발전은 어떤 외부 사건처럼 다가오는 것이 아니라, 내적 태의 성숙과 같은 것이다. 크기와 축적과 경제적 차원의 중요성을 거부하지 않으면서도 발전의 내적 상태를 고려하는 것은 아주 의미가 깊은 일이라는 것이 드러날 수 있다."(516쪽 이하).

· 309쪽 : "나는 왜 이렇게 현명한가. 나는 왜 이렇게 영악한가. 나 왜 이렇게 좋은 책을 쓰는가. 나는 왜 운명인가"는 니체의 『엑체 호모(Ecce Homo)』(파리, 1993년, 1117-1198쪽)의 각 장 명칭이다.

· 337쪽 : 시편, 127장 2절.

· 337쪽 : 시편, 104장 1편.

· 338쪽 : 시편, 131장.

· 340쪽 : 루가복음, 7장 34절.

· 344쪽 : 요한복음, 6장 53절.

· 345쪽 : 테르툴리아누스, 『정결에 대한 권고(Exhortation à la chasteté)』, VII, 3.

· 345쪽 : 요한복음, 12장 1-3절.

· 364-365쪽 : 1910년에 에두아르 7세의 서거 시 교회 참사회원 헨리 스코트-홀랜드가 런던 성바오로 대성당에서 한 강론 〈공포의 왕(The King of Terrors)〉에서 인용. 이 문헌은 "나를 사랑한다면 울지 마라"는 제목으로 변칭되어 전해졌다. 이 문헌은 가끔 성 아우구스티누스나 샤를르 페기의 작품이라고 알려지기도 했다.

· 368-369쪽 : 시편, 23장.

· 370쪽 : 필립피서, 1장 21절.

· 384쪽 : "그것도 사라질 것이다." 이런 글이 새겨진 반지 이야기는, 리처드 범브란트의 『3분간 신의 마음을 느끼기. 매일 명상(3minutes. Pour ressentir le cœur de Dieu. Méditations quotidiennes)』(툰, 2009년) 315에서 영감을 받은 것이다.

# [ 정선도서 목록 ]

## 철학

### 서양

· Jean Brun, *L'Europe philosophie. Vingt-cinq siècles de pensée occidentale*, Paris, Stock, 1997.

· Émile Bréhier, *Histoire de la philosophie*, Paris, Quadrige, PUF, 1985.

· Maurice Merleau-Ponty (dir.), *Les philosophes de l'Antiquité au XXe siècle. Histoire et portraits*, Paris, Librairie générale française, 2006.

· Laurence Hansen-Love (dir.), *La Philosophie de A à Z*, Paris, Hatier, 2007.

· Collectif, *Dictionnaire de philosophie*, Paris, Encyclopaedia Universalis, 2006.

· Denis Huismann et Marie-Agnès Malfray, *Les pages les plus célèbres de la philosophie occidentale*, Paris, Perrin, 2000.

### 동양

· Denis Huismann et Marie-Agnès Malfray, *Les plus grands textes de la philosophie orientale*, Paris, Albin Michel, 1992.

· Jean Filliozat, *Les philosophies de l'Inde*, Paris, PUF, 2006.

· Marc Ballanfat, *Introduction aux philosophies de l'Inde*, Paris, Ellipses, 2002.

· Heinrich Zimmer, *Les philosophies de l'Inde*, Paris, Payot, 1997.

· Johannes Bronkhorst, *Aux origines de la philosophie indienne*, Gollion, Infolio, 2008.

· Sarvepalli Radhakrishnan, *Indian Philosophy*, Oxford, Oxford University Press, 1993.

· Vladimir Griforieff, *Les philosophies orientales. L'Inde et la Chine*, Paris, Eyrolles, 2005.

· Fung Yu-Lan, *A History of Chinese Philosophy*, Delhi, Motilal Banarsidas, 1994.

# 의식과 뇌

· Sylvie Berthoz et Gayannèe Kedia, "Les traces cérébrales de la morale", in *La Recherche*, n° 398, juin, 2006, p. 46-50.

· Le dossier collectif "Pourquoi on croit en Dieu. Les étonnantes réponses des neurosciences", in *Science et Vie*, n° 1019, août 2002, p. 34-51.

· Le dossier collectif "Sommes-nous programmés pour croire? La neurothéologie en débat", in *Le monde des religions*, n° 6, juillet-aout 2004, p. 36-50.

· Jocelyn Morisson, "La science face à la foi. Le mystérieux 'point de Dieu'", in *Le monde des religions*, n0 27, janvier-février 2008, p. 6-11.

· Le dossier collectif "empathie, lien social ... Les neurones expliquent-ils tout?", in *Sciences humaines*, n° 198, novembre 2008, p. 36-47.

· *Les Dossier de La Recherche*, n° 30, février 2008.

의식과 뇌의 관계를 이해하는 데 있어서, 두 가지 입장이 상충되고 있다. 절충론적 입장(모든 의식 현상은 뇌의 활동에 의한 것이다)과 반절충론적 입장(모든 의식 현상이 뇌의 활동에 의한 것이라고 만 볼 수는 있다)이다.

## 절충론적 입장

· Machael Persinger, *Neuropsychological Bases of God Beliefs*, New York, Greenwood, 1987.

· Patrick Jean-Baptiste, *La biologie de Dieu*, Paris, Agnès Viénont Éditions, 2003.

· Gerald M. Edelman, *Biologie de la conscience*, Paris, Odile Jacob, 2008.

· Antonio Damasio, *L'Autre moi-même*, Paris, Odile Jacob, 2010.

## 반절충론적 입장

· John Carew Eccles, *Évolution du cerveau et création de la conscience*, Paris, Flammarion, 1993.

· Andrew Newberg, *Pourquoi "Dieu" ne disparaitra pas. Quand la science explique la religion*, Vannes, Sully, 2003.

· Jacques Neirynck, *Tout savoir sur le cerveau et les dernières découvertes sur le Moi*, Lausanne, Favre, 2006.

· Mario Beauregard et Denyse O'Leary, *Du cerveau à Dieu*, Paris, Guy Tredaniel Éditeur, 2008

· Andrew Newberg, *Principles of Neurotheology*, Farnham Ashgate Publishing Limited, 2010.

· Lydia Jaeger (dir.), *L'âme et le cerveau. L'enjeu des neurosciences*, Vaux-sur-Seine/Charols, Coedition Edifac et Excelsis, 2010.

· Peter Clarke, *Dieu, l'homme et le cerveau. Les défis des neurosciences*, Paris, Croire-Publications, 2012.

## 죽음과 저승에 대한 소개

· Frédéric Lenoir et Ysé Tardan-Masquelier (dir.), *Encyclopédie des religions*, vol. 2, "La mort et l'au-delà", p.1835-1942, Paris, Bayard, 2000.

· Jean Vernette, *L'Au-delà*, paris, PUF, 1988.

· Frédéric Lenoir et Jean-Philippe de Tonnac (dir.), *La Mort et l'immortalité. Éncyclopedie des savoirs et des croyances*, Paris, Bayard, 2004.

· Djénane Kareh Tager, *Vivre la mort*, Paris, Kiron/Philippe Lebaud, 1999.

· Collectif, *La mort, ses gestes et ses rites. Guide pratique religion par religion*, Paris, Dsclée de Brouwer, 2001.

· Jean-Yves Leloup et Marie de Hennezel, *L'Art de mourir. Traditions religieuses et spiritualité humaniste face à la mort*, Paris, Robert Laffont, 1997.

· Collectif, *Réincarnation, immortalité, résurrection*, Bruxelles, Universite Saint-Louis, 1988.

· Zeno Bianu, *Sagesses de la mort en Orient et en Occident*, Paris, Albin Michel, 1998.

전반적으로 '부활'에 대해 가르치는 일신론 전통들 안에도 일종의 '윤회'론을 주장하는 사람들도 있다. 이들은 바로 그리스도교 비교秘敎(카타리파, 장미 십자회, 인지론人智論 ……) 유대교 비교(카발) 이슬람 비교(이스마엘리파, 드루즈파)이다.

환생이나 윤회를 중요하게 여기는 동양 전통에서는 최종 목적이 다른 곳에 있다. 즉 이 실존의 순환에서 벗어나는 것이다.

내면화, 개인화, 내화, 탈제도화를 중요하게 여기는 포스트모던 시대에 지표들은 더욱 모호하게 되어버렸다. 일신론 전통의 영향을 받고 성장한 사람들 중에서 일부분은 윤회론에 매혹되고 있다.

## 유일신 전통과 부활

### 유대교

· Collectif, *La mort et ses représentations dans le judaïsme*, Paris, Honoré Champion, 2001.

· Helene Nutkowicz, *L'homme face à la mort au royaume de Juda. Rite, pratiques et représentations*, Paris, Cerf, 2006.

### 이슬람

· Abdellah Chadda, *La représentation de l'Au-delà chez les Arabes de "la Jâhiliyya" et en islam*, Edilivre.com, 2010.

· Malika Dif, *La maladie et la mort en islam*, Lyon, Tawhid, 2003.

### 그리스도교

· Robert Martin Achard, *La mort en face selon la Bible hébraïque*, Geneve, Labor et Fides,

1988.

· Odette Mainville, Daniel Marguerat, *Résurrection. L'après-mort dans le monde ancien et le Nouveau Testament*, Montréal/Genève, Médiaspaul/Labor et Fides, 2001.

## 로마 가톨릭교

· Joseph Ratzinger, *La mort et l'au-delà. Court traité d'espérance chrétienne*, Paris, Fayard, 2005.

· Hans Kung, *Vie éternelle?*, Paris, Seuil, 1985.

## 개신교

· George Eldon Ladd, *I Believe in the Ressuction of Jesus*, London, Hodder and Stoughton, 1975.

· John Hick, *Death and Eternal Life*, Louisville, Westminster/John Knox Press, 1994.

· Jurgen Moltmann, *La venue de Dieu. Eschatologie chrétienne*, Paris, Cerf, 2000.

## 정교회

· Jean-Claude Larchet, *La vie après la mort selon la tradition orthodoxe*, Paris, Cerf, 2004.

## 동양과 서양: 윤회와 환생

· Jeran Vernette, *La Réincarnation*, Paris, PUF, 1995.

· Carl-A. Keller (dir.), *La réincarnation. Théorie, raisonnements et appréciations*, Berne, Peter Lang, 1986.

· Marie-Pia Stanley, *Christianisme et Réincarnation, vers la réconciliation*, L'Or du Temps, Saint-Martin-le-Vinoux, 1989.

· Ian Stevenson, Vingt cas suggerant le phenomene de la reincarnation, Paris, J'ai Lu, 2007.

· Patrice van Eersel (dir.), *Enquête sur la réincarnation*, paris, Albin Michel, 2009.

· Elisabeth Kubler-Ross, *La mort est un nouveau soleil*, Paris, Pocket, 2002; *Mémoires de vie, mémoires d'éternité. La mort n'existe pas*, Paris, Pocket, 1999.

· Ruth Frikart-Moor, *Chère Elisabeth. Lettres ouvertes à Elisabeth Kübler-Ross*, Dammarie-Lès-Lys, Éditions Vie et Santé, 2001.

# 임사 체험

· Raymond Moody, *La vie après la vie*, Paris, J'au Lu, 2003; *Lumiéres nouvelles sur La Vie après la vie*, Paris, J'ai Lu, 2004.

· Jean-jacques Charbonnier, *Les preuves scientifiques d'une vie après la vie*, Paris, Exergue, 2008.

· Pim van Lommel, *Consciousness Beyond Life. The Science of the Near-Death Experience*, San Francisco, Harper One, 2010.

· Sylvie Déthiollaz, Claude Charles Fourrier, *États modifiés de conscience, NDE, OBE et autres expériences aux frontières de l'esprits*, Lausanne, Favre, 2011.

· *Premières rencontres internationales. L'Expérience de mort imminente*, Actes du Colloque Martiques — 17 juin 2006, Berre l'Etang, S17 Production, 2007.

# ★ 책을 옮기고 나서 ★

작년 봄, 세월호 참사가 있고 얼마 지나지 않아 궁리출판으로부터 『세계 종교 올림픽』의 속편이 발간되었다는 소식을 들었다. 스위스에 거주하는 교민께서 출판사에 알려주셨다는 것이다. 원서의 제목이 "임금과 현자와 익살꾼 광대(Le Roi, Le Sage Et Le Bouffon)"인 책이 "세계 종교 올림픽"이라는 제목으로 번역 출간된 지 6년의 시간이 흘렀다. 반갑고 설레는 마음으로 만사를 제쳐놓고 "왕비와 수도사와 탐식가(La Reine, le Moine et le Glouton)"란 제목으로 발간된 책을 바로 구입해 일독했다. '죽음'이란 무거운 주제를 다루었지만 역시 흥미진진한 글이었다. 결국 번역 출간을 제안하게 되었고 궁리출판의 협조를 얻어 이제 그 결실을 보게 되었다. 이갑수 대표님을 비롯해 궁리출판에 계신 분들께 감사의 마음을 전한다.

우리는 세상에 태어나서 살다가 죽는다. '생각하기에 존재한다'(Cogito ergo sum, 데카르트)지만 더 확실한 것은 언젠가 '죽어야 하므로 존재한다'는 사실이다. 제삼자의 죽음 앞에서 우리는 어느 정도

초연할 수도 있지만 가족, 연인, 친구의 죽음 앞에서는 마음과 몸이 무너져버린다. 나 자신의 죽음보다 견디기 힘들고 두려운 것이 사랑하는 사람의 죽음이다. 더구나 부모가 자녀의 죽음을 보게 된다면……

죽음 후에 무엇이 있는지, 어떻게 되는지 알 수 있다고 주장하는 사람이 있는가 하면, 아무것도 없다거나 전혀 알 수 없는 일이라 말하는 사람도 있다. 하지만 죽음이 두렵지 않다면 그 누구도 죽음에 대해 장황설을 펼치지는 않았을 것이다.

본서를 번역하면서 두 가지 질문을 하게 되었다. 프랑스 고등학생들이 세월호에 타고 있었다면 어떻게 대처했을까? 그리고 종교와 죽음은 어떤 관계에 있는가?

고등학교에서 종교문화 교사로 재직하고 있는 나는 학생들에게 사고 경위를 설명해주고 동일한 상황에 처하게 되었다면 어떤 반응을 했을지 물어보았다. 대다수 학생들은 이해할 수 없다고 했다. 그리고 그런 상황에서 어떻게 어른들의 지시에 순종할 수 있는지 상상을 못했다. 어려서부터 순응형 주입식 교육을 받지 않은 청소년들이기 때문에 그런 반응을 보였는지도 모른다. OECD국제학생평가프로그램(PISA)에 따른 결과로 보면 한국 학생들의 그것과는 비교도 되지 않을 만큼 뒤지는 학생들이지만 나름대로 주관적이고 독립적인 사고를 하도록 교육받은 청소년들이기 때문에 그런지도 모른다. 순박한 학생들의 죽음이 안타깝기만 할 따름이다.

어린 시절부터 마음대로 뛰어놀지도 못하고 학원 수업과 과외 공부에 억눌린 아이들, 자녀의 뒷바라지에 모든 열정과 자본을 투여하는 부모들의 고통을 인식하면서도 한국은 왜 여전히 변화를 이루지 못할까? 도태되기가 두려워 울면서 겨자를 먹고 있는 것일까? 겨자를 먹지 않으면 제대로 살 수 없다면서 고사리손에 겨자를 쥐어주면서 이것만이 살 길이라 가르치고, 다른 생각은 하지 말라는 한국의 교육계와 사회의 현실. 어찌 된 일인지 이런 '겨자 바람'은 다른 나라에까지 번지고 있는 것 같다.

세월호 참사로 세상을 떠난 모든 이들의 명복을 빈다. 살아남은 자들, 친구, 가족들의 아픔도 느낀다.


죽음에 대한 두려움 때문에 종교가 생겼다고 보는 사람들이 있다. 물론 종교인들의 입장에 의하면 종교는 신적인 계시나 어떤 창시자로 인해 탄생한 것이다. 그런 연원에 대한 논쟁은 차치하더라도, 종교와 죽음의 관계는 생각해볼 주제이다. 종교는 죽음에 대한 두려움에서 인간을 해방시키는가? 도리어 죄의식을 심어주어 죽음을 더욱 두려운 대상으로 만드는가? 아니면 죽음을 매개로 삼아 종교의 존재 의미와 필요성을 정당화하는가? 한 가지는 확실하다. 종교는 죽음을 넘어서게 하는 힘과 죽음을 초래하는 힘도 지녔다는 것이다. 종교에 귀의하여 죽음의 공포에 얽매이지 않고 현실을 살며 다른 사람들까지 죽음을 넘어서게 하는 사람들이 있는가 하면, 종교의 이름으로 다른 사람들을 죽음으로 '인도'하는 사람도 있다. 동일한 종교를 신봉하는 사람들 간에서도 그런 차이를 볼 수 있는 것은 무엇 때문일까? 자신의 종교와 타자의 종교에 '열린 입장'을 취하는가, 아니면 '닫힌 입장'을 취하는가의 문제인 듯하다.

얼마나 많은 종교인들이 다른 종교인과 무신론자 그리고 불가지론자의 입장과 사상을 알고서 신앙생활을 하고 있을까? 얼마나 많은 종교인들이 자기 종교의 원천과 역사성, 즉 시대와 지역에 따라 변천하며 때로는 타종교의 영향을 받아온 역사를 알고서 신앙생활을 하고 있을까? 얼마나 많은 종교인들이 명칭만 다를 뿐 유사하거나 동일한 종교 현상을 타종교에서도 볼 수 있다는 사실을 알고 신앙생활을 하고 있을까? 얼마나 많은 종교인들이 '거룩한 무지'의 이면을 알면서 신앙생활을 하고 있을까? 얼마나 많은 종교인들이 타자에 대한 이해와 배려가 '상대주의' 내지 '우유부단'과 동의어가 아니라고 생각하면서 신앙생활을 하고 있을까? 얼마나 많은 종교인들이 수학, 과학, 기술, 경제, 경영, 외국어 등에는 뛰어나면서도 비판 의식이 결여된 '확고한 신앙심'을 지니고서 신앙생활을 하고 있을까?

13세 된 아들과 사별한 슬픔을 지닌 본서의 저자는 '죽음'이라는 주제를 심도 있게 다루며 존재의 의미와 사후 세계에 대한 여러 입장을 소개하고 있다. 그래서 독자 각자는 자기 입장과 사상을 확인

하면서 타자의 사상을 이해할 수 있게 된다.

지금은 '무지에 찬 확신'보다 '솔직한 질문과 의심'이 필요한 시대인지도 모른다. 살아 있으면서도 죽은 사람 같은 존재가 있는 반면, 죽어서도 산 사람보다 큰 영향력을 미치는 존재들이 있다. 살아서 진정 살아 있는 존재가 되고 '죽음에도 성공'하는 길은 무엇일까?

2015년 봄철에
스트라스부르에서
김경곤

# 세계 종교 올림픽

샤피크 케샤브지 지음 | 김경곤 옮김 | 308쪽 | 값 11,000원

**그 누구도 감히 시도하지 못한 종교의 우월을 가리는 한판 승부!**
**세계 5대 종교와 무신론의 대표자들이 한자리에 모였다!**
**과연 어느 종교가 금메달을 딸까?**

· 프랑스어권에서 출간 즉시 20만 부 이상 판매된 베스트셀러!
· 독일, 이탈리아, 한국, 중국, 일본 등 20여 개국으로 번역 소개!

아주 먼 나라에 임금, 현자, 익살꾼 광대가 있었다. 어느 날 밤 그들은 동시에 비슷하면서도 다른 이상한 꿈을 꾼 뒤 왠지 모를 두려움에 휩싸이고, 아주 평온하게만 보였던 나라 안에서도 무언가가 변하고 있음을 직감한다. …… 불현 듯 임금은 백성들에게 종교가 필요하다는 생각이 들었다. 하지만 어느 종교가 알맞을까? 과연 종교가 꼭 있어야 하는 걸까? 임금은 아무리 생각해도 쉬이 풀리지 않는 이 문제를 해결하기 위해서, 현자와 익살꾼 광대와 함께 '제1회 세계 종교 올림픽'을 개최하기로 하는데…….

이미 10여 년 전에 출간되어 독일, 이탈리아, 그리스, 터키, 러시아, 일본, 중국 등 10여 개국의 언어로 번역된 이래 독자들의 호평을 받고 있는 이 책은 세계 5대 종교(불교, 힌두교, 이슬람교, 유대교, 그리스도교)와 무신론의 대표자들이 만나 서로 대화할 때 떠오르는 주요 쟁점들을 총괄적으로 보여주며 각 종교 · 사상들 간의 '차이'와 '공통점'을 흥미롭고도 재미있는 이야기로 풀어낸다. '종교는 무엇을 위해 존재하는 것일까'라는 근원적인 질문에 진지한 답을 제시하는 책이다.

왕비와 수도사와 탐식가

1판 1쇄 찍음 2015년 5월 15일
1판 1쇄 펴냄 2015년 5월 27일

**지은이** 샤피크 케샤브지
**옮긴이** 김경곤

**주간** 김현숙
**편집** 변효현, 김주희
**디자인** 이현정, 전미혜
**영업** 백국현, 도진호
**관리** 김옥연

**펴낸곳** 궁리출판
**펴낸이** 이갑수

**등록** 1999. 3. 29. 제300-2004-162호
**주소** 110-043 서울시 종로구 통인동 31-4 우남빌딩 2층
**전화** 02-734-6591~3 **팩스** 02-734-6554
**E-mail** kungree@kungree.com
**홈페이지** www.kungree.com
**트위터** @kungreepress

ⓒ 궁리출판, 2015. Printed in Seoul, Korea.

ISBN 978-89-5820-296-7  03100

값 18,000원